中国现象学文库
现象学研究丛书

海德格尔哲学概论

陈嘉映 著

商务印书馆
创于1897　The Commercial Press

图书在版编目(CIP)数据

海德格尔哲学概论/陈嘉映著.—北京:商务印书馆,
2014(2023.8 重印)
(中国现象学文库.现象学研究丛书)
ISBN 978-7-100-10175-2

Ⅰ.①海… Ⅱ.①陈… Ⅲ.①海德格尔,M.
(1889~1976)—存在主义—哲学思想 Ⅳ.①B086
②B516.54

中国版本图书馆 CIP 数据核字(2013)第 176999 号

权利保留,侵权必究。

中国现象学文库
现象学研究丛书

海德格尔哲学概论
陈嘉映 著

商 务 印 书 馆 出 版
(北京王府井大街36号 邮政编码100710)
商 务 印 书 馆 发 行
北京艺辉伊航图文有限公司印刷
ISBN 978-7-100-10175-2

2014 年 11 月第 1 版　　开本 880×1230　1/32
2023 年 8 月北京第 5 次印刷　印张 12½
定价:63.00 元

《中国现象学文库》编委会

(以姓氏笔画为序)

编　　委

丁　耘　　王庆节　　方向红　　邓晓芒　　朱　刚
刘国英　　关子尹　　孙周兴　　杜小真　　杨大春
吴增定　　张再林　　张廷国　　张庆熊　　张志扬
张志伟　　张灿辉　　张祥龙　　陈小文　　陈春文
陈嘉映　　庞学铨　　柯小刚　　倪梁康　　靳希平

常务编委

孙周兴　　陈小文　　倪梁康

《中国现象学文库》总序

自20世纪80年代以来,现象学在汉语学术界引发了广泛的兴趣,渐成一门显学。1994年10月在南京成立中国现象学专业委员会,此后基本上保持着每年一会一刊的运作节奏。稍后香港的现象学学者们在香港独立成立学会,与设在大陆的中国现象学专业委员会常有友好合作,共同推进汉语现象学哲学事业的发展。

中国现象学学者这些年来对域外现象学著作的翻译、对现象学哲学的介绍和研究著述,无论在数量还是在质量上均值得称道,在我国当代西学研究中占据着重要地位。然而,我们也不能不看到,中国的现象学事业才刚刚起步,即便与东亚邻国日本和韩国相比,我们的译介和研究也还差了一大截。又由于缺乏统筹规划,此间出版的翻译和著述成果散见于多家出版社,选题杂乱,不成系统,致使我国现象学翻译和研究事业未显示整体推进的全部效应和影响。

有鉴于此,中国现象学专业委员会与香港中文大学现象学与当代哲学资料中心合作,编辑出版《中国现象学文库》丛书。《文库》分为"现象学原典译丛"与"现象学研究丛书"两个系列,前者收译作,包括现象学经典与国外现象学研究著作的汉译;后者收中国学者的现象学著述。《文库》初期以整理旧译和旧作为主,逐步过渡到出版首版作品,希望汉语学术界现象学方面的主要成果能以《文库》统一格式集中推出。

我们期待着学界同仁和广大读者的关心和支持,藉《文库》这个园地,共同促进中国的现象学哲学事业的发展。

《中国现象学文库》编委会
2007 年 1 月 26 日

目 录

新版自序 …………………………………………………………… 1

初版自序 …………………………………………………………… 2

第一章 海德格尔其人其事 ………………………………………… 4
  第一节 海德格尔简传 …………………………………………… 4
  第二节 海德格尔对哲学的一般看法 …………………………… 20

第二章 通向存在之路 ……………………………………………… 26
  第一节 思之所思——存在 ……………………………………… 26
  第二节 存在概念与存在问题 …………………………………… 30
  第三节 "存在"及其相关诸词 ………………………………… 35
  第四节 现象学 …………………………………………………… 46

第三章 此 在 ……………………………………………………… 53
  第一节 生存论 …………………………………………………… 53
  第二节 世界与世内存在者 ……………………………………… 59
  第三节 "此"的开展 …………………………………………… 66
  第四节 共在与沉沦 ……………………………………………… 73
  第五节 畏与无 …………………………………………………… 80
  第六节 向死存在 ………………………………………………… 88
  第七节 此在的整体结构和其中的问题 ………………………… 95

第四章 时 间 ……………………………………………………… 105

  第一节 时间问题的提出 ………………………………… 105
  第二节 时间三维：将来、曾在、当前 ……………………… 110
  第三节 到 时 ………………………………………… 119
  第四节 从此在的时间性到世界时间 …………………… 124
  第五节 时间与原始 ……………………………………… 132
  第六节 空 间 ………………………………………… 138
  第七节 历史性 …………………………………………… 142

第五章 真 理 …………………………………………………… 150
  第一节 认识与真理 ……………………………………… 151
  第二节 真理与自由 ……………………………………… 160
  第三节 非 真 ………………………………………… 173
  第四节 存在、现象、真理 ……………………………… 181
  第五节 科 学 ………………………………………… 193
  第六节 解释学 …………………………………………… 205
  第七节 感、知、思 ……………………………………… 215

第六章 艺 术 …………………………………………………… 222
  第一节 物 ………………………………………………… 222
  第二节 艺术作品 ………………………………………… 229
  第三节 作品的创造 ……………………………………… 240
  第四节 作品的葆真 ……………………………………… 245
  第五节 物性讨论 ………………………………………… 252
  第六节 诗 ………………………………………………… 262

第七章 语 言 …………………………………………………… 272
  第一节 海德格尔语言观的发展 …………………………… 272
  第二节 语言的本质 ……………………………………… 279
  第三节 谁言说？ ………………………………………… 288

| 第四节 诗与思 | 295 |

第八章 存在之为历史 … 300
- 第一节 克服形而上学 … 300
- 第二节 形而上学史纲 … 307
- 第三节 近代:人道主义的兴起和诸神的隐退 … 319
- 第四节 当代技术社会 … 330
- 第五节 哲学的终结:Ereignis … 347
- 第六节 海德格尔的思想发展与思的任务 … 361

附录一 我如何走向现象学 …… 海德格尔 370
附录二 此在素描 …………………… 陈嘉映 378
附录三 本书所引海德格尔著作目录 …… 385

新 版 自 序

本书写成于 1988 年。那时,海德格尔的很多重要著作尚未出版,且极少已译成中文;国内专论海德格尔的文章不多,更没有系统的研究著作。时间过去了二十多年,海德格尔的重要著作大半已经有了中译本,中国也有了不少海德格尔专家,研究探讨海德格尔哲学的文著汗牛充栋。但商务印书馆的陈小文君仍不弃瓦釜,愿意重版此书。也许因为此书线条较粗,适合不那么专业的读者吧。小文说,20 世纪 80 年代自有那时的写作旨趣,不一定全以是否过时衡量。也正因此,小文建议我原样重版,不要做太多修改。依他的建议,我这次只纠正了一些打印错误和格式上的不妥,顺手对少数几处文字做了修订。有些引文改变了所引出处,如熊伟译出的《只还有一个上帝能救渡我们》,原注"载于北京大学外国哲学研究所编译,《外国哲学资料》第五辑,商务印书馆,1980",现注"载于孙周兴选编,《海德格尔选集》(下),上海三联书店,1996 年",因为后一本书比较容易查找。

其余的,就交给读者了。

陈嘉映,2012 年 8 月 29 日于北京

初 版 自 序

熊伟先生让我读《存在与时间》的时候,我正怕读艰深的大部头;其中固可能颇多奥妙,但往往也弄了很多玄虚,纵费力弄懂了,仍可能得不偿失。熊先生于是说:"这书你会不会喜欢我说不定,但可以保证你读完后不会觉得浪费了时间"。凭先生这句话,我开始攻读起这位晦涩透顶的哲人,这一本那一本,读了十年。期间虽也发表过两三篇关于海德格尔的文章,和二三友人交换过一些看法,毕竟都零星。于是有友人建议我写一本关于海德格尔的书。近三四十年,海德格尔哲学在西方哲学界及很多其他学科都有极重大深远的影响。国内当时系统研究海德格尔的还很少,我觉得是该写这样一本书。那时我在美国,资料倒比较全,下笔却仍费踌躇。海德格尔的哲学,推究义理,定显得太玄深,难为公众了解;解作常识,难免离了本义。本书的写作,实在此两难之中。我本不喜欢太艰涩的文字,即使谈海德格尔,我也尽量把话说得清楚些。不过仍须承认,事情的理数常不是讲得顺口就算讲得清楚。现代的大众传播媒介让我们习惯了轻松轻易的信息。但以中国这样一个具有深厚文化传统的大国论,相信总会有同好不畏烦难,努力在幽暗之中捕捉深沉的消息。

从1986年8月到1988年3月,经常夜以继日,把书写成了,明知是勉为其难,可改之处多有,精力时间却已耗尽,就交了稿。这本书介绍和讨论参半,但这两部分不是分开进行的。我依照海德格尔所关心的各哲学课题,不断追问,以期逐步展现出海德格尔哲学的全貌。这样,本书就不止限于清理出海德格尔的概念框架,而更重在突入海德格尔所关心的问题的实质。为此,笔者落笔时不避其艰深;另一方面,笔者绝不强不知以为知,弄不十分清楚的问题就如是摆到读者面前,以待后来者的进一步探讨。

谁知本已定下的出版工作,后来却因这样那样的情况拖了下来。直到今年,才经友人推荐给北京三联书店。六年间,海德格尔研究在国内差不多成了显学了,知道的人多,深入理解的也不少。但依据第一手著作通盘介绍研究的著作似乎还没有,所以出版社和我本人都觉得还是可以把这本书付印。然而,手稿早已散失,只有当年的一份清样,讹误甚多,特别是引文的出处,乱成一团。人已在国内,很多参考书不好找,找到了又要作繁琐的查对,于是又用了一个月校订修改,结果仍不十分让自己满意。几年来我对海德格尔哲学有不少新的识见,却不是短期内能整理清楚的,只好等下一个机会弥补。至于笔者对海德格尔以及他所关心的哲学问题的理解,可商榷之处必有很多。学术本来是天下之公器,此书若能引起对海德格尔哲学的更深入的探讨,笔者就觉得自己的一番工夫没有白费了。

陈嘉映,1994 年 4 月 14 日于二环庐

第一章　海德格尔其人其事

> 向一颗星前行——唯此一星。
>
> 海德格尔：《来自思的经验》

第一节　海德格尔简传

说起海德格尔，我先引用希恩（T. J. Sheehan）的一段话：

马丁·海德格尔也许是本世纪最有影响的哲学家。从许多方面看，他是个没有生平事迹的人。有一次他讲授亚里士多德，开场便说："他生出来，他工作，他死了"。讲起海德格尔恐怕也差不多。他1889生于德国西南部，除了在马堡工作五年之外，一生都在西南部从事他的工作，1976年5月26日在那里去世。然而，在这八十六年中，他的思想震撼了整个哲学界。海德格尔的生平事迹和他的思想历程其实就是一回事。他自始至终生活在他的思想中。所以，真正值得一写的传记，只能是一部哲学传记，标出他思想的来源与发展。[①]

马丁·海德格尔1889年9月26日生于德国巴登邦的梅斯基尔希。梅斯基尔希是黑森林东沿的一个农村小镇。海德格尔的父亲弗

[①] Thomas J. Sheehan ed., *Heidegger: The Man and the Thinker*, Chicago, 1981, p. 1.

里德里希·海德格尔就在这个小镇的天主教教堂任司事。他的母亲也是天主教徒。

海德格尔 14 岁那年到梅斯基尔希以南 50 公里外的康斯坦兹读中学,为将来的牧师职业做准备。他在那里读了三年(1903—1906 年)后,转到弗莱堡的文科学校上了三年学(1906—1909 年)。海德格尔后来说,他在这六年里学到了对他终生极有价值的一切。他在这六年里学习了希腊文,此后,除战争年代外,他每日必读希腊原著。他还学习了拉丁文。他在这段时间培养起对诗人荷尔德林的兴趣,这位诗人的诗句将贯穿海德格尔的全部著作。1907 年,海德格尔暑期回家度假时,康斯坦兹三一教堂的神父(后来的弗莱堡大主教)康拉德·格略勃,给他带来一本书。那是布伦塔诺的论文《论"存在者"在亚里士多德那里的多重意义》。这本书启发了海德格尔的毕生哲学事业。

1909 年,海德格尔到奥地利费尔德基文希的耶稣会见习,但几个星期后即因健康欠佳被辞。此后他到弗莱堡大主教管区的研究班攻读神学。这里的指导教师仍是耶稣会教士。1909—1911 年夏,海德格尔主攻神学,辅以哲学。1911 年他决定放弃牧师的前程而专攻哲学。至 1913 年夏他一直留在弗莱堡大学学习哲学。那时他 23 岁,在阿尔图尔·施耐德的指导下完成了博士论文《心理主义的判断学说》。大学学习期间,胡塞尔的《逻辑研究》是他的主要兴趣所在。他曾参加新康德派哲学家李凯尔特指导的研究班,深受价值哲学的影响。他后来回忆说,当时实验心理学大有取哲学而代之的势头,于是价值哲学似乎成了伟大的哲学传统的唯一支柱。对他深有影响的还有天主教的思辨神学。此外还有圣经解释学,从这里引发出海德格尔对一般解释学的关注。在他的大学读物中,我们还可以找出黑格尔、谢林、克尔恺郭尔、狄尔泰、尼采、里尔克、特拉克尔、陀思妥耶夫斯基等。

海德格尔获得博士学位后不久,第一次世界大战爆发。1914年8月他应征入伍,但两个月即因健康欠佳退伍。1915—1917年他在弗莱堡从事军邮工作。1915年夏他提交了《邓·司各脱的范畴与意义学说》,作为讲师资格论文。这部论文与另一篇《历史科学中的时间概念》一道为他赢得了在德国大学讲课的资格。据海德格尔自述,他在1915年左右找到了一条路。这条路通向哪里他还不知道,所知道的只是沿途近景。地平线不断转移,这条路时常变得昏暗。

早在海德格尔抛弃神学从事哲学之时起,他就想到哥廷根胡塞尔门下就学,但因经济窘迫不能如愿。事有凑巧,1916年4月1日,胡塞尔受聘弗莱堡大学继承李凯尔特的讲座。于是海德格尔得以亲聆胡塞尔的指教。那时他白天在邮局工作,晚上则在大学里听课或讲课。

1917年海德格尔与艾弗里德·佩特蒂结婚。婚后再次应征入伍,在西线战场服役。1917年10月,马堡大学的保尔·那托普(Natorp)教授写信给胡塞尔,告知该大学有编外教授职位空缺,询问海德格尔是否具候选资格。胡塞尔在夸奖海德格尔的同时指出他还年轻,缺少研究和教学方面的经验。结果海德格尔落选,M.冯特得到这个职位。

1919年初,从战场回来以后不久,海德格尔成为胡塞尔的助教,他在后者的指导下一面学习一面任教。他讲的课程多半是关于亚里士多德的。虽然他那时深受胡塞尔现象学的熏陶,但他授课的侧重点却不完全是胡塞尔式的。现象学还原和先验自我这些现象学主导概念很少在他的课程中受到重视。胡塞尔对海德格尔要独辟蹊径的倾向是有觉察的。但他仍然很器重海德格尔。1920年11月,马堡大学教职再度空缺,胡塞尔遂向那托普推荐海德格尔。结果还是落选了。尼可莱·哈特曼得到了这个职位。

1922年秋,那托普退休而由哈特曼继承教授职位。于是马堡大学的教职再次空缺。这一次胡塞尔更强烈地推荐海德格尔。当时海德格尔用现象学方法讲解哲学史的成功也已为德国哲学界周知。只是他好几年始终没发表过什么东西。那托普把这困难告诉胡塞尔。海德格尔得知后,即把一份40页的手稿打印出两份,一份送交那托普,另一份送交当时也有意招聘他的哥廷根大学。当时他正准备在胡塞尔主编的《哲学与现象学研究年鉴》第七卷上发表一部关于亚里士多德的大著作。这40页手稿即是这部著作的导论。打印好的稿子他自己留下一份,另一份寄给了那托普。

这份稿子后来被称为"那托普手稿"。它不仅显示了海德格尔的哲学史知识,而且表现出其哲学思想具有惊人的首创力量。研究者公认它就是《存在与时间》的前身。那托普读了寄给他的那份稿子,不禁大喜,立即回复胡塞尔,盛赞海德格尔思想的深度和广度,犹似发现了欧洲哲学的一颗新星。由于海德格尔当时大概同时在谋取哥廷根的一个职位,那托普遂大力担保海德格尔会被马堡接受,以防海德格尔他去。那托普写给胡塞尔和哈特曼的几封信上洋溢着他爱才之切的心情。

1923年夏天,海德格尔收到马堡大学的正式聘书,赴马堡前他在黑森林的托特瑙堡山上与友人和学生办晚会告别。关于这次晚会,伽达默尔有生动的记载。[①]

在马堡时期,海德格尔开始撰写他的主要著作《存在与时间》。海德格尔专家们从他的早期著作,发表和没发表的,多方搜集线索以求确定这部巨著的来龙去脉。比较确实的是,海德格尔于1923—

---

① Hans-Georg Gadamer, *Philosophische Lehrjahre*, Frankfurt, 1977, pp. 213–233.

1924年冬在托特瑙堡自筑的别墅中开始写作《存在与时间》的第一稿。1925年夏季的讲课稿《时间概念的历史》是《存在与时间》的清楚的雏形。1925—1926年冬季学期间,哈特曼将迁往科隆,海德格尔被提名继承正教授讲座。但按要求,他必须立刻有著述发表。于是,1926年1月29日至4月30日他隐居于托特瑙堡山间,把《时间概念的历史》这一讲稿的笔记整理成《存在与时间》的前240页。胡塞尔其间亦往托特瑙堡度假,与他讨论该书的主要概念"在世界之中"。两份打印稿被寄往柏林教育部候审。另一份稿子缀以鲜花、题着"以感激、景仰和友情敬献埃德蒙特·胡塞尔",作为胡塞尔67岁诞辰的礼物。

送交柏林的稿子退回时批着"不足",未同意以正式教授聘用海德格尔。不过,1927年2月,《存在与时间》正式印行,一是在《现象学年鉴》第八卷上,二是作为单行本。书一面世,海德格尔声誉鹊起。半年后,柏林颁发了正教授职称。

1928年11月,胡塞尔退休。海德格尔辞去马堡的席位,回到弗莱堡大学继承胡塞尔的哲学讲座。当时他已声望甚隆,首次讲课便有280名学生听讲。然而,他与他的老师胡塞尔的关系却越来越不和睦了。

两位哲学家见解的差异早在20年代初就变得相当明显了。但两人的私交一直很融洽,两家人也经常互相走动。工作关系也很密切。我们已提到一些事实,可见出胡塞尔几乎事事大力提拔后进海德格尔。他很器重这位学生,常称"现象学,海德格尔与我而已"。[①]

另一方面,海德格尔对胡塞尔也显得毕恭毕敬。他可以随时读

[①] Hans-Georg Gadamer, *Philosophical Hermeneutics*. Trans. and ed. by David Linge, Berkeley: University of California Press, 1976, p.7.

到胡塞尔的手稿,有时也帮助老师整理稿子作出版准备工作。他们两人同领现象学,各有所长,胡塞尔喜好从体系方面穷究基本概念的结构联系而对哲学史既无兴趣也无专能。这后一方面却正是海德格尔的专长。

引起这两位当时德国哲学领袖关系恶化的因素是多方面的。即使进入历史纪事的细节,也难确定各因素间的关系和比重。这里只提出三二事实,不敢妄下断语。

上面讲到,海德格尔发表了《存在与时间》以后回到弗莱堡,声望甚隆。例如 1928 年新出版的哲学期刊《哲学论丛》的第一期竟全期讨论《存在与时间》。年轻的马尔库塞在这期《哲学论丛》上高呼是《存在与时间》把哲学重新带回到现时代,而从此以后一切哲学问题都将在这一基础上来考虑和解决了。① 而胡塞尔在同一讲座上却从未享此盛誉,这时更被海德格尔这颗新星的光芒掩盖。在哲学界地位的升降又与个人的经历缠在一起。一次大战给整个德国社会、给德国知识界带来了深重的影响。不少评论家就是从当时德国的精神环境来解释海德格尔哲学的。确实,至少粗粗一看,《存在与时间》颇似表达出一种虽败犹荣宁死不折的情绪,这种情绪与德意志深层意识中的某种东西浑然应和。海德格尔那一时期在哲学界的地位不断提高,颇有点时势英雄的味道。而胡塞尔却已年老,而且,他惟有两个儿子,幼子在凡尔登之役阵亡,长子在弗兰德尔前线两度重伤。

哲学立场上的分歧也加深了。1927 年,胡塞尔受托为《不列颠百科全书》第 14 版写"现象学"条目。他把写成的草稿交给海德格尔去修补。海德格尔接受了这一任务,翻新重写,虽然也时时参照胡塞尔的草稿并尽量写得能使后者接受。结果,胡塞尔废弃海德格尔的

---

① *Philosophische Hefte*, vol. 1, Berlin, 1928, p. 16–17.

稿子而单独提供了"现象学"条目。两位哲人时时或面晤或通信争论。胡塞尔虽然为《存在与时间》的定稿和出版出了很大力,但他既不喜爱这本书也不很重视它的内容。他警告海德格尔不要把哲学弄成了人类学。在胡塞尔看来,海德格尔之所以偏离了现象学原则,是由于他的神学偏见,同时也由于战争的后果把人们普遍驱向神秘主义。在海德格尔这方面,胡塞尔现象学中的多种提法本是很难接受的。他一心惦记着"存在",而这是胡塞尔从不感兴趣的课题。两人的哲学立场从一开始就有分歧,这一点胡塞尔后来才肯承认。"不幸我未能决定他的哲学成长。显然他在研读我的著作之际已经干上自己那一套了"。[①]

1928年,胡塞尔请海德格尔编辑其讲稿《内在时间意识的现象学讲演录》。结果却很不满意。辑成的稿子于1929年发表,海德格尔为它写了一篇引论,写得实在敷衍潦草,对胡塞尔1905年以后发表的著作竟一字不提。同年,海德格尔把他的《根据的本质》一书赠献给胡塞尔的七十诞辰。[②] 但此书中没有多少现象学的提法,有几个长长的脚注实是在与老师争论。另一本更重头的书《康德与形而上学问题》则献给了舍勒(Max Scheler)——舍勒也是现象学者,却自立门户,因而与胡塞尔龃龉。这本书的题辞却明确称赞舍勒的精神具有"不受羁绊的力量"。该书的内容则离现象学的常调更远。这些书胡塞尔都读了。在他看来,海德格尔不啻已背叛了现象学运动。在他读过的一本《存在与时间》的扉页上,有胡塞尔1929年写的一句

[①] Edmund Husserl, *Briefwechsel*, 1970, The Hague, p. 41.

[②] 《根据的本质》首次发表于《现象学年鉴》1929年度增刊,第77—100页。(本书所引海德格尔著作的版本信息见书后"本书所引海德格尔著作目录",全书下同。—— 作者)除了刚提到的那篇简短引论,这是自《存在与时间》发表以后海德格尔第一次发表作品。这篇文章主要讨论超越概念和世界概念。

话:"amicus plato, magis amica veritas(吾爱吾师柏拉图,但吾更爱真理)"。这幽默算是苦涩了。

在1930年那期《现象学年鉴》上,胡塞尔未指名地但也足够明确地公开向海德格尔的哲学立场发动进攻,认为那只是一种人类学的立场,"还达不到真正的哲学层次"。有点儿讽刺意味儿的是,这一期《年鉴》竟成了《现象学年鉴》的最后一期。1931年,胡塞尔多次以"现象学和人类学"为题做讲演,矛头直指"哲学界年轻一代"。这些讲演明称:用人类学取代现象学反自称在改造现象学,无异于背叛。这些讲演多次重复,听众甚多,又上了报纸。矛盾公开化了。海德格尔作为学生,先前作出受窝囊气的样子,这时也公然与老师疏远了。

1929年7月,海德格尔宣读了他的教授就职讲演《形而上学是什么?》。此文把存在、虚无和人的生存都连在一起,其内容与胡塞尔的现象学可说毫无关系。这篇演讲在学生中引起了高度的正面反响。同时,它也指示出海德格尔今后的风采:他的思想将主要通过演讲和授课的形式出现,而不再通过系统著作的方式。

1930年,柏林文化部长格里姆以学生和崇拜者的身份给海德格尔写信,邀请他到柏林任职。海德格尔拒绝了。总的说来,海德格尔对魏玛民主是不信任的,他的政治倾向接近于新兴的纳粹主义。在他的课程中,对政治的关切明显增重。1930年代初的德国,眼前似乎摆着一千种可能的选择但又仿佛毫无出路。政治成了全民族的首要问题。

从上面几页的记述我们看到,海德格尔原来完全是个学者。他所处的社会,无非是老师、学生、同事。朋友圈子也是从这些人里来的。不料政治动乱终于把他卷了进去。

1933年4月底,海德格尔当选为弗莱堡大学校长。按照德国的传统,由正教授组成的校委会每年一度选举大学校长。校长是大学的行政首领,一年一选,但可无限期连任。校长名义上受州政府领导,但州政府实际上很少干预大学事务。学院自由是大学和政府两方面都高度自豪的德国传统。但是,在魏玛共和国晚期,纳粹学生组织多如雨后春笋,多方从事右派校园活动。1933 年 1 月 30 日希特勒登台为总理后,纳粹学生更是肆无忌惮。那一年第一任弗莱堡校长是解剖学教授威廉·冯·莫棱多夫(Möllendorf)。他在 4 月 16 日就职后不到两周即被巴登州文化部长解职,原因想必是他曾禁止纳粹学生在校园内张贴反犹文告。解职当天,莫棱多夫与一些教授找到海德格尔,敦促他出面候补校长人选。战后的非纳粹化委员会所作的调查报告披露,这些教授当时相信海德格尔的国际声誉将有利于保存部分学院自由和阻止纳粹党的极端破坏行为。海德格尔同意出面,校委会一致通过。

就任第二天,三名纳粹学生到他的办公室来要求张贴反犹宣传品。海德格尔像前任一样予以拒绝。纳粹学生威胁说要向上级报告。几天后,冲锋队鲍曼博士命令海德格尔立即批准学生的请求,并暗示否则可能解除他的校长职务并关闭弗莱堡大学。海德格尔仍未让步。他后来说,这次冲突使他认为要保护学院自由,仅靠他的声望还不够,最好的办法是自己从纳粹党内部来做工作。

后来,关于他和纳粹党的短暂合作传出很多故事。这些故事往往查无实据,传得却很广。海德格尔本人又一直对这段历史不置一词。他也不常有自传式的文字,并多次回绝为他写传的要求。他的沉默只有两次被打破。一是上面提到的:战后法国占领当局为防止漏网纳粹在德国占据要位,力促非纳粹化运动。这运动的一部分是调查纳粹执政期间与纳粹发生过牵连的人士。二是 1966 年 9 月,《明镜》周刊记者采访海德格尔,其主要内容即关于他与纳粹的牵连。这篇采访依海德格尔的要求于他去世后在 1976 年第 23 期以《只还有一个上帝能救渡我们》为题刊出。后者可看作海德格尔的自辩,前者是客观调查得出的报告。比较二者,事实方面是大致吻合的,虽然动机等问题永远有不同解释的可能。对这段历史有兴趣的读者可以参考熊伟先生译出的《只还有一个上帝能救渡我们》。① 这里只讲个梗概。

1933年5月27日海德格尔的校长就职演说《德国大学的自我主张》中有大量拥护纳粹的和与纳粹宣传合拍的提法。他讲到德国大学的目的是"教育和训练德国人民命运的领袖和卫士"。他预告"大肆鼓吹的'学院自由'将被赶出德国大学,因它由于消极而不真。这种所谓'自由'的意思无非是没有牵挂、个人任意逗留于其目的与意图、随便行动或不行动"。他把初入纳粹执掌的局势颂为"伟大庄严的破晓"。他列数德国大学的三大支柱为"劳动服务、军役服务和知识服务"。他提出要在纳粹运动提供的新可能性中"彻底改造德国大学"。海德格尔后来的自辩大致是说:改造德国大学的设想早已有之,那是与他对当代科学技术的畸形发展的基本判断连在一起的。他在《形而上学是什么?》中已经指出,科学如今纷然杂陈,只还靠大学从形式上维系到一处,而"各门科学在其本质深处的根却枯萎了"。(第1291页)他后来仍坚持认为德国大学需要彻底改造。至于对纳粹执政的前途,他承认当时确抱有相当的希望。"我当时看不出其他出路。在22个政党的各种意见和政治倾向搅得十分混乱的情况下,必须找到一种民族的、尤其是社会的态度"。(第1292页)不过,这篇演说的基本调子却不是让纳粹政治来确定科学的意义和价值,相反,是要主张让学术领导政治,让大学教导政治家。

---

① 《只还有一个上帝能救渡我们》,载于孙周兴选编,《海德格尔选集》(下),上海三联书店,1996年。本节出自该文的引文随正文标出页码,不再另立脚注。

1933年末地方大学生报曾引海德格尔的话说:"任何原理和理想都不是你存在的准则。元首本人而且只有元首本人才是今天的与未来的德国现实及其法规"。海德格尔自辩说这是一种妥协,不这样说就无法继续他当校长的使命。但他也承认这不仅是装点门面,他确实把纳粹运动看作一种新事物,一种新的可能性。

传说海德格尔参与了纳粹学生的焚书运动,去除图书馆内犹太籍作家写的书,禁止胡塞尔使用大学图书馆。这些讲法查无实据。海德格尔事实上禁止焚书,在他的研究班上不仅始终引用和讨论犹太作家,而且有犹太籍学生参加。

1938年海德格尔没有参加他的老师犹太人胡塞尔的葬礼。1941年《存在与时间》的第五版抽掉了给胡塞尔的献辞。海德格尔与胡塞尔的关系很微妙,前面已讲到了。海德格尔承认他未去参加葬礼无论如何在人情上是说不过去的,并为此后来给胡塞尔夫人写信请求宽恕。至于抽掉献辞,则是出版部门考虑到禁书危险而要求的。作为条件,海德格尔坚持保留该书一条对胡塞尔深表敬意的注解。

海德格尔曾向纳粹首长进言讨论改造德国教育。他当时确曾指望上级能纳言施行。结果却未见任何行动。他不无气愤地自辩说:"我不明白为什么和当时纳粹党的教育部长谈一席话就该受到指责,而所有外国政府却正忙着承认希特勒并给他以国际通行的礼遇呢。"(第1300页)

除这些自辩以外,海德格尔还强调了其他一些事实。他就任弗莱堡大学校长以前是从不过问政治的。他出任校长是由同事们怂恿而成。他就任校长总共只有十个月光景。1933年底,他已看清,他要改革大学的设想由于大学同事的抵制和纳粹党的干预而不可能贯彻。他那时建议由几个年轻有为的教授出任几个学院的院长,未获通过。教育部长则要求他批准两位由党指派的院长。他拒绝了这一无理要求并声明如果部长坚持指派他就辞职。1934年2月,他果然辞去校长职务,并拒绝参加与纳粹党人新校长交接的典礼。1936年开讲的尼采课已标明与纳粹运动的分手。从此他受到纳粹的排挤、监视和迫害。1944年夏被送到莱茵河对岸去挖战壕,他是被征召的教师团体中年纪最老的一个。而免除500个最著名的学者、科学家和艺术家战时劳役的名单上却不包括他。

在结束海德格尔和纳粹牵连的故事之前,还得插入一段他与雅斯贝斯的离合关系。

1919年,雅斯贝斯出版了他的巨著《世界观的心理学》,海德格尔为这本著作写了一份书评,后来人们认为这篇书评是他思想的第一次系统表述。雅斯贝斯长海德格尔七岁,前六年已发表了他的第一部巨著《一般心理病理学》,在哲学界远比海德格尔有名。但他从海德格尔的著述中认识到某种首创力量,遂主动结识海德格尔。虽然两人的立场从一开始就有分歧,但对传统学院哲学的反对和对开创新哲学的要求使他们一相处便很投机。他们谈的最多的是克尔恺郭尔。海德格尔在学长面前话语不多,所以通常是雅斯贝斯滔滔不绝,虽然海德格尔也常插话,引称奥古斯丁、阿奎那、路德。这些人的学说雅斯贝斯所知不多。海德格尔精熟于传统,虽然两人似乎都是强调反传统的。对当时哲学泰斗胡塞尔和李凯尔特,谈话颇多攻击,主要是攻击他们那种学院派教授风格的治学讲学方式。而海德格尔却把他的主要著作献给胡塞尔和李凯尔特,使雅斯贝斯觉得海德格尔不够真诚。又有流言传海德格尔背地里嘲笑雅斯贝斯的《大学观念》(1923)一文。当面对质时,海德格尔极力否认。

人们常说,作品是作家的亲生儿女。对其作品的态度,对著作家来说,往往更重于对他本人的态度。海德格尔对《作为世界观的心理学》所作的评论是极为严厉的。何况,此书为雅斯贝斯与他夫人共同劳动的产物,难免使雅斯贝斯格外难过。海德格尔是从来不与夫人合作著述的,对这一点恐怕很难体会。反过来,雅斯贝斯对《存在与时间》也毫无兴趣,认为它充满新词而无新意,从中学不到什么东西。虽然研究者们常能证明《存在与时间》对雅斯贝斯后来所著的《哲学》一书的影响。其实,两人的哲学思想本来相去甚远。仅就风格言,雅斯贝斯以灵感为凭而海德格尔一向都主张并实践其深思熟虑的方式。

1930年代的纳粹风浪中,两人的关系终致破裂。据雅斯贝斯回忆,海德格尔以前从未流露出纳粹思想。所以,当1933年春海德格尔突然对纳粹运动大感兴趣,雅斯贝斯惊了一跳。春季的一天,海德格尔带了一张纳粹宣传唱片到雅斯贝斯家来放,并主张大家都投入纳粹运动。雅斯贝斯认为这种热情是很愚蠢的,但同时并不很把纳粹运动当一回事。所以他没做什么劝告。但这却是海德格尔最后一次拜访雅斯贝斯了。后来海德格尔卷入得更深,雅斯贝斯私下向海德格尔表示不快,海德格尔没有回答。于是雅斯贝斯以反犹为例力证纳粹之恶劣,海德格尔的回答是:"然而犹太人确实有一个十分危险的国际联盟。"当问到像希特勒这样一个没受过教育的粗人如何能领导德国的时候,据说海德格尔的回答是:"教育根本无关紧要,你就看看希特勒那双手,多了不起的手。"雅斯贝斯没有继续与他争辩。他的夫人是犹太人,他害怕纳粹势力的迫害。来往从此中断了很久。1937年,纳粹政府取消了雅斯贝斯的讲座资格。海德格尔未置一词。1945年后,海德格尔被战后政府剥夺了讲座后曾写信给雅斯贝斯请他为自己写推荐信。雅斯贝斯是否应承则不得而知。

由于雅斯贝斯一贯深信理论与实践的必然联系,他少不了想从海德格尔的著述中寻找其卷入纳粹运动的思想根源。但他没有找到。他不甘心,于是想与他重会。然而,这封要求会面的信从未到海德格尔手里。雅斯贝斯最终仍只好承认他不懂得海德格尔究竟要干什么。他只是相信海德格尔对他们之间的关系以及对一般政治都是非常迟钝无知的。

以上提供的材料远不足据以细致分析海德格尔与纳粹的牵连。不过有几点看法可以提一下。

海德格尔是一个非常典型的学者,无论他在著述中对历史对政治多么感兴趣,甚至不乏政治上的深见,对于现实政治,他实在是个门外汉。不少学者,年复一年做着僻远枯燥的研究,心中却有一团从事的激情。由于知识广博见解深入,往往还对自己从事的能力颇具自信。然而太过热心因应帝王的学者,十之八九弄出不尴不尬的结局来。政治与学术的奇特关联,于此事实可见一斑。

但是,海德格尔之卷入纳粹运动却又不是一个偶然的失误。他一直厌恶平民政治,憧憬优秀人物主政的往昔,直到晚年仍明言不信任民主制度。纳粹运动确实颇合他的口味。即使在他对纳粹的实际发展失望之后,恐怕仍怀有不少惋惜。研究者们早注意到一个事实:海德格尔后来虽愿辩清自己和纳粹的牵连,却从未正面谴责纳粹犯下的滔天罪行。深通政治的文化人士不多,然而大多数单凭其人道思想和人情态度,便不肯同情纳粹的。你可以说这多数人恐怕太平庸了。可平庸有时竟是我们凡人最高贵的选择呢。

至于海德格尔在纳粹统治期间的所言所行,虽无什么可称大智大勇之处,我们经过文化大革命的中国人或许也不会责之过苛。今天我们已经习惯了把"四人帮"横行的日子称为法西斯时代了。可是在文化大革命初,多少饱经世故的成人却一面受着折磨一面欢呼着红太阳的新升?多少人曾捂住良心小小地检举和揭发过亲近的人们?或至少对他们的苦难冷漠置之?

从哲学思想的发展看,1920年代末至1930年代初是海德格尔的又一重要阶段。很多学者相信他的思想正在经历一个转折(Kehre),即从以人的生存来规定存在转到以存在规定人的生存。相应地,他对物、艺术、语言等的看法也发生了转变。至于转折的深度和完成时期等,学者们的看法就莫衷一是了。

本书在从各方面介绍和讨论海德格尔的思想时,时常会接触到这个转折问题。这里只愿提醒读者,本书介绍的内容有些是海德格尔早期主张而后来放弃了的。本书既从课题分章而不严格按照海德格尔思想的逐年发展为线索,故不可能处处详述每一观点的来龙去脉。不过,总体上说,读者应能从本书的进展大致看到海德格尔思想的发展和变化。本书有时使用海德格尔"早期""中期""晚期"的提法。这些提法只为方便,不含学术评断。"早期"约指1930年前。中期指1930年至1946年。

在转折时期撰写的主要著作有《根据的本质》《康德与形而上学问题》《形而上学是什么?》《真理的本质》《人类自由的本质》。1935年完成的《形而上学导论》和《艺术作品的本源》可看作转折后的首批重要著作。海德格尔辞去校长职务后,专心于授课。课程内容非常广泛,最突出的则是荷尔德林诗的解释和尼采哲学研究。海德格尔一向以诠释经典著名;从《存在与时间》发表后,他更是不倦地研究西方思想史,他自己的哲学观点也多在这类研究中透露。他的几个基本主张是:

1. 柏拉图之前的希腊思想是西方思想最纯正的源泉。柏拉图和亚里士多德把思想弄成了哲学,弄成了形而上学。最初的形而上学虽还保持着希腊思想的伟大精神,但已开始掩蔽存在问题的最初源头了。形而上学的此后发展始终在旧框框里打转,而在黑格尔和尼采那里,形而上学达到顶峰,因而也完结了。哲学的时代过去了。

2. 与此相应，西方历史也是从希腊纯正源头的变异和蜕变。技术一步步地取代了思想，而今已形成了一整个由西方技术统治的时代。这是一个几乎没有神性的时代，而且一时看不出希望和出路何在。思的任务只能是尽可能揭示技术时代的本质以为神性重临做准备。

3. 与思想联盟的惟有诗。因而海德格尔中晚期有大量关于一般诗性和具体诗作的讨论。盟军解放德国以后，海德格尔因其与纳粹的牵连被禁止授课，直到1951年解禁。这段时期，海德格尔闲居在家，编辑旧稿成书，继续研究诗与哲学。这一时期发表的《林中路》文集包括他三四十年代的一批最重要的中短篇文章。有时他也在小范围内讲演，例如1946年在里尔克逝世20周年纪念会上以《诗人何为》为题讲演。他这时虽很少在公众场合抛头露面，但他的学术地位已举世皆知。不仅有学生从远方赶来求教，而且学者们也开始了"海德格尔研究"。据一位当时会见他的学者描述，海德格尔的生活环境甚为简朴——不多几本书。他与世界的唯一联系是一大沓书写纸。他的整个生活都围绕着这些白纸；看上去他唯一的愿望就是不要受到打搅，以便让这些白纸铺上他的文字。

1951年解禁后不久，海德格尔就退休了。不过他仍作为荣誉教授在弗莱堡授课和领导研究班。他从前的学生包括后来成大名气的伽达默尔、阿伦特（Hannah Arendt）等人。著名的海德格尔学者如比美尔、布格勒等人也都长期亲随海德格尔研习哲学。学生们的回忆多有当时研究班的描述。据说单单阅读海德格尔的著作与亲聆他的授课，其所感所学是无法比拟的。学生们多认为海德格尔之为伟大的教师更甚于伟大的著作家。这也是古来大哲的弟子们常有的讲法。有时让人觉得，思想也像舞蹈一样，是活生生的演历，书中记载下来的，只是舞步的遗迹，就像照片上的舞姿一样。

这一时期,海德格尔的从前所著与当时所著大量出版。其中最重要的有三册《演讲与论文集》,包括四、五十年代的中短篇。论文集《同一与差异》,海德格尔自评为《存在与时间》以后最重要的文集。《走向语言之途》,收集了四五十年代论语言的六篇文章和谈话。《路碑集》,收集了四十年间的短文,标识着海德格尔思路的停顿与行进。1920年代的《现象学的基本问题》,1930年代的《谢林论人类自由的本质》,1940年代的《尼采》等大部头讲稿也是1960年代和1970年代发表的。

1976年5月26日,海德格尔于出生地梅斯基尔希逝世,终年87岁。

回过头来读本节开首所引的那段话,我们可能各有不同的感想。海德格尔的外在生活确实相当平淡。难怪人们常把他与康德并比。革命性的思想,惊世骇俗之论,常常带着一份平俗的履历。有的人生活,有的人提炼生活。德国的教授和思想,法国的学生、主义、运动、时尚。海德格尔从来不承认他和法国存在主义有什么特殊的关系,世人所知的海德格尔,却仍然是这场席卷世界的思想文化运动的宗师。然而,哲人们其实也像我们常人一样,有他们的悲欢离合,性情和品质,雄心与迷误。把思想家的思想还原为经历与感想,当然只是小巧之见。但细读一人的著述,确实可见其人在其中的。

第二节 海德格尔对哲学的一般看法

海德格尔毕生从事哲学,几无它骛。对哲学的情态构成了他一生的主情。把他对哲学的一般看法放在这一章应是适宜的。

据传说,希腊的第一位哲人泰利斯好审思天宇星辰。有一天,他仰视天空用心正专,不小心跌到沟坑里。一个漂亮婢女在侧,见状不禁窃笑道：天上的东西，你都一清二楚，偏偏鼻子尖下的东西倒看不见。这是个古老的故事了，和哲学一样古老。自柏拉图以后，凡听说过哲学的就听说过这个故事。柏拉图在这个故事后加评说："凡事哲学者，总会被这般取笑。"①海德格尔也有句评论："真正是个婢女的，也必得有点什么来取笑。"和柏拉图比，这一句有欠厚道了。笑笑就笑笑呗。

我们弄哲学的，闲话中说出自己的专业，别人就说："哲学？噢，那玩艺儿可是高深莫测。"文明人都讲礼貌，否则我们也会干脆听到嘲笑的。我们可能会想，而今科学昌明，商业繁荣，像哲学这样的老古董难免变得有几分迂腐可笑了。看起来，这嘲笑却是古已有之的。老子不是也说"下士闻之，必笑之"吗？从古到今，从东到西，都是一个样呢。被笑得多了，见怪不怪。不仅此也；这一笑还成了认识真哲学的标记之一。"不笑不足以为道"呢。柏拉图的话说得一模一样。

这样想下来，海德格尔下定义说："哲学即是人们本质上无所取用而婢女必予取笑的那样一种思"。② 他接着申明，这还不是开玩笑，我们必须记住在哲学之途上，我们当真可能掉到井里而久不能寻到可以踏实立足之地。不是玩笑，这我们知道，因为海德格尔从来不开玩笑。哲学家严肃的很不少，但严肃如海氏者却不多。要思，更要思得透彻；而且，还要思得虔诚。

说起哲学——。不，不是我们说起哲学，而是要让哲学自己发言。于是，自然而然我们就听到 philosophia。哲学说希腊语。这不仅因为 Philosophie 这个词是从希腊传下来的，而且更因为"'哲学'

---

① 柏拉图：《泰阿泰德篇》，174a。
② 《追问物的问题》，第3页。

本质上是希腊的。"①

Philosophia 这个词来自 philosophos。据考证,后一词是赫拉克利特铸造的。他所说的 anerphilosophos 说的却不是一个从事哲学的人,而是"爱智慧者"(hos philei to sophon)。"在他所使用的意义上,phile(爱)意味着 homologein：道如道之自道,合道一道";或:"像逻各斯有所言说那样言说,应和逻各斯而发言。"(第 13 页)这一应和与智慧谐响。谐响就是和谐(harmonia)。"相交相契浑然合一,这样的和谐就是赫拉克利特所讲的爱。至于 sophon,他解释为:"一即万有"(hen panda)。这里的"即"把万有转送于一。一拢集万有。而存在者或万有就其之为存在者而言集拢于存在。"存在是拢集"——是有所言说的拢集。(第 13 页)

海德格尔相信,一切哲学探索本质上必迂愚不合时宜。因为哲学要么远远超出当今,要么把当今回系到肇始之初。哲学不仅不会把自己弄得合时宜,它反倒是把时代置于自己的准绳之下。无怪乎哲学不可能立即听到呼应。如果有一种哲学竟变得时髦起来,那它要么不是真哲学,要么是被误读滥解了。海德格尔自己的哲学应属于第二类。

我们但运哲学之思,便辞别了日常诸务。尼采说:"从不中止对异乎寻常之事去经验、去看、去听、去怀疑、去希望、去梦想,这个人就是哲学家。"海德格尔把这话改写成学院句式:"哲学运思即是对异乎寻常之事的追问。"②这一追问不是日常生活的必需品,发问完完全全是自愿的;若说有什么根据,它便神秘莫测地基于自由。哲学可谓

---

① 《什么是那——哲学?》,第 7 页。下面两段引文也出自该文,随正文标出页码,不另立脚注。

② 《形而上学导论》,第 15 页。下面三段引文也出自该书,随正文标出页码,不另立脚注。

是"对异乎寻常之事的异乎寻常之问。"(第 15 页)

所以,哲学不可能像一门技术那样直接习得。我们无法直接应用哲学,也不能依其是否有用来判断它。但没用的东西仍可能是一种威力,甚至是唯一的真威力。一时得不到呼应的却可以正与一个民族的本真历史在至深处谐响,甚至作为这历史的先声鸣响。那不合时宜的自会有宜之之时。我们因而无能贸然判定哲学的任务是什么以及我们该从哲学期望什么。哲学之兴之进含着它自己的规律。我们只知道,在不多的几种可能的独立创造活动和人类历史的必要事业中,哲学是其一。哲学以思的力量开辟道路,拓宽设置标尺和等级的真知,而一个民族全靠这种真知在其历史精神世界中把握和完成自己的实在。这种知点燃一切疑问,从而威胁一切价值观而又使估价成为必需。

哲学这一类本质性的精神形态与其他形态不可同日而语,于是就难免暧昧而遭误解。这些误解虽古已有之,而今则主要由哲学教授们(海德格尔说:"由我们这类人")促生。哲学教授们的业务是把古来的哲学知识传授给学生。这项业务合情合理甚至不无用处。不过,它充其量只是哲学学术(Philosophiewissenschaft),虽然它往往充作哲学本身的样子。

在种种误解中,有一种是对哲学要求过多。这种误解以为,既然哲学的鹄的是找到万物的根基,尤其是找到人生意义的根基,那么,哲学就该为一个民族提供建立其历史与文化的基地。如此奢求哲学常与对哲学的贬低联袂。例如,人们说,既然形而上学无助于为革命铺路,所以根本不要理睬它。这简直就像说因为刨床不会飞就该把它扔掉。殊不知哲学从来不能为历史事变直接提供力量和机会。"原因之一是因为哲学家永远只直接涉乎少许人。何许?创造性的变革家改革家们。"(第 12 页)通过这些人,通过不可预知的种种途径,哲学渐渐传播开来,直到某个时候降为不言自明之事为止。当然,到那时,哲学中的原始力量早被遗忘了。

另一种误解则曲解了哲学究竟在何种意义上起作用。有些人认为,哲学为众生建设世界观也好,为科学建立原理也好,反正它该指导实际的和技术性的文化活动,使它们变得容易些,发展得快一些。殊不知,"哲学究其本性从不使事情变得容易些,反而是使它们变得更难些。"(第13页)这还不仅因为在日常领会听来,哲学传达方式怪僻甚至疯癫,而且更因为哲学把存在的重担重新加到人身上而使他的历史存在变得更重更难。但沉重却是一切伟大事业,尤其是民族伟业得以生盛的基本条件之一。只有对事物的真知贯透人的现实,才谈得上伟大的命运。

哲学不提供救治之方。所以,哲学探索并不在寻求某些确定的答案。"思中持久的因素是道路"。① 海德格尔钟爱道路这一提法,他在讲课时常建议学生应把注意力更多地放在探索之途而非所讲的内容上。他表明他所讲的道路就是老子的"道":"一切是道。"②

对这条道路,海德格尔有百十种讲法。这是条神奇的道路,上下求索,前行后退。而偏偏借后退才能前行。前行却不是进步,而是行到最邻近处。这邻近带我们退后,退到开端处。他又说起这道路不像街道那样按计划笔直修筑下去。"我几乎要说,思钟爱于修建蜿蜒奇特的道路"。③ 筑建者不但回到从前的工地,甚至回头回得更远。海德格尔不仅从不谈已达到的目标,甚至经常直言连思的道路还未踏上。从而就有"通向道路的道路,""辅路"这些讲法。上节提到的海德格尔的著作,也常以道路为名称,如"林中路","路碑集","走向

---

① 《来自关于语言的一次对话》,第94页。
② 《语言的本质》,第194页。
③ 《来自关于语言的一次对话》,第105页。

语言之途"等等。本书不准备专论海德格尔对道路的讲法,只在这里引用《林中路》的题辞来标识我们通往他的哲学的起点:

> 林中有许多路。这些路多半突然断绝在人迹不到之处。这些路叫做林中路。
>
> 每条路各行其是,但都在同一林中。常常看来一条路和另一条一样。然而只不过看来如此而已。
>
> 伐木人和管林人认得这些路。他们懂得什么叫走在林中路上。①

---

① 《林中路》,扉页。

第二章 通向存在之路

> 存在之为存在,这个永远令人迷惑的问题,自古被追问,今日还在追问,将来还会永远追问下去。
>
> ——亚里士多德:《形而上学》

第一节 思之所思——存在

柏格森说,每一伟大哲人只思一事而毕其一生以图表达之。若果如是,海德格尔所思的就是:存在。

但这马上就引出一种疑问:存在问题不是始终贯彻于西方哲学的吗?不少译者译为"本体论"的 Ontologie,即西方哲学史上的主线,向来就是关于 on 的 logos、关于存在的言说、研究存在的学问、存在论。巴门尼德已关注于存在问题,提出"存在之外并无非存在","存在是一","存在与思维同一"等著名命题。从巴西尼德到黑格尔哲学全书的第一论"存在论",哪位大哲学家不讨论存在?恩格斯把整个西方哲学史归结为存在与思维的关系问题。看来,我们必须先知道存在怎样在历史上成为一个问题,才能了解海德格尔凭什么声称存在问题是他特特所思的根本问题。

存在怎么会成为一个问题呢?世界存在着,山川鸟兽存在着,你和我存在着。存在似乎是明明白白的。世上万物存在着,这话在我们听来平淡无奇。然而,存在并非永远这样平淡无奇。一个饱受折磨万念俱灰的人,偶然登上一座小丘,川原和蓝天在他眼前次第展开,他突然为一件基本事实震惊:这世界存在着。世界原可以不存在的——但竟有一个世界存在着。"To be or not to be"(存在还是不存在)刹那间成为问题。哪个有灵性的孩子不曾有一次为这同一事实震惊并感到迷惑?原可以根本没有世界,原可以根本没有我这个人。而一个活生生的我竟面对着一个活生生的世界。死的思想于是也一道涌现。难道一颗活跃着的心灵竟会突然停止存在,再不苏醒,再不面对这碧树白云?也许,父母朋友会记着我。但整个人类最后也要归于乌有。热寂的宇宙是什么样子?人生倏忽,意义安在?难道一切意义终究要归于虚无?或自慰说,能量不灭,物质不灭,宇宙毕竟还存在着。但虚无所说的,不存在所说的,恐怕不是物质的消失,而恰恰是不再有一颗心灵感受着存在。

对存在的惊异和迷惑里包含着珍惜。"难道人,难道诸多民族只是胡乱跌进这大千世界而到头来又甩将出去?抑或并非如此?我们非得问个清楚。"①生和死把我们带到变易面前。在时间的浊流里,曾存在的,已经死灭;正存在着,终归无形。难道真理和德性像谬误和恶行一样也都只是昙花一现?

人们喜欢把希腊称作人类的童年。各个文明之始,当然都是童年。不过,以我们中国的文明为例,它一诞生就有几分老成持重,似乎预示了未来几千年的循环。相比之下,希腊人似乎更天真好奇,更富蓬勃的生机。竟有一个世界存在,竟有存在这回事,震惊着希腊人。使童稚的文明充满惶惑。惶惑不一定是多疑。希腊人并不怀疑存在是事实,是第一位的事实。但他们把事实感受为问题,并投入他们的心智来接受问题的挑战。存在会变化吗?如果承认了变易,岂不就承认了消逝与虚无?在存在之外,还有什么?能够说"(还)有

---

① 《追问物的问题》,第 14 页。

(虚)无"吗？这是语言的矛盾还是事实的矛盾？有没有摆脱了无的有？有没有超出变易的存在？火？理念？能量？思想？神明？到底谁是永恒？

理论不能简化为感受。初涉事理的学子发觉万事一理贯之，以为解此理也就通解万事。待拿出具体问题来，却只讲得出空泛和混乱。存在、虚无、变易、永恒、时间、实质、属性、形体、美、目的、善……，把这一环一环理顺成章，博学和精思是少不了的。理论最后往往会变得高度抽象和精细，读不太懂，遂以"晦涩"一言蔽之。殊不知那些博大精深的体系，正是思想为了解释世界人生的基本惶惑所做的努力。感受的真切是理论精深的首要条件。要读懂哲学，单靠逐句推理是不够的。非要启动灵性，凭灵性深入讨论的细密处，复从细密处参悟根本的灵性。哲学家们一面修炼思维的艺术直至老成，一面童稚般地保持着对人世的惊异。对存在这一事实的惊异，一再为哲学唤醒。莱布尼茨曾对这一震惊发问："为什么存在者在而无却不在？"维特根斯坦颇有同感："可惊的不是世界怎样存在，而是世界竟存在"。

我们在哲学之内运思，哲学就触动我们本身。这里却不是在谈情调情味(Gefühle)一类。纪德有言："美好情调偏弄出坏文学。"这话对哲学尤为中肯。情调，无论多美好，与哲学无涉。这里被触动的是 pathos(情)。

柏拉图说："被震惊是特属于哲学家的 pathos。因为除此以外哲学别无开端。"亚里士多德的说法是一样的："无论当今或从前最初的时候，人总是因震惊开始哲学的。"海德格尔总结说："震惊之情是哲学的 arche(开端，原则)。"① 如果我们以为震惊是哲学的原因，哲

---

① 《什么是那——哲学？》，第24页。下面三段引文也出自该文，随正文标出页码，不另立脚注。

学开始以后震惊就消声匿迹,那我们就与希腊思想背道而驰了。Arche 是原则,哲学从这一原则开端且在其全过程中始终受这一原则驾驭:"震惊驾驭着哲学的每一步。"(第 25 页)

与 pathos 相连的是 paschein:承担,忍受,承受,任自己被调定(be-stimmen)。为了不受近代心理学之累,海德格尔建议冒险把 pathos 译为 Stimmung(琴弦的调定、情绪)。我们在震惊之际退步自守,在退步之际留出余地(Dis-position,又作"性情"),容存在者的存在开敞。这样来理解,哲学的性情实在是由存在来规定的。

> 应和存在者的存在的指令(Zuspruch),本己地把这一应和承担过来铺展开来,这就是哲学。(第 29 页)

海德格尔提出存在问题,有很多学理上的根由。但其中包含着这种原始的惊异,却不可不察。这个问题,对海德格尔来说,既富有实感,又富有学术性。这两个方面的结合,粗浅地讲,是这样的:存在问题首先是一个活生生的问题,引起了希腊人的无限惊愕。在把握、深入、了解这一惊愕的过程中,希腊人提出了对存在问题的原初解释。这些解释以种种方式得到重新解释并通过这种种变形至今支配着我们对存在问题的讲法。我们今人欲对存在问题有所论,已摆脱不了历史上的种种解释,已必然活动在这种种"学术讨论"中。而这种种学术工作,对海德格尔来说,都是为了熟悉存在问题在历史解释中的流行途径,以期最终溯流还源,达乎存在问题初腾的境界。海德格尔常愿自己的思想直与早期希腊思想合流。他是这样说到希腊人的:

> 存在者随着存在的显现而显现,这一事实令希腊人震惊……

哲学就存在者的存在求索什么是存在者。哲学行于通往存在者的存在之途。(第 14-15 页)

第二节　存在概念与存在问题

在《存在与时间》的扉页上，印着柏拉图的一段话："当你们使用'存在着'这个词的时候，显然你们早就熟悉这究竟是什么意思；然而我们虽曾相信懂得它，现在却茫然失措了。"[①]

《存在与时间》全书正文的第一句断称："这里所提的问题如今被遗忘了。"而且，这一遗忘从柏拉图就已经开始。两千多年来，我们不仅不曾为存在问题提供回答，相反，存在问题的遗忘不断加深。所以，海德格尔深感有重温存在问题的必要。他甚至自诩说，在两千多年的遗忘以后，"在《存在与时间》里，追问存在意义的问题第一次在哲学史上被特别作为问题提出来并得到发展。"[②]

存在问题是被对这个问题的种种成见埋没在遗忘之中的。在《存在与时间》里，海德格尔列出三种主要的成见。

1. "存在"是最普遍的概念。而这个"最普遍"，通常又是从类属意义上来理解的。任何东西都属于特定的种类。玫瑰是花，花是植物，植物是有机物。任何类属关系都有个头，最后归结到存在。任何东西，归根到底都有一个共通点：都存在。但最高的类却与一般的类不同，因为类的形成在于归纳其所含种属的共性而这共性又必须与其他的类共性相区别。例如动物这一观念包含着鸟兽鱼虫的共性而又与植物的共性相区别。而存在则包罗一切，无法针对任何其他族

[①] 柏拉图：《智术师篇》，244a。
[②] 《形而上学导论》，第 89 页。

类区别自身。可见,存在的普遍性不是类别上的普遍性。亚里士多德已觉察到这一点并因此称存在的普遍性为类推的或譬喻的一致性。存在作为自然、存在作为历史等存在的诸方式因此也就不能看作是存在的种属。

存在概念还有一种普遍性,这在西文中比较明显。以德语与英语为例,sein 和 be 都既表存在,又是系词"是"。按照古典逻辑,无论关于什么东西,凡有所述,总用得上系词:玫瑰是红的;玫瑰是植物;玫瑰是美丽的等等。于是,无论我们说玫瑰是什么,"是"或"存在"总被引入了。哪怕说玫瑰不"是"什么,也仍离不开"是"。所以海德格尔可以说,如果没 sein 这个词,"那就根本没有语言了。"无论领会什么事物,首先得领会到它是,它存在,或不存在。存在概念的这一层普遍性,虽然提得还粗糙,却比族类上的普遍性来得原始。

这种讲法在西文中虽稍自然些,却并非没有疑义。不少近代逻辑家就坚持认为关于存在的讨论大半出自系词的多重含义、特别是"是"和"存在"两种含义的混淆。"sein"一词的这些纠缠,中文再作巧,也是翻译不出来的。

有人说哲学像诗一样是无法翻译的。笔者做过翻译,知道这话有些道理。而翻译的难处却也延伸到对西方哲学学理的讨论。不过,思想的力量总体现在面对障碍之时。我们固然要审慎对待不同语言中基本概念的不同联系,不愿望文生义遽发宏论,同时又希望通过对差异的了解和澄清可以丰富自己的思想。我们今勉为其难来研习西方哲学,不也就是希望透过差异和障碍一睹共同的景观吗?

2. 从"存在"概念的普遍性中又生出它的不可定义性来。按照通常的意见,定义是由本类的共性以及本类与邻类的差异构成的。存在却不是类。"存在既不能用定义方法从更高的概念导出,又不能由较低的概念来表现。"①

3. 虽无法定义"存在",却凡开言便离不开"存在"或"是",可见我们无论如何是懂得存在的,而且这种懂一定是不言自明的。

然而,这三条成见都不能否证提出存在问题的必要性。"存在"为最高的普遍性而非族类的普遍性,最高的普遍性究竟是什么呢?"存在"不可定义,这或许只是传统逻辑的无能。"存在"自明,而恰恰是分析"自明的东西"构成了"哲学家的事业"。

在近代形而上学范围内,存在问题由莱布尼茨的名句"为什么存在者在而无却不在"表达出来。海德格尔称这个问题是形而上学的主导问题并具有头等重要性。其重要性反映在三方面:这个问题最广泛、最深刻、最原始。

最广泛。因为这问题包罗一切,仅以绝不存在者即以无为界。因而存在问题也是独一无二的问题。其他事物,无论怎样稀罕,怎样独一无二,总还可以拿别的什么东西与它作个比较。"相反,没有任何东西能拿来与存在比较。存在的它者只是虚无。"②最后这个问题甚至还包括无,因为无也必须"是"无。

最深刻。既然寻问的是存在者整体,这个问题自然不是在关心这样存在那样存在而只"就存在者存在着这回事寻求存在者的根据。"(第5页)它要追索这根据直至最底层,所以它是最深的问题。追问存在者整体的根据,不是从一个存在者追到另一个存在者,因为那另一个存在者也包括在存在者整体之中。存在者整体与无相对,所以我们也是在问:存在者是如何挣脱无的?为什么存在者不干脆落回到非存在之中去呢?这又等于是问:为什么会有存在者存在?

---

① 《存在与时间》,第4页。
② 《形而上学导论》,第84页。下面六段引文也出自该书,随正文标出页码,不另立脚注。

而这一问始终与"为什么无却不存在"联系在一起。我们追问根据直到最深处,要找到的却不是某个存在者;或许,我们最后竟是面对无根据的深渊(Abgrund)。

最原始。这一层说起来要费些口舌。我们既对存在者整体发问,似乎我们就不该对任何一种特殊的存在者表示特别的偏爱。印度森林里的一头大象和火星上的一次化学反应都一样存在着。然而,在存在问题里,却有一种存在者始终引人注目。这就是提出这个问题的人。

这怎么会呢?在黑暗宇宙的无限空间中我们的地球尚不过一粒微尘,更何况这球体上朝生暮死的一小群具有意识的动物。然而,只要我们的问题一提出,存在者整体与这发问便有了一种特殊的关系。"因为,通过这发问,存在者整体才得以作为其本身所是者……敞开并在发问中保持其公开。"我们的问题仿佛面对整体存在者,所以"它仿佛从这整体脱出,尽管又绝不是完全脱离。"(第6页)海德格尔在这里似乎提示:人,这个发问者,既属于存在者整体,又与这整体相对,所以在存在者整体中具有独特地位。无论如何,就整体的发问与问题之所问,即存在者整体,具有一种特殊的关系,乃至于它所问者无它处可寻根据(因为所问者已是整体,别无他物)而反弹回问题本身:为什么有这关于为什么的一问? 关于特定存在者问一个为什么,可以找到另一个存在者头上去,有如问为什么有小猴子可答说因为有老猴子。而对整体发问"为什么"则必然反受其问。因而我们的问题也必然是自问。"它撞入对它自身的为什么的探寻。"(第7页)只有自身向自身提问的问题才是真正的问题。我们的问题在寻问存在者整体的根据之际以反弹回本身而弹开(er-springen)自身作为根据,这就叫开其本源(Ur-sprung)。一切真正的问题都离不开这一根据,都在发问之际或知情或不知情地连带提出这个作为本源的问题。

自然，这个问题于是也就是最原始的问题了。

形而上学的主导问题就存在者之为存在者发问。它所问的应是存在而不是存在者，因为它问的不是这样那样的特定存在者具有什么属性和方式，而只不多不少就存在者的存在来看待存在者。所以，在沿着主导问题追寻之前，必须先看看存在的情况如何。"存在是怎样一回事"是形而上学的先导问题。

山脉、洪水、教堂、国家、拉菲尔的画、古罗马、人，都存在。我们跑遍海角天涯遍觅远古当今所遇到的事物都存在。到处都是存在者。但何处是存在？"一旦要去把捉存在，我们总似扑空。我们在此追问的存在几乎就是无。但我们始终不甘承认存在者整个地却是无。"（第38—39页）

存在不是万物中的一物，这还好讲。但若不依据存在者，如何能把捉存在呢？莫非存在只是一个空名？莫非存在与存在者的区别只是思想中的区别？即使如此，海德格尔坚持说，问题却仍在那里：在"存在"名下被思想的到底是什么呢？

是的，存在的意义常飘忽不定。但我们确实知道存在者存在，而非不存在。那么，存在不就有了一种确定的意义吗？打个比方说：如果我们不知树为何物，又怎么能够确定某棵特定的树为树呢？怎么不把一辆汽车叫成一只兔子叫成树呢？

也许我们最好别去想存在。干脆让存在者去存在好了。但若我们不知道存在是什么，怎么让事物去"存在"？

看来，唯一能提供线索的是虚无。借不存在而确切地理解到存在不是第二位的事实。它与说存在的不确定性是连在一起的同一回事。我们能说是，也能说否，说不是。因此才谈得上肯定或拒绝。因此才谈得上存在者"是"什么。因此才谈得上我们自己是什么，不是什么，成为什么和不成为什么。没有"是"和"否"，就没有语言。就没有选择。人就不再是人。对人说来,存在之领会无论怎样不确定,总具头等地位。我们是否存在在此,这不是无所谓的。甚至当我们在此这回事竟一无所谓,我们仍必须领会存在,否则我们就连对自己的在此说一声"否"都办不到。

但必须承认,存在问题虽如此深深地与人性相系,却并非寻常听得到的。关于存在者整体的发问,所问超乎寻常,发问也超乎寻常。这问题,作为哲学的根本问题,被讥为无用。诚然无用。它不是为料理日常生计而发。也没有什么指令让我们非作此问不可。这一问题本来就自由自愿地在自由人性的神秘基础上发出。诚如尼采言:"哲学……就是在冰雪之间在高山之巅自由自在地生活。"

第三节 "存在"及其相关诸词

我们要把握存在,然而却"把捉到无法把捉处"。是否该放弃呢?偏偏每时每刻都遇上存在者,而存在者必是在其存在中来照面,来缠扰我们。海德格尔凭一股犟劲非要追问下去不可。即使关于存在最后只剩下一个空名,"我们至少也得试着把留住这剩下来的最后一点儿东西"。(第78页)从"为什么存在者存在而无却不存在"这一基本问题到了"关于存在都有些什么情况"这一先导问题,更又退而求其次,先得问一问"关于'存在'这个词都有些什么情况"。(第78页)

在《形而上学导论》里,海德格尔专辟一章讨论 sein 这个词及其相关词的语法和词源。实则,对语词的考察,远不止于咬文嚼字。寻问和确定语言的本质,这件事始终是由关于存在本质的统治概念左右的。另一方面,存在及其本质总是通过语言表达出来的。存在、存在者、存在论、形而上学等词语将不断出现在我们这本书中。本节的介绍有助于了解这些词的历史渊源以及海德格尔对它们的理解和使用。同时,海德格尔也期望通过关于 sein 这个词的讨论表明西方对语言的基本经验和解释是从一种十分确定的存在领会中生长出来的。顺便可以提到,海德格尔认为语法本身一般说来早就变成了一套技术性工具。尽管如此,语法所处理的课题却是至关紧要的。

德文表示"存在"的名词 das Sein 与动词不定式 sein 是一样的,唯名词大写并带有冠词。谁源自谁？更广泛地说来:动词和名词谁源于谁？这一问题,去掉其僵化的语言学形式,直连到语言的起源问题。不过,海德格尔未向语言的起源问题追究下去。

名词和动词的分野,像西方语言的所有基本语法一样,始于希腊人对语言的思考。海德格尔顺便提到,从思的诸种可能性着眼,希腊语和德语同为最强有力最富精神性的语言。

希腊人把语词分为 onoma 和 rhema。Onoma 是人和物的名称,进而发展为 onomata,狭义地指称实体。与此相对的 rhema 则意指言说,传说。这种分法与希腊人对存在的解释密切相关。Onoma,作为事质的敞开状态,是同 pragmata 即我们与之打交道的事物相连的,因此又叫作 deloma pragmatos,即事物词类。Rhema 是某种行动的敞开,所以与 praxis 即行为实践相连,被叫做 deloma praxeos,即动作词类。这两种词类的结合构成最基本的言说,也就是我们现在所说的最基本的句子。① 行为和事物的区分体现出一种对存在及其方式的关键领会。

最初,希腊人只用一个词即 ptosis 来表示变格变位。直到语词被分为两类,他们才用 enklisis 指称动词的变位而用 plosis 指称名词的变格。变格变位这种说法提示出:语言显然也被当作了一种存在者。这与希腊人把存在看作某种存在着的东西这一立场是一致的。

---

① 参阅柏拉图:《智术师篇》。

据海德格尔注释,ptosis 和 enklisis 都意指倾跌。倾跌是从直立歪斜。而希腊人正是把直立、驻立、常驻不动领会为存在的。常驻者自由地契入其界限的必然性。在这里,界限的必然性说的是存在者为针对非存在者保有自己这件事所必需的东西。自限才能立足。从而,存在者的基本特征就是 to telos。我们通常把 telos 译为"目的"或"意图"。据海德格尔讲,这是误译。To telos 应在"完满结束"的意义上译为"终结"。"界限和终结是存在者借以开始其存在的东西"。沿着这条线索才能理解亚里士多德加于存在的最高称号:entelecheia——自持于终结和界限之中。后世哲学家和莱布尼茨以及生物学所说的"隐得来希"已从希腊思想堕落得远远的。

驻足自立于其界限之中的东西具有 morphe 或形态。对于观察来说,驻足自立的东西就成为在它看上去如何如何中亦即在外观中呈现自身的东西。事物的外观被称作 eidos 或 idea(形式、理念、理式)。

围绕着存在的上述种种意义,在希腊人的经验中融合为一体而由 ousia 或 parousia 标识出来。这个词后来被译为 Substanz(实体),实在误人子弟。据海德格尔讲,ousia 指某种东西在、本来在、临场、在场、在家、立于自身并如是表现自身。所以相应的德文应当是 Anwesen(临场、在场、家园)。"对希腊人而言,'存在'根本上说的是在场状态(Anwesenheit)。"[①]

希腊人首次提出存在者整体的问题。存在者整体被叫作 physis。海德格尔注释说,physis 原义指"从自身绽放的东西",就像说玫瑰绽放,"玫瑰在绽放中显象而又在显象中保持其为自身。"按词典

---

① 《形而上学导论》,第 65 页。下面十段引文也出自该书,随正文标出页码,不另立脚注。

意义,动词 phyein 意指"生长"。这些词都是希腊人领会存在的关键词汇。

相应地,不存在就是从这种常驻于自身的状态走出来,即 existasthai(Existenz)。我们今天竟不假思索地用这个词来标识存在,殊不知它对希腊人恰恰意指不存在。下一篇即"此在篇"将表明,海德格尔用 Existenz 这个词专指人的存在。从这里的提示看,人一方面像所有存在者一样也存在,另一方面却是借超越存在者整体的方式、以跃入无的方式存在的。我们将把这个词译为"生存"。

Physis 本身,却也是在某种升腾变动中有其本身的。它既然指在绽放中自持,就既包含生成变易,又包含持恒这一狭义的存在。绽放是从某种原始的掩蔽状态绽放出来。Physis 从被掩蔽者中出离从而才使被掩蔽者驻定。如此出离掩蔽,即是希腊人所理解的真理,aletheia。存在去除掩蔽的过程却不是平安平庸的,而是一场开天辟地的斗争。海德格尔引赫拉克利特残篇第 53 来描述这场斗争:

> 分裂与斗争为一切(在场者)之母。(它让一切破晓,)一切(也包括)起支配作用的保存者。它让某些显现为神明,另一些为人;它把一些造为(呈现为)奴隶,另一些则为自由人。

Physis 在这一斗争中赢得自身为一个世界。存在者通过世界的威临才成为存在着的。可见,physis 所指的绽放、浮现或生长不是种种自然现象中的一种。"Physis 即是存在本身,即存在者由之才成为且始终保持为可观察的那一存在。"(第 17 页)希腊人不是借自然过程经验到 physis 的;正相反,他通过诗思(dichtend-denkend)对存在取得基本经验;基于这种经验,physis 向他们开展出来;基于这一开展,他们始能窥测狭义的自然。所以,physis 原本包括一切,包容天地人事。最根本的，它指的是冥冥天命之下的众神。相应的，polemos（分野、斗争）就支配着具有神性人性的一切。唯这一斗争才使原本的存在者（das Wesende）相互针对而分野而划出等级地位。"在这一分野中有裂隙、差距、广度和接榫开敞出来。"干脆说，由于 polemos 这样一种分野而分出世界。

可见，polemos"并不分割更不扯裂统一。它建筑统一，它是收集和采集（Sammelung）。"而 logos，或道，据海德格尔考究，原本也意谓采集。所以他又说："polemos 和 logos 是一回事"。（第 66 页）

没有什么东西在这场开天辟地的斗争之前就现成存在好了。这场斗争才开始发展出闻所未闻、言所未言、思所未思。"这场斗争然后由创造者、诗人、思想家、政治家承担起来。"（第 66 页）这些人迎着那支配一切的力量推上劳作，阻断那力量，而在这劳作中开辟出世界来。"随着这些劳作，支配一切的威能即 physis 才开始驻停于在场的东西，存在者现在才开始作为存在者存在着。这一世界的形成的过程即是本真的历史。"（第 66-67 页）

但这却不是说任何人能够操纵 physis。人只能顺应 physis。"借这种（自身绽开的）威能，静止和运动出自原始的统一体而又闭又开又显又隐。这种威能就是那仍不受制驭却支配一切的莅临于思的临场（das ins Denken noch unbewältigt überwältigende Anwesen）；而在场者就在其中作为存在者本在（west）。"（第 65—66 页）

这一段关于 physis 的讲法，就像是海德格尔的《创世记》。会发生疑问的不止一处。例如，究竟存在者是在原始掩蔽中抑或在 physis 绽出之际抑或在世界成形之际存在？究竟世界在 physis 原始绽出之际抑或在人的劳作中形成？我们不在这里追究。因为这些疑问将一直成为疑问。本书一章一章地写下去，存在、存在者、人、真理、世界这些概念还要一个个细致讨论。

存在者的发展和驻立都由原始的斗争造成。而"斗争停止之处，存在者虽不消失，世界却遁去了。"（第67页）存在者于是成了资料（Befund），成了对象，或供人观察的图象或供人计算加工的东西。

在希腊哲学里，physis的含义已开始逐渐收窄。首先是往"物理的事物"这个方向收窄。不过，"心理的东西"那时仍包括在"物理的东西"里，与physis对照从而使physis的意义受到进一步限制的有thesis即律令，有nomos即伦常意义上的规矩，有techne即有所知的计划和生产，有历史。

Physis后来被译为拉丁词natura。Natura的原义为"诞生"，但罗马人是在我们所说的"自然"这一意义上来理解natura的。希腊哲学语言被罗马人译成拉丁文，希腊文原义及其包含的哲学力量就被毁掉了。Physis也不例外。罗马人的翻译经基督教中世纪一直传到近代，而我们今天就是靠这些语词去理解西方哲学的开端的。照这一理解，希腊哲学的开端就成了某种自然哲学，而我们今人相形之下倒远远超出了这一开端呢。作这种解释的人至少忘了一事：哲学是人类成就的不多几项伟业之一，"而唯伟大的开创才有伟大的事业。伟大事业的开创从来是至为伟大的。"（第65页）

我们已经提出，"对希腊文而言，'存在'根本上说的是在场。"而ousia也是相类的意义，指立足于自身并如是表现自身。然而，即使希腊哲学本身也"再不曾返回这一存在之基及其包含的种种。它停留在在场者本身的前景上而尝试借上述种种规定来考察在场的东西。"（第65页）说得明白些，存在和在场经常被理解为存在的东西，在场的东西，而这些东西首先向视觉显现。语言也被看作某种存在着的东西。希腊人倾向于从书面语言出发来了解语言。口头语言在书面语言中驻停。语言驻留在书写下来的字词即grammata之中。"语法显现出语言这种存在者"。（第68页）从语言的角度看，西语中字词的某些形式就可以被看作是从另一些基本形式派生出来的。就希腊语的动词而言,其基本形式却不是不定式,而是单数第一人称的现在陈述式,例如"说"的基本动词形式是 lego(我说)。Legein("说"的不定式)则是由 lego 变位而来的。动词的其他变位形式因具有时、态、数等而具有某种意义指向,所以被称为 enklisis paremphatikos(有特定意指的倾向)。不定式则没有这些指向,这被看作一种欠缺,所以不定式被叫作 enklisis α-paremphatikos。[①] 拉丁文把这个词译为毫无生气的 modus infinitivus(无界限状态,不定式)。于是,希腊原词所体现的对存在与事物的种种领会便在这一翻译中丢掉了。

据海德格尔考察,在各种语言里,不定式都是最晚出现的。由于没有特定的指向,不定式表达出的意义是最少最空的。然而,动词的名词化却恰恰是在不定式前加上冠词。"这个冠词说的是:被指向的东西仿佛自为地站着、存在着……通过从不定式到动名词的这种语言转变,不定式已有的那种空洞还仿佛被钉牢了,'存在'(das Sein)被弄成一个牢靠的对象了。……'存在'现在自己也变成存在着的东西了。虽然明显地只有存在者存在着却并非还有存在也存在着。"(第73页)

这里露出海德格尔苦心考据"存在"一词来历的用意之一。他的这番考虑是要强调,无论怎样思考存在,反正不可把存在当作从一切存在者那里抽象出来的某种东西——存在既非抽象出来的,也非某种东西。否则我们就完全不通语词的历史演变而只看着它们的眼下形式作文章,那就可谓守其末而忘其本了。

像其他变位变格语言一样,德文动词不定式 sein 也比它的其他

[①] 希腊词前缀"α"含有否定、缺失。

形式晚生。不定式 sein 有三个来源。

词根 1：最古老的词根是 es，梵文中的 asus，意指生命、生物、自出自驻自行自息者。表"存在"和"是"的希腊词 esmi 和 einai 以及拉丁词 esum 和 esse 均由 es 来。在印度日耳曼语系中，表"存在"和"是"的动词的第三人称单数"ist"始终在各种形式中有首要地位。

词根 2：另一词根是 bhu，bheu。希腊词 phuo 即属此，表示浮现、起作用、威势、自出自驻。这样一种升腾又由在场和显象得到规定。新近又考证出 phu 与 pha，phainesthai 相连。据此，physis 可能是指升入光明之物，phyein 则指显耀、发白、显象、现象。现代德文中的"bin"((我)是)和"bist"((你)是)来自这一词根。

词根 1 和 2 均来自古印欧语。词根 3 则来自德文词 sein 的变位形式 wes、wesan，指居住、延留。现代德语中的 gewesen，was，war 都来自这一词根。名词 Wesen（通译"本质"或"本质存在"）原本不是指某件东西与同类东西的类共性或相通的本质，而是指作为当前、在场及不在场的那种延续（Währen）。

这几种词根的意义原都是极关键的，但是在不定式 sein 中却销损了。待把不定式加定冠词而得出名词 das Sein，我们就仿佛只得到一个空名。

以上这篇讨论多少说明了存在概念的意义为什么这样含混。但也看得出无法从字形、字源、语法方面来增益对存在这个词的理解。"存在"这个词与存在本身的关系不同于其他任何词与其指称的关系。任何其他词似乎都有一个存在者与它对应。"存在"却没有这样的对应者。可偏偏，由于加了冠词，存在本身倒变得像是某种存在着的东西。

在海德格尔的语汇中，存在着的东西、存在者，是用 das Seiende 来表示的。Sein 的现在分词为 seiend，加定冠词后成为 das Seiende，大致与希腊词 to on 相应。德文词 ontisch 直接从 to on 来,指涉及存在者的。关于存在者的存在的研究,自 17 世纪后被称为 Ontologie。海德格尔区为 ontologisch 和 ontisch,我们则分别译为"存在论上的"和"存在者状态上的"。

但是这重区分却不能从希腊词 on 看出来。从语法上讲,on 是 einai(存在,是)的现在分词。它是双义的:既可以指存在着的东西(das Seiende),又可以指存在者存在着,即存在者的存在。我们已知希腊人又把存在者理解为在场者;所以,on 既指称在场者又指称在场本身。

海德格尔经常称道希腊词集诸义于一身从而体现出思的丰满及其内在联络。但对 on 的这一双重性,他却又不以为然。他倒认为这种暧昧不明自始便引起了形而上学的混乱,而且这混乱贯彻始终。要追究 on 的这一暧昧,就要把形而上学底朝天地过一遍。不过,关于形而上学的起源和发展,我们在第八章专设一节讨论,这里只提出几个一般论点。

一般认为,形而上学始于亚里士多德。亚里士多德本人却从来没用过这个词。他是否给自己的主要哲学著作起过名称及什么名称,我们不得而知。现在流行的"形而上学"这一书名是后世加上去的。在这本书里,亚氏似乎用不同方式从不同角度对这本书的内容作过概括,有没有一种概括及哪种概括是首要的,专家们在争论之中。

亚氏确实屡次说,那本书追问的是 ti to on he on,大致可以译为"什么是存在者之为存在者"。在希腊文里,亚氏的用语已经颇玄奥了。后世至少从中区别出两个问题来。一是为什么会有存在者存在这一事实。二是什么是存在者。用德文英文分别表示出来,就是:die Frage, daβ das Seiende ist und was es ist 和 the question of that beings are and what they are。有时这两个问题被简称为 daβ und was 或 that and what。存在问题和本质问题就是从这里兴起的。

如今不少人主张形而上学问题只不过是语言问题。此外有不少人认为,形而上学问题总与特定的语言纠葛在一处,从中文就可能产生不出形而上学。这里无法深究这些问题,只能提到,中国哲学——我不敢肯定那是西方哲学意义上的哲学——确实走上了很不相同的道路。另一方面,现今西方哲学流行的种种问题往往在西方哲学语言的演变中有一段故事。

亚氏在《形而上学》里又曾指出,哲学追究存在者的最终根据,即某种最优越的存在者;这种最优越的存在者通常被认为是具有神性的东西(theion),所以哲学也就是神性的研究。

到公元5世纪,辛普里丘把 metaphysica(形而上学)解释为 meta(在某事之后、超出) ta physica。如果把 ta physica 理解为"物"或"存在者",那么形而上学就该被解释为"超出存在者"。这一解释自那时起一直通行至今。

中文以形为中介,形以下为器形以上为理。看来,"形而上学"这个译名大致传达出了"超出有形事物"这一通行理解。因为哲学所讲的"超出",特别含着"向上超出"的意思。超出或超越在拉丁文里是 transcendere,以这一概念为中心在中世纪形成了形而上学中的超越问题。其实,按照对形而上学的流行理解,它本来就总是超越的。

研究"存在者之为存在者",就是说:撇开存在者的这样那样的属性和领域不问,只就存在者存在着这回事即着眼于存在本身来看待存在者。那么,形而上学从存在者超越到存在才能使存在者不多不少恰以其存在被看到。如果这样理解,形而上学就不是始自亚里士多德而始自柏拉图。柏拉图是第一个谈超越的,例如在《政治家篇》谈到超越影子世界而进入理念。

但是，我们还记得希腊词 to on 的两可含义。海德格尔的意见是，由于这种暧昧不明，形而上学所谈的存在也暧昧两可。一方面，形而上学议论存在一般。在这个意义上，形而上学就是存在论。另一方面，形而上学始终离不开特定的存在者来议论存在。这特定的存在者通常也就是最高的终极的具有神性的存在者。从这一特征来看，亚氏《形而上学》一书就既是关于 ti to on he on 的又是关于 theion 的。这一特征贯穿全部形而上学史，因此海德格尔后来用"存在论神学"(Onto-theo-logie)来表称形而上学，以求暴露形而上学两个方面的内在联系。

形而上学从来不能脱离某种特定的存在者来思考存在。于是，海德格尔断言，存在从来不曾"就其本身"得到思考。既然形而上学从一开始就从存在者出发并始终依存在者制订方向，那么更严格地说来，形而上学始终不是超物理学而恰恰是广义的物理学。形而上学不知不觉中开了自己的玩笑。无论把存在领会为理式、绝对概念、权力意志，形而上学仍是"物理学"。形而上学始终未把存在作为专题，所以无论它如何经常地议论存在，存在却始终被遗忘着。

首要的问题是把存在者与存在区别开来并以专题方式追问存在本身。这一区别被海德格尔称为"存在论差别"。后来他很少使用"存在论"，于是有时干脆称之为"差别"(Differenz 或 Unterschied)。存在问题不仅不同于存在者问题，而且也不同于存在者之为存在者的问题。存在本身的问题与存在者之为存在者的问题有时取相同的形式，但前一个问题不仅不是后一个问题在更高层次上的重复而且恰恰是后一个问题的根据。离开前一个问题，形而上学的本质就必然含混不清。所以，海德格尔所要追问的，有别于形而上学的主导问题即"为什么存在者在而无却不在"。他要追索"存在的展开状态"，要"松解存在之遗忘所封锁所掩蔽的"，其中也包含追索形而上学自身的本质，因为这一本质随着存在之遗忘一道被掩蔽着。

话说到这里，委实有几分怪诞了。哲学的首要问题即存在问题怎么竟可能一直被哲学遗忘了而必要等海德格尔的松解工作来展开呢？海氏怎么可能不通过某种存在者来追问存在本身呢？无论有没有答案，无论什么答案，无论对错，这些问题正是海德格尔哲学的全部旨趣。

第四节 现象学

海德格尔于1916年起受教于胡塞尔，即被卷入现象学运动，并不久成为现象学运动的主导人之一，以至于胡塞尔曾说："现象学运动，海德格尔与我而已。"《存在与时间》一书就是海德格尔仍处于现象学运动的中心时写的。它第一次发表是在胡塞尔主编的《现象学年鉴》上，并题献给胡塞尔。

此书不仅处处响着现象学的声音，而且有长长的第7节专论现象学。原本他准备在这本书中以"现象学观念"为题更详细地阐发他对现象学的理解和运用，不过这部分始终未以终稿形式出版，在同一时期，海德格尔以"现象学的基本概念"为题讲演，这些讲演后来亦成书出版。他那时候讲演无论涉及神学还是哲学还是什么总要与现象学勾挂在一起。

无论海德格尔在20年代与胡塞尔合作得如何紧密，他提出的现象学一上来就与胡塞尔所提的有很大差距。胡塞尔现象学中他最不能接受的大概有两点。一是胡塞尔始终把先验还原与先验唯心主义结合在一起，而海德格尔从一开始就不愿接受先验唯心论的立场。二是胡塞尔主张一切意义的终极源泉须在先验主观性中寻找，而海德格尔却拒绝接受一个与世界相脱离的主体。于是，海德格尔一面声称原则上追随胡塞尔的现象学，一面又坚持有权修正和发展它，虽然这一修正发展以胡塞尔现象学为基础。这里的基础主要指的是胡塞尔较早的著作《逻辑研究》；而对较晚的而且一般认为更为重要的《现象学的观念》一书，海德格尔很少提到。

从海德格尔这方面说，现象学一上来就和对存在的追问联系在一起。所以现象学主要地不是一家流派或某种哲学立场，而是一种方法概念。现象学关心的不是哲学研究的对象是什么，而是哲学研究如何进行。如何进行呢？最著名的口号就是"面向事情本身"（zu den Sachen selbst）。从否定方面讲，这个口号意在排除不加反省偶然拾来的各种哲学概念框架，这些框架原为探索事质而设，后来却硬结得阻碍了我们探入事质的眼光。但从建树方面来讲，如何方能面向事情本身呢？现象学指的是不是直觉一类的东西？这就涉及到现象学的内容。像通常一样，海德格尔对现象学作考察，更多地从"现象学"这个词及其可能的含蕴入手，而不很关注这种方法如何为某一个或某些个哲学家实际运用着。这种做法暗含着：他所从事的现象学研究是从本真处着手，别人怎样从事，与现象学的本质到底没多大关系。

现象学（Phänomenologie）这个词，很容易就分成两个组成部分：现象（phainomenon, phänomen）和学（logos, Logik）。我们先来捉摸现象。

据海德格尔考证，我们现在通译为"现象"的希腊词 phainomenon 来自动词 phainesthai。动词的意义是显现、让自身显现；那么，相应的名词 phainomenon 就是显现者，自我显现者。而动词 phainesthai 本身又来自动词 phaino，其意义为"携入光明中"。而 phaino 的前缀 pha 指的就是光明，明亮者，能使某种东西在其中公开自身的场所。这样看起来，现象整体指的就是大白于天光之下的一切。希腊人有时干脆把现象与存在者并为一事。

存在者可以通过很多方式显现，有时它甚至恰恰显现为它所不是的东西，这时我们称之为显象(Schein, scheinen)。真正显现自身是现象的最根本的含义；但是，显象也从本质上包括在显现观念中。用歪曲了的方式显现总还是一种显现。所以，显象与单单外表不同。海德格尔有时区分来自希腊文的 Phänomen 和本土德文的 Erscheinung，用前者指显现，后者指仅仅外表。这就给中文翻译带来了困难，因为 Ersheinung 一直与 Phänomen 一样被译成"现象"，而且在通常讲法中，在其他哲学中两者也确实不加区分。这类人为的区分在 20 年代海德格尔作得很多，其中有不少，包括眼下所涉及的这一种，后来都放弃了。我们暂用"现象"来译 Phänomen 而用"现相"来译 Erscheinung。

当然，我们马上要问：如果存在者根本没有显现，哪儿来的外表呢？这恰是海德格尔要我们问的。无论如其本然也罢不如其本然也罢，存在者总显现了。只有外表而不包含任何显现是不可能的。"虽然'现相'不是且绝不会是现象意义上的显现，但现相只有根据某种东西的显现才是可能的。"[①] 例如标志、症候、象征都是现相的例子。它们虽然不直接有一个本身可以显现，但它们却指示着某种或真或不真的显现。这里并非没有深究的余地。不过，海德格尔在这里的要旨在于否定把物自身和纯现象完全隔绝开来的主张。康德由于没分清现象和现相而陷于混乱。他忽而认为现象是"经验直观的对象"，即确确实实显现自身的东西，忽而又把现相理解为单纯现相，在它背后躲着始终不显现的东西。

---

① 《存在与时间》，第 29 页。下面五段引文也出自该书，随正文标出页码，不另立脚注。

辨明了"现象",下一步是辨明"logos"。上节已讲到 logos,以后还将多次谈到,所以眼下只粗粗谈一下。

Logos 这个词有数不清的翻译法,其实也就有数不清的解释法。诸如理性、道、语言、判断、定义、根据、关系等等。海德格尔建议译 logos 为 Rede(言谈)。但这就要求我们弄清"言谈"(die Rede)是什么意思。据他的讲法,logos 这种言谈指的是把在言谈中话题所及的东西公开出来,让人来看言谈之所及,而且是从言谈所及的东西本身来看。

经过这样的解释,现象和 logos 原本就有一种内在联系。两个词合在一起而成的"现象学"所指的于是就是:"从显现的东西本身那里、如它从其本身所显现的那样让它被看到。"(第 34 页)显而易见,这也就等于说"面向事情本身"了。同时也说明了为什么现象学指的是研究方法。"现象学"这个名称并没有先把对象指称出来,所以与"生物学"或"神学"那类名称不同,在那里像生物、神这样的东西明确地就是这些学科的对象了。

看起来,凡是如存在者就其本身显现的那样展示存在者,就都是现象学。流俗见解确实这样来看待现象学。这样的现象学却只还是形式上的现象学罢了。真正的现象学所要展示的"现象"与众不同,它依其本质就是展示活动的必然课题。这是什么呢? 它显然

> 首先和通常恰恰不显现,同首先和通常显现着的东西相对而掩蔽着,但同时又从本质上属于首先和通常显现着的东西,造就它们的意义与根据。
> 这个在不同寻常的意义上掩蔽不露或复又落回遮盖之下的东西,或仅仅"以伪装的方式"显现的东西,却不是这种那种存在者,而是……存在者的存在。(第 35 页)

我们已经知道,在海德格尔看来,存在会被遮盖得如此之甚,乃至存在问题几千年都被忘掉了。我们猜测,存在一定躲在存在者背后,所以才谈得上遮盖。不,海德格尔告诉我们,"在现象学的现象'背后',本质上就没有什么东西";(第36页)然而,"应得成为现象的东西仍可能掩蔽不露。恰恰因为现象首先和通常不是给予的,所以才需要现象学。"(第36页)真正的现象,即存在,要搏而后得。可见,现象学讲的根本不是通常所谓的直觉。现象学本质上是批判的。

现象学是要让存在显现。所以,无论什么存在论,只要它以存在为指归,它就非得通过现象学方法。"存在论只有作为现象学才是可能的"。不仅如此。存在论除了让存在显现,也并无他法可把捉存在;所以,"现象学……即是存在论"。(第37页)我们下一节即将看到,要开展存在论的工作,首先要建立"基础存在论",即首先要让人这种存在者的存在显现。与之相应,现象学首先关注的是人的存在。如前面提示过的,海德格尔的人的现象学与胡塞尔的先验自我的现象学有很大不同。胡塞尔把先验还原一直推及日常自我从而把它还原为不具世界性的先验主观性,海德格尔则坚持认为这种还原既不必要也不可能;无论怎样还原,世界总是人的本质构成部分。这些主张强烈地体现在《存在与时间》里。①

海德格尔的现象学与胡塞尔的现象学分歧如此之深,乃至我怀疑海德格尔参与胡塞尔为首的现象学运动带着多少真诚。自20世纪30年代,海德格尔放弃了"现象学"这个术语。我们已知道,"存在论"也不提了。这些迹象令人猜测海德格尔放弃了现象学及现象学方法。从海氏1962年写给理查森的信以及他的讲座《我走向现象学的道路》可以看到,他与胡塞尔的基本分歧在于他从一开始就认为现

---

① 海德格尔与胡塞尔在这方面的争执,可参阅胡塞尔《现象学的心理学》一书附录。

象学的最终现象是存在者的存在而不是意向性意识或先验自我这类东西。他不再使用现象学这一术语是想避免这两种截然不同的现象学使用同一名称而引起混乱。在他本人则始终坚持着现象学,当然是他所理解的现象学。

无论海德格尔与现象学运动的关系如何,他对现象问题的研究从未停顿过,且经历了大幅度的改变和加深。始终如一的则是,他所说的现象不是一般意义上的存在者,而是存在者的存在。"现象"归根到底是指:

> 威能者原始地升起而卓然自立,phainesthai,这就是有一个世界显圣(Epiphanie)这样伟大意义上的现象。[①]

与这种现象相区别的,是现成事物的寻常外观,人可共睹却不足道。这是海德格尔存在观现象观的枢要之一。非借此就无法理解何以虽面对存在者,存在却仍然可能不显现,何以存在者通常不昭示存在——寻常存在者堕入平庸的物件,不足昭示存在的真谛。

在海德格尔看来,希腊人所说的原始升起而卓然自立的 physis 表现出了存在与现象原始合一的境界。现象和存在、现象学和存在论在概念方面的结合,海德格尔早期就确定下来,存在显现的处所,他则在到处寻找。人、艺术作品、言辞,都标识着这样的处所。

同时,海德格尔越来越怀疑现象的本质来源本身会显现。然而在现象的本源中有一种什么东西趋人而来,在这种东西里包藏着在场和在场者的双重体。这一双重体虽向来已宣示于人,其本身却掩蔽着。这样的现象过程已不能用概念语言表达清楚。海德格尔后来

[①] 《形而上学导论》,第67页。

引入了天地人神这些讲法。借助这些讲法,他提出神虽然始终不可知,却借天穹敞开其为神。

  神通过天穹而现象是一种展示,它让人看见那自我掩蔽者。不过,它不是把掩蔽者从其隐蔽中揪出来给人看,相反,它只有把掩蔽者深护于其掩蔽中才得让人看。不可知的神就这样通过天穹开敞而作为不可知者现象。①

现象学的基本方向一开始就提出来了,但还远远没有弄清现象到底是怎样现象的。我们将在真理篇第 4 节再次回到这个问题上来。

---

① 《讲演与论文集》第 2 卷,第 7 页。

第三章 此 在

> 人是谁？人是必须为其所是提供见证者。
>
> 海德格尔:《荷尔德林诗释》

第一节 生存论

所要追究的是存在。存在总是存在者的存在。所以必须通过存在者通达存在。但并非什么存在者都行。必须找到一种存在者：在它那里，存在不是完全被封锁着而是已经以某种方式展开了，这样才可能通过这种特定的存在者通达存在。在海德格尔的术语表里，展开即是有所领会。上一章曾提示，只有人，只有这对存在发问的人，领会着存在；而且人必须领会着存在。可借以追究存在的存在者是人。人并不仅仅是芸芸存在者中的一种。我们就人对存在的领会谈人，就存在在人身上展开的情况谈人，而不是就人作为理性动物或社会动物或作为任何一种特定存在者谈人。我们只关心人的存在。海德格尔因为这样提出人而把人称作此在。此在是存在通过人展开的场所和情景。

"此在"是德文词 das Dasein 的译名。Dasein 这个字本是歌特舍德用来译 Existenz(存在)而创造出来的，以后在德语哲学中所用甚繁，中文通译为"限有"、"定在"等。今海德格尔既用这个词专指人以强调人和存在特有的亲近关系，国内首先介绍海德格尔哲学的熊伟先生遂译之为"亲在"。我译之为"此在",求其更合于字面。Da 像法文的 là 一样,既可指"这里"又可指"那里";指随便哪种确定的地点或时间。中文英文中没有相应的词。英文或者直写 Dasein 而不译①或译为"There-being"②,也有译为 Here-being 的。③ 中文也得在"这""那""此""彼"中作选择。选"此"还是道理充分些。让我们先听听海德格尔自己的讲法。

> 按照熟悉的字义,"Da"可以解作"这里"和"那里"。一个"我这里"的"这里"总是从一个上手的(即事物的)"那里"来领会自身的,"那里"的意义是向"那里"存在。……
> "那里"是世界之内照面的东西(即非此在式的存在者)的规定性。"这里"和"那里"只有在一个"Da"中才是可能的。④

如果我和事物对 Da 的关系完全对等,这里和那里就对等。然而,"我这里"比"事物那里"对 Da 的关系要亲密得多:"此在向来已从某种被揭示了的'那里'为自己指派了某种此在式的'这里'。"⑤ Da 实际上是由"我的存在"规定的。固然,海德格尔选用"Da"并明确指出 Da 对这里和那里两者的优先性,预示他将努力深入到物我区别之前,虽然这一努力是否成功不是选好一个提示词所能决定的。

---

① 例见 John Macquarrie 和 Edward Robinson 所译的 *Being and Time*,Harper & Row, Publishers, Incorporated, 1962。

② 例见 P. W. J. Richardson, *Heidegger—Through Phenomenology to Thought*, The Hague,1963。

③ 例见 T. Kisiel,"Toward the Topology of Dasein",载于 Thomas J. Sheehan ed., *Heidegger:The Man and the Thinker*,Chicago,1981,pp. 95-106。

④ 《存在与时间》,第 132 页。

⑤ 同上书,第 417 页。

无论如何,我选用"此在"也希望其义不仅限于"这里"。"此"确乎与"这里"更近,但它的实际使用是相当宽泛的,与"彼"基本上限于指"那里"不同。

顺便可以提到,海德格尔的主要法译者之一古班译 Dasein 为 réalité humaine(人的实在),在我看来,这实是释名而非译名了。

无论选什么词来翻译都难称心如意。① 不过,译名的讨论以及一般字面上的解释只能充作引子。还是让我们进一步探索此在的内容。

对此在的分析原是为追问存在问题,即为一般存在论服务的。不过,既然只有通过存在如何得到领会的情况才能够追究存在,关于人的存在的分析就是一切存在论都不可或缺的基础。所以海德格尔自称其此在分析为"基础存在论"。但此在分析不仅是出发点,而且还是归宿。

> 哲学是总体性的存在论。它从此在的解释学②出发;此在解释学作为生存的分析就把一切哲学追问的主导线索的端点固定在这种追问所从之出并所向之归的地方了。③

这段话自然会引起疑问:存在和此在究竟谁是第一位的? 不少海德格尔专家认为早期海氏实际上把此在放在优先地位上,而后则逐渐倾向于存在本身的优先地位。谈得很多的海德格尔的"转折"基本上指的就是这一转变。不过,研究者都同意,无论早期还是晚期,

---

① 我们都知道,上古汉语没有系词,"是"的主要意思就是"此"。"此"就是"是",就是"在"。从这一层来考虑,把 Dasein 译为"此在"也是有利有弊的。
② "真理篇"将辟专节讨论解释学。
③ 《存在与时间》,第 38 页。

他始终坚持此在和存在的相辅相成。人为存在本身之故而生存。

在此在分析之初，海德格尔提出此在的两项特质。

（一）此在不是现成摆在那里的东西。无论把此在描述为什么东西，总穷尽不了它的存在。因为此在只要存在着就对自己的存在有所领会有所作为有所改变，人并非先是一个存在者，然后再去领会自己的、他人的和他物的存在并对存在有所作为。人之为人，倒在于他先就领会着他竟存在，领会到一切事物竟存在。对存在的领会从根本上规定着此在这一存在者。这样强调对存在的领会，却并不是说人必须先对存在有一种明确的认识始会有所行动。人的一切行动本已包含着存在之领会。人首先在他的行动中而非首先在理论认识中领会存在。所以我们甚至可以说，人首先在"行动"中。行动（Aktion）之有别于反应（Reaktion），即在于其中包含着对存在的领会。

为了强调人通过存在之领会而存在这一特殊的存在方式，人的存在方式被规定为 Existenz（生存）。上章讲到，existieren 的希腊词源意为"不存在"。所以，我们必须把海德格尔对 Existenz 的理解和讲法与这个词的流行用法即"（一般）存在"区别开来。下一章将更系统地讲解人的存在在何种意义上"不存在"；或更确切地说，在何种意义上人以出离自身的方式获得其本身的存在。

人的存在既被规定为生存，此在分析因此也就可以叫作生存论。显然，生存论与基础存在论的意思是一样的。在《存在与时间》里有几个常用的副词及词组，这里可以提一下。Ontologisch-existenzial（存在论生存论上的），特指从存在方面来讨论此在。Existenziell（生存状态上的），指就此在这一特定存在者来谈论存在者方面的情况。Ontisch（存在者状态上的），指就某种事物的存在者状态而非特就其存在进行讨论。

（二）此在的第二个特征在于此在的存在"总也就是我的存在"①，所以此在中包含着向来我属的性质（Jemeinigkeit）。这一规定性来得很突兀，看不出它根据什么，而且很容易一下子引到唯我论上去。但这一规定性又是海德格尔的此在学说必不可少的，因为他将进一步谈论此在的本真状态和非本真状态，这两种状态的区别基于此在是否依据其本身生存。

海德格尔反复强调此在的向来我属与传统唯我论毫不相干。因为他所理解的"我"从来不是一个孤立的主体。相反，他断称"在世界之中"是此在生存的先天的基本法理。此在的两个特征都要从"此在在世界之中"的现象出发来探索。

"此在在世界之中"看似不言自明。然而海德格尔却绝不是要说此在这样东西在另一样东西如世界者之中。世界像此在一样根本不是一件现成的东西，毋宁说：Die Welt weltet。这话的意思是说：世界不是附加到已经现成存在的万物之上的；相反，是世界的出现使万物有一个世界并从而存在者才能如其本然地显现、存在。所以这话或可译作"世界有所世界"，意思是：世界使自身及万物出现。从句型上看，Die Welt weltet 好像说 The mother mothers；妈妈成了妈妈和孩子成了孩子是一回事。只不过，孩子由之变来的胎儿仍可被看作某种现成的东西，而在世界临现之前却根本没有任何成形而独立存在的东西。海德格尔的另一个说法是 Die Welt waltet，此句与 Die Welt weltet 的意思是一样的。海德格尔本来就借助 walten 和 welten 的近形近音近根。Walten 义为制驭、威临、所向披靡。世界的出现与万物闻世界而披靡归向从而成其形态是一回事。以上两个短句因而可译为："世界成其世界"和"世界威临"一类。《艺术作品的本

---

① 《存在与时间》，第42页。

源》里有一段话集中地说明了海德格尔所理解的"世界":

> 世界不是数得清或数不清的、熟悉或不熟悉的现成事物的单纯聚集。但世界也不是一个仅只想象出来加到万物总和上的观念框架。世界成其世界,它比我们自以为十分亲近的那些可把捉可感知的东西存在得更加真切。世界从不是立在我们面前供我们直观的对象。只要我们在诞生和死亡、祝福与诅咒的路径上被迷狂地拥入存在,世界……就是我们臣属其下者。凡我们的历史的本质性决断降落之处,无论我们采纳它还是抛弃它、误解它还是重新寻问它,总就是世界成其世界之处。一块石头是无世界的。植物和动物也同样没有世界。①

世界总是和此在连在一起的。这不是说,必得有此在才会有芸芸现成事物。那只是荒唐的唯主体论。但这确是说,没有此在,就没有世界,存在者就不能作为存在者现象和存在。

此在和"在世界之中的存在"是一回事。海德格尔把"在世界之中存在"写成"In-der-Welt Sein"。连字符把各词联到一起,借以说明在世界之中存在"意指一个统一的现象"②。但统一总是不同环节的统一。至少,我们若要对统一现象有所言说,就不得不这样那样地把统一现象分解开来言说。海德格尔分解出三个环节:1)世界(及世内存在者),2)"在之中"(Inheit)即此在之此,3)存在在世界中的那个谁。下面三节将分别讨论这三个环节。

---

① 《艺术作品的本源》,第30—31页。
② 《存在与时间》,第53页。

第二节　世界与世内存在者

既经提出此在,存在者就被分为此在、此在式的存在者和非此在式的存在者。此在在世界中(in),非此在式的存在者则在世界之内(inner)。后者于是也被称为世内存在者(das Innerweltliche)。

世内存在者大致分为两个层次。首先来照面的存在者状态是上手状态。另一个是现成状态,意指把存在者当作独立摆在那里的东西来规定。德文 Zuhandenheit 和 Vorhandenheit 有字面联系;我们勉为其难,分别译作"上手状态"和"现成状态"。此外,海德格尔也常说上手事物和现成事物;但两者不是两种并列的事物,现成事物根据于上手事物。

世界本身却不是世内存在者,既不是上手事物更不是现成事物。世界不是各种事物的总和,而必须被理解为任何事物可能存在的条件。据海德格尔考证,希腊词 kosmos(宇宙、世界)大致就是这样得到理解的。"Kosmos 意指……存在者的如何存在,尤其是怎样在其整体中存在。"①世界既为整体,那就只存在着一个世界。他引用赫拉克利特的话说:"清醒的人们有着一个共同的世界,而在睡梦中人人有自己的世界。"共同世界不是由分割的世界组成的,而是可能被分割的条件。"存在者的分裂不消灭世界,而始终需要(先有)世界。"(第141页)

世界不是世内事物,也不是世内事物之总和,它根本就是此在式的存在者。海德格尔争辩说,既然此在从生存论上被规定为"在世界

---

① 《根据的本质》,第140页。下面两段引文也出自该文,随正文标出页码,不另立脚注。

之中的存在"而世界是"在世界之中存在"的一个组建环节,那么世界本身也就是一个生存论环节。世界于是被说成是"此在本身的一种性质"(第141页)。这个论证听起来似乎只是在字词上兜圈子。

世内存在者本身就是通过此在在世才呈现出来。那么,世界与此在有独特的联系就不足为奇了。海德格尔所要强调的是,"世界"指称此在和存在者整体的关系。"世界"这个提法把此在特标出来,而非浑然无别笼笼统统地泛容一切存在者。

海德格尔把自己对世界的提法归纳为四项。1)世界意指存在者如何存在而非存在者本身。2)这个"如何"在整体中规定存在者。3)世界以某种方式先行于存在者。4)世界首先与人的此在相关。[①]

海德格尔并非意在张扬一种粗陋的唯心主义,他要强调的是:此在和世界都不是世内的现成存在者。"此在在世界之中"不是指一个现成事物放在另一个现成容器内,像水在杯子里衣服在衣柜里那样。海德格尔考证说,in(在某某之中)来源于 innan,意指居住,逗留;an(于某某之处,于某某之侧)指住下、熟悉、照料、习惯。初步说来,"在世界之中"的"在之中"(Inheit)指的就是这类意思。从事、制作、安排、照料、放弃、耽搁、浪费、询问、谈论,诸如此类都是"在之中"的方式。这些方式被总称为烦忙(Besorgen)。"因为此在本质上包含有在世,所以此的向世之存在本质上就是烦忙。"(第57页)在世使烦忙成为可能,却不单单就是烦忙。烦忙分析是为真正的世界问题作准备的。

此在总烦忙着,因为此在总在世界之中;并非先有一个此在存在好了,然后才有一个世界附加给此在,以便它跑进去烦忙。

[①] 《存在与时间》,第64—65页。以下至本节末引文也出自该书,随正文标出页码,不另立脚注。

"在世界之中"的意义既经这样规定,非此在式的存在者当然就不该说成在世界之中了。然而,虽说世界不是一种世内存在者甚至也不是所有世内存在者的总和,世界现象却是从世内存在者来摸索的。对此在的一般解释也是这样入手的。这种做法的根据是:既然我们采用现象学方法,我们就不应跳过现象上最突出的此在的日常生活。而在日常生活中,此在消散于世内存在者之中。此在首先和通常不是根据本身生存,即不以本真的方式生存。

我们已提到世内存在者被分成两个层次。首先在世内照面的存在者是上手事物。海德格尔所作的第一件事情是把上手事物理解为工具或器物(Zeug),例如书写用具、缝纫用具、交通用具,等等。用具有所用(um-zu);任何用具都通过其有所用而指向别的用具。用具总是在由指引所勾连的用具整体中作为它所是的东西存在。"严格地说,从不是一件用具'存在'。属于用具的存在的一向总是一个用具整体。"(第68页)整体不是一件件用具叠加起来得到的,而是个别用具之能存在的条件。例如,一件件家具都是从家具配置的整体、从这一居住用具的整体方面来照面的。

用具虽然互相指引,其指引通常却是不触目的。"不触目……意指着上手事物守身自在(Ansichhalten)的性质"。(第75页)用具用得愈顺手,就越不触目,就愈发消融在它的合用中,消融在何所用的指引联络中。只有当用具不合用时,用具本身才突出出来,挡住使用之途。现成状态是在这种不上手状态中触目的。不能用的东西形成障碍,像仅仅摆在手边的东西。不过,现成状态呈报出来,为的却是得到调整和修理。所以,在现成性中并非没有任何用具性。"现成用具还不就是随便摆在什么地方都行的物(das Ding)"(第73页)在《存在与时间》里,事物既首先被理解为用具,它们的层次也就由使用得到规定。最合乎使用的是上手称手的事物,其次为现成事物,"物"

则指称世内存在者的最生硬也是最衍生的形式。通常的议论却喜欢从物及其物质性、实体性、广延性等等出发去解释世界及世内存在者,那正好是反现象实情而行了。

由于世内存在者的这种照面顺序,把上手状态说成是看待物的某角度就足以引起误解。最多只能说现成状态是上手事物的一种角度。现成状态作为用具性的某种缺失,一方面与用具相连,一方面使我们可能把现成事物作为单纯的物来观察考察。但说起上手事物,它们是在使用中得到揭示的,被使用却不是上手事物的某种性质,而是上手事物的存在本身。

首先揭示着世内事物的存在的,是对工具的使用,而不是对物的观望。感觉论哲学家一讨论认识就以桌子为例,大概他们对书桌最有感觉。但整日坐在书桌边,活生生的感觉很容易退化为一些"感觉与料"。与此针锋相对,海德格尔好用锤子一类的工具举例。用工具用得越起劲,对它的关系也就越原始,它也越发作为它所是的东西即用具来照面。这么说来,使用也是一种揭示,使用有它自己的知或视。这种视之方式被称为寻视(Umsicht)。寻视追随用具的用向(Dazu)而到用具的何所用(Wozu)。例如,鞋是一种用具;作为用具,它不停留于自己本身而包含有"为了作某某之用",即指向穿鞋。用具不仅向前指向其何所用,它还回转过来指向其质料来源。这说明,任何用具又是另一其前用具的何所用。鞋是毛皮、线、钉子等等的何所用。而从皮子等等鞋又反指向兽类、森林,及整个"在自然产品的光照中的'自然'。"(第 79 页)

用具的联系又被称为因缘关系(Bewandnis)。锤子这种用具与锤打有缘,锤打与修固有缘,修固与避风雨有缘。这些因缘构成了因缘整体,世内事物就是在这因缘整体中上手的。这又等于说,因缘整体性的先行揭示是各种因缘得以揭示的根据。存在者借因缘开放,而它向之开放的东西即因缘整体必定先已开展出来了。

沿着锤子的因缘一路说到避风雨之所,还未说尽因缘整体性。避风雨之所显然是为此在之故而存在。归根到底,因缘说的是事物对此在有因缘。因缘联络永远以此在为终点。

> 因缘整体性"早于"各个用具。……但它本身归根到底要回溯到所用之上。……首要的所用乃是一种为何之故(Worum-willen)。……(这)总与此在的存在相关。……因缘结构导向此在的存在,即那种本真的唯一的为其故(Umwillen)。(第84页)

因缘原来是此在借以指引其自身的过程,无怪乎因缘的最终的何所向就是此在在其中自我指引的何所在。

因缘指归于此在,这就是海德格尔所说的世界现象。那么,世界和此在还有什么区别呢?大致没有。"此在生存着就是它的世界"。也许我们可以说世界是此在的外化吧。但海德格尔绝不允许把此在领会为内在存在而能外化为世界。这种不允许却不等于他摆脱了那类思路,而最多意味着他希望摆脱。在《存在与时间》之后,他确实为说明此在和世界的差别作了很多努力。

人和世界有统一性,这不难理解。然而,统一包括着差别。在思想中,就像在政治上一样,能坚持差别而在差别中建立统一,才见出智慧和力量。急于把差别抹杀在统一中,是虚幻的抽象同一。如果此在和世界一上来就被说成是一回事,"此在在世界之中"还有什么意义?海德格尔一再反对把人从世界剥出弄成一个孤立的主体。但把人扩大为无所不包的世界,其结果及其面临的困境却是同样的。

在我看来,这一理论的要害在于把事物的自在归给已经由此在通达的上手事物。于是事物的自在就依赖于先行展开了的此在。但是，事物的自在不是恰恰应当属于尚未通达的事物吗？

在讨论标志的时候，海德格尔说："取为标志的东西唯通过它的上手状态（即作成标志的状态）才成为可通达的。"（第80页）这时他便想象其论敌争辩说：既然我们能把某种东西取用为标志，在取用之前就必定已经知道这种东西的存在。他回辩说：诚然，那东西"摆在那里"。但它是否作为用具得到揭示了呢？

> 对寻视来说，它先前还一直隐绰未彰。在这里，上手事物的用具性质还不曾被寻视所揭示，但即使在这里，仍不可以把这种未揭示的用具性质阐释为纯物性，仿佛它是先行给予对只不过摆在手头的东西的把捉活动的。（第81页）

对寻视即对使用之视隐绰未彰，不一定意味着这种东西是无法通达的；它也可能意味着寻视还视得不够原始。是否把这种东西叫作物，眼下只是个定义问题。给定海德格尔对现成事物和物的定义，这种东西不是现成事物或物，因为它比用具更原始。

在上面的引文之后，海德格尔讨论到原始人的标志使用。在这里，标志还不是替代物，标志和所标识的东西简直就是一回事。海德格尔指出，这不是因为标志完全缺乏客观化而不曾从所标识的东西那里解脱出来。这个提法颇中肯。然而，中肯的提法弄出麻烦来。"但这又等于说：标志根本没有作为一种用具得到揭示；归根到底，世内'上到手头的东西'根本不具有用具的存在方式。"（第82页）

上手事物按定义即为用具；而今要说不具有用具方式，于是给"上到手头的东西"加上引号。这个引号使问题醒目了：这个缺乏客观化的、不具有用具方式的、用具之视通达不了的东西是什么？用具是否揭示出了存在者如其所是的存在？海德格尔强辩说：使用虽然在存在者状态上常常不让存在者如其所是地存在，而是要加工、改善、甚至粉碎；但在存在论上这恰恰是把存在者如其所是地开放出来。换成更明了的说法，使用并非才刚把存在者"带入存在……而是就其上手状态把向已'存在者'揭示出来。"（第85页）尽管加了引号，我们仍要问：这个"向已存在者"是什么？守身自在属于这种东西还是属于用具？如果竟属于这种东西，那么除了通过上手（用具）还有什么途径使不触目的东西触目？

海德格尔抱怨说，人们一上手就把世内存在者规定为物，"所寻找的前现象的基地可能已经随着这个不言自明的答案交臂失之。"（第67页）看起来，一上来就把世内存在者规定为用具，也仍然把前现象的基地交臂失之了。存在者一上来就被规定为用具，用具通过何所用的指引互相联络，最后总指回到一切都为其故存在的此在头上。之所以能顺顺溜溜地兜下这个圈子，都归功于把一切存在者都规定为用具这一前提。然而，把世内存在者首先规定为用具，不符合现象实情。

公平起见，应当指出，海德格尔并不要耽于事物的用具规定性。在那段讨论原始标志的引文之后，他承认说，"也许连这条存在论线索（上手状态和用具）也无法为原始世界的阐释制订方向"；他接着说，"物性存在论当然更不值一提了"。（第82页）把眼光从对象化的物体转向在日常生活中现象的事物，海德格尔的确启发出一条新的思路。今后我们会看到，这条思路将一直引向对现代技术世界的反省。

然而，急急忙忙把首先现象的事物规定为用具，说明《存在与时间》的思想力量还不足以把这条新路开辟出来，而是轻易为生存论分析选择了一条捷径。通过用具性、用向和何所用，可以痛痛快快地把天下万物兜拢到人身上。

第三节 "此"的开展

上节就世内存在者讲了一番。若要通达世内存在者，它们必须以这种或那种方式从封闭状态中开放出来。此在之此就是这种开放的何所在。于是此在被叫作 Lichtung。海德格尔在《哲学的终结与思的任务》一文中讲解说，Lichtung 是法文词 clairiree 的译名，指林中空地，与密林相对。相应的动词 lichten 指在林中削砍开辟出空场，使情境变得自由轻松开放亮敞。Lichtung 和 Licht（光）没有词根上的联系，但空场与光亮的确相连。只要在森林里寻行过就一定体会过林中空场的豁然开朗。"然而，从来不是光创造出 Lichtung 来，Lichtung 倒是会有光亮的条件。"同样，林中空场也为音响、回音和岑寂设置了场地。"Lichtung 是为一切在场和不在场者公开着的场地。"①这样看来，Lichtung 的旧译"澄明"就不甚妥当。海德格尔自己说："（传统）哲学的确议论理性之光，却不知注重存在之 Lichtung"。② 海德格尔虽偶或会混用 Lichtung 和 Licht，但他一般不喜欢纯粹光明的意象；他所要强调的是光影交织，是光明的有限性。笔者据此译之为"疏明"，有时则依行文干脆译作"（林中）空场"。

人人都知道，光对人、对生活意味着什么。据说上帝创世的第一件事，便是"要有光"。光这个概念在思想史上的重要性也不稍逊。不过，在思想史上，光明和温暖的联系常被忽略，往往特指智慧之明，而与身体之暖分离。也许这是因为光太崇高了。今海德格尔从林中

---

① 《哲学的终结与思的任务》，第 72 页。
② 同上书，第 73 页。

空地的疏明来领会光,几乎是有意降低其崇高度。光明不是从某一高度投射下来的。"此在本身就是疏明。唯对于……进入此疏明的存在者,现成的东西才可能在光明中得以通达,在黑暗中有所掩蔽。"①密林之中的一片空场,而不是光芒四射的太阳;是削砍这一否定活动呈供光明,而不是恒定的光源;是荫蔽之中的光明,而不是大平原上的一清二楚。"在光明中得以通达","在黑暗中得以掩蔽";在这两个短语中,连一个"和"字都没有,这是要提示通达和掩蔽交织得这样密切,简直就是同一回事。

海德格尔确实要令高悬中天的光源"下凡"到生存本身的疏明来。此在已经疏明,"不是由于其他存在者的光照,而是它本身就是疏明……此在从来就携带着它的此……此在就是它的展开状态。"(第133页)

在他后来写下的边注中,海德格尔说:"(它本身就是)但并非制造出(疏明的空场)。"又说:"此在生存;并仅仅生存;从而生存:站出去而进入此的开放状态:Ek-sistenz。"(第442页)

"此在从来就携带着它的此"这话可以有两种相反的解释。可以是说,人到哪里,就把疏明带到那里。也可以说,只有当人进入疏明之地,人才称得上此在;而只要谈得上此在,当然此在总携带着它的此。前一种解释与原书的文本贴近得多。然而,后一种解释虽颇牵强,却似与边注所强调的观点一致。在晚于《存在与时间》三年的《真理的本质》一文中,海德格尔写道:"在'此在'中为人保存着他能够借以生存的……本质根据。"②比较妥当的解释也许是:人和此在、和疏明之地的关系,《存在与时间》尚捉摸不定,而后海德格尔则愈来愈明

---

① 《存在与时间》,第133页。下面两段引文也出自该书,随正文标出页码,不另立脚注。

② 《真理的本质》,第189页。

确地主张"人进入此在"、"人进入疏明之地"这样的提法。

这一提法会引起新的疑问。其一,谁开辟出这方疏明之地呢?其二,如果此在不同于人并可用以规定人,说"此在从来就携带着它的此"这话有什么意义呢?这些问题将在真理篇继续讨论。

《存在与时间》放在"此"这个标题下的是此在的三种同样源始的展开方式:情绪或现身,领会,言谈。① 海德格尔说展开(Erschliessen)而不说认识,为的是避免主体认识论而强调存在者通过此在的疏明而呈现的情形。

把情绪列为一项基本的展开方式,有违传统认识论。但若像海德格尔那样把真理领会为去除掩蔽,情之为进入真理的一种方式就容易得到同意。海德格尔在这里所用的两个词一是 Stimmung,一是 Befindlichkeit。Stimmung 意为情绪、调弦、定调。带有情绪的状态即 die Gestimmtheit 同时也是调定的状态。按说,把 Stimmung 译为"感"较"情"更妥当些。"感"参情参理。例如"读史有感"的"感"是很难单独放在情绪论或认识论条目下来论的。但现代中文里带"感"的双音词却不是偏情即是偏理,没有能把"调定"和"情绪"结在一起的。"情调"在字面上似近些,字义又走得远了。所以明知不足,仍只好把 Stimmung 译作"情绪"。幸好,认了不足以便坚持不足是件司空见惯的事。Befindlichkeit 也是个难译的词。Befindlich 指放在那里可以找得到的,现存的。海德格尔用 Befindlichkeit 指身处其境之态之感,这层意思勉强可以在"现身"这个译名中琢磨得出。

从感出发起论情与知的联系,在中文里可能更现成些。西方认识论却几乎完全把情排除掉了。于是海氏的情绪论就格外有意义。

---

① 由于这三项是同等原始的,所以它们的排列顺序应无所谓。《康德与形而上学问题》是把领会放在情绪之前的。不过,就生存对被抛、将来对曾在的优先地位言,领会也具一定意义上的优先地位。

它提请我们注意情对知的参与作用。以害怕为例。此在必须害怕,可怕的东西才能被视见。"纯直观即使能深入到一种现成东西的存在的最内在的脉络,它也绝不能揭示可怕的东西之类。"此在必须有情有感,"触动者(才能)在感触中显现出来"。①

鹰派认识论者承认这一事实,却可以争辩说,这种情理不分的状态恰标志着原始低级的认识水平。随着文明的进步,人们渐渐学会把认识和情绪分开来。如今对化学过程天文变化的认识终于成为客观的认识,而不再掺杂原始人的恐惧和崇拜。一个素经训练的外科医生只因为把人体当作一个客观的机体才能顺利地施行手术。

海德格尔承认近代科学确实把存在者客观化对象化了。但这一过程,无论是不是认识的进步,却是原始真理的蜕变。开端在海德格尔看来不是原始低级的而是原始崇高的。何况,这里所讲的不在于存在者的认识,而在于存在本身的展开。正是在情绪这一展开式样中,生存的基本实情即"此在存在着且不得不存在"才绽露出来。情绪把此在带到自己的存在面前来,生存的事实赤裸裸地立在眼前,"在一团不为所动的谜样气氛中同此在面面相觑"(第136页),而它的何所来何所往却掩蔽不露。"相对于情绪的这样一种原始开展,认识的各种开展之可能性都太短浅。"(第134页)

传统认识论贬低感觉、情绪,一个重要根据是感性广泛地产生误差和错觉。对此,海德格尔回答说:

> 恰恰是在对"世界"的不恒定的、随情绪闪烁的看中,上手事物才以其特有的世界性显现出来——世界之为世界没有一天是

---

① 《存在与时间》,第138页。下面七段引文也出自该书,随正文标出页码,不另立脚注。

一成不变的。理论观望总已经把世界淡化到纯粹现成事物的齐一性中了。诚然，在现成东西的齐一性之内包括着以纯粹规定即可加以揭示的东西的一种新财富。然而，即使最纯的理论也不曾脱离一切情绪（例如心平气和的情绪状态）。（第138页）

情绪是此在在世的一种基本方式。这首先是说，情绪比对情绪的反省来得原始真切。此在在情绪中现身。"现身远不是经由反省的，它恰恰在此在无所反省地委身任情于它所烦所忙的'世界'之际袭击此在。情绪袭来。"（第136页）

这又是说，情绪不是某种内在于灵魂的东西。世内存在者是通过情绪向此在照面的，并非人和事物先现成存在着而后从灵魂中升出一股情绪来给人和物涂上一层"情绪色彩"。前面以怕为例所要讲的就是：让事物来照面这回事具有牵连的性质。若要同事物的无用、阻碍、威胁等等发生牵连，此在就必须具有相应的情态。"寻视之所以能看到可怕的东西，因为它是在怕的现身状态之中。"（第141页）

此在实际上可以甚或应该凭借知识和意志成为情绪的主人。但这却不足据以否定"情绪是此在的原始存在方式"。此在在情绪中"先于一切认识和意愿、且超出二者的开展程度对它自己展开了。"再说，"我们从来都是借某种相反情绪而从非以毫无情绪的方式成为情绪的主人的"。（第136页）把情绪收归到心理学下，甚至把它降格为副现象，只说明当今对情绪的理解太过浅薄。

从根本上说，情绪所揭示的还不是这个那个存在者，而是"此在存在着并不得不存在"这一生存的基本事实。这一事实说明生存是不由此在选择的。此在被抛到这个世界上来。海德格尔用被抛状态（Geworfenheit）来标识这一基本的生存论环节。此在永远在被抛掷之中。然而此在却多半不正视这一事实，试图以种种方式背向这一事实。只有在一种最基本的情绪——畏——之中，这一事实才赤裸裸地展现出来。我们将在第五节详谈畏这种基本情绪。

与情绪（现身）一样原始的展开方式有领会。"现身向来有其领会"；而"领会总是带有情绪的领会"。

在领会这一方式中，海德格尔强调"会"，即会做某事能做某事。生存本质上就是能存在；"此在一向是它所能是者；此在如何是其可能性，它就如何存在。"（第143页）所以生存又被称为能在。现成状态上的可能性意味着尚非现实和永不必然，所以低于现实性和必然性。生存论上的可能性说的却是自由；这种可能性高于现实性和必然性。不仅此在永远作为可能性生存，而且世内事物也是向着种种可能性开放的。事物固然如此这般地存在着；然而正是"它们为什么这样而不是那样"这种问题使存在者作为如此这般的存在者开放出来。否则它们就还隐没着。从这一角度来看，上一章介绍的形而上学的主导问题正是关于一切事物的最根本的问题。自然科学似乎研究自然所是的样子，但根本问题终归于"自然之可能性的条件"。"领会总是突入诸种可能性之中"。所以，领会具有筹划结构。"作为领会的存在向着可能性筹划它的存在。"

译为"筹划"的是 Entwurf 和 entwerfen，它们与 geworfen（被抛）有字根上的联系。按这种联系讲，筹划就是出离被抛。但须注意，筹划和被抛是同样原始的。此在并非先被抛到一处而后设法逃脱。无论对自己、对事物，此在总首先是就其可能的发展来发现其现状的。如果我们愿意把可能性意象为虚空，那么实际状态总是以虚空为背景才呈现出来，如果把虚空充塞，不仅灭绝了可能性，实际状态本身也将无法呈现。这么说来，领会或能在就是要开辟出空间以使实际事物呈现自身。如果此在必得领会着它自己才存在，那它就必须以开辟空间的方式存在。

此在若要跃入其生存的诸种基本可能性，关键的第一条就是"给予存在者整体以空间"。我们在讨论畏时还将看到，这就意味着此在要"脱身而入于无"。① 此在必须先行进入可能性才得反过来作为其本身存在。喜欢以矛盾句式惊动读者的海德格尔说道：

> 此在就是它……尚不是的东西。……只因为此之在就是它所成为的或所不成为的东西，所以它才能够有所领会地对它自己说："成为你所是的"。②

既然世界被理解为此在的生存论性质，那么无论何种领会，归根到底都是此在的自我领会。但此在的自我领会通常又恰恰从它所烦忙的事物方面而来。本真的自我领会说的仍然不是"静观一个自我点"，而是对贯透在世的所有本质环节的领会。只有此在渗入他人他物的存在使这一切都对自己成为透明的，才算真正自知。反过来说，自欺自惘与其说在于看不清自我中心，不如说是无洞世之明。

就像与情绪相应的被抛一样，与领会相应的筹划也是此在生存论结构的环节之一。

领会又总包含着解释。不过，从原则上说，我们不是通过解释才弄明白一件事情的。"解释（Auslegung）植根于领会而不是领会生自解释。解释……是把领会中所筹划的可能性整理出来"。（第148页）

解释具有一种作为结构（Als-Struktur），即把某种东西作为某种东西来领会。但这却不是说，我们先已把 A 领会好了，然后再把

---

① 《形而上学是什么》，第122页。
② 《存在与时间》，第145页。下面三段引文也出自该书，随正文标出页码，不另立脚注。

A 解释为 B。在原始的领会中,任何东西都必须作为某种东西来领会。因而可以说,原始领会已经包含有作为结构,而解释则在于把这一结构明确地端出来。原始的作为结构不标志两个现成事物的并列关系,而标志着变不明确到明确的过程。"这个'作为'(Als)造就着被领会的东西的明确性结构。"(第149页)通过这一结构,上手事物被"看"作为桌、门、车、桥。

领会的"作为结构"来得更原始,这是否意味着"作为"上手事物而得到通达的存在者可说是更深层的存在者呢?这个问题上一节讨论标志时已经提出,现在随着作为结构的讨论就更明确了。看起来,领会之原始性在于它首先活动于深层存在者之中,而解释则是横跨深层存在者和上手事物的桥梁。然而,即使如此,我们仍然很难谈及深层存在者;若要谈,我们不又要把它"作为什么什么"来谈了吗?

"作为结构"是一个极重要的提法;同时,无论从什么角度讲,都是一个棘手的提法。因为,"作为结构这一现象显然不能拆成'片段'。然而这不就排除了原始的分析了吗?"(第159页)

在"解释"之后,海德格尔又谈到"命题",并指出命题自解释派生,是把解释进一步明确化的结果。所以,命题不是真理或意义的原始所在。接下去,他分析了此之原始开展的第三种基本方式:言谈和语言。这些内容与此在生存论分析的关系较为疏远。实际上,海德格尔在《存在与时间》中多处谈及此在的开展时只举情绪和领会两项。我们将在"真理篇"进一步讨论解释和命题等,在"语言篇"讨论言谈和语言。

第四节 共在与沉沦

"此在在世界之中"分成三节,我们已讨论过了世界和世内存在者,以及"在之中",即此在在此的三种基本展开方式。本节讨论在世的存在者,即:谁在世?

此在在世。但此在是谁?"此在向来是我的此在"。但这个我又是谁?

海德格尔不接受"我"的给定性。有人认为,可疑的是感觉材料、外部世界、他人的心思;而我和在我之内的一切,诸如善意、思想、统一人格之类,则是明白无误的。我的生存当然是我自己的,只要我活着,我就真正地生活着。这些说法海德格尔都不以为然。我们已经提到,此在首先和通常消散于它所烦忙的世界。结果,"恰恰首先在它对'种种体验'和'行动中心'掉头不顾或根本还不曾'看'的情况下,自己的此在才由它本身'发现'。"①

此在只要生存在世就与其它存在者打交道。我们已描述过非此在式的存在者如何首先作为用具来照面。"共同来照面"的却还有他人。他人虽以用具的照面方式来照面,他人的存在方式"却与此在本身的存在方式一样……他人也在此——共同在此。"(第 118 页)不过,

> "他人"并不等于说除我以外的全部余数,而这个我则是从这余数中兀然突立的;他人多半倒是我们本身与之无别、我们也在其中的那些人……此在的世界是共同世界。在世就是与他人共同在世。(第 118 页)

共在是此在的本质规定性。即使无人在侧,此在的存在仍是共

---

① 《存在与时间》,第 119 页。本节引文均出自该书,引文随正文标出页码,不另立脚注。

在。海德格尔不愿先设定一个孤立的主体,然后再把一个个孤立的他物和他人附加到这个主体周围。

从"我"的确定性出发在哲学上会引起很多困难。怎样沟通内部主体和外部世界?怎样深入他人的内心?怎样解释同情、无私和牺牲?面对这些困难,一种极端观点干脆否认我们能了解他人,否认有无私那种事情。这些结论是怪可恨的,但要在理论上反驳又往往力不从心。

与这种伦理学针锋相对的立场是干脆否认"我"应当作为存在论上的出发点。这种立场不乏经验上的支持。人类学研究表明,"我"是很晚才形成的。在政治生活中,个人权利总是长期斗争的结果。休谟早已指出,一群各个孤零的个人想出组织一个契约社会,这种事只是理论上的虚构。

然而,海德格尔不在谈人类学或社会学。如何从哲学上避免从现成的成形的我出发呢?海德格尔把我换成此在,并以与他人共在来对此在的本质加以规定。这还是形式上的改换,关键要看共在究竟是如何规定此在的。

第一步,他人以用具的照面方式来照面。这第一步就很成问题。父母、师尊、兄姊、领袖,这些是首先发生的人格。是这些人格使此在得以成形为此在,从而器物能够来照面,乃至于有时他人也会像器物一样受到对待。再则,他人既具有与此在相同的存在方式,何以偏偏具有与非此在式事物相同的照面方式呢?

海德格尔这第一步提醒我们,无论他怎样愿意强调共在这一规定性,实则仍把此在当作先于他人和共在的东西了。难怪他说"对他人来照面的情况总是以自己的此在为准"。(第118页)但若"此在本质上就自己而言就是共同存在",在他人照面之前何来"自己的此在"呢?说到底,只有一个此在存在是"存在的疏明之地",虽然这个此在是开放着的，允许世内存在者和他人来照面。这诚然比把人描述为封闭的主体通融些，但仍难使我们看出何以他人也各是此在。《存在与时间》全书中没有关于他人的共在如何积极建树此在的论述。我们也看不到究竟是什么从根本上规定他人与他物的不同。海德格尔最多把人和物的不同接受下来。"虽然共在这种存在方式也与烦忙一样是一种对世内照面的存在者的存在，但凡此在作为共在对之有所作为的存在者都没有上手用具的存在方式。"（第121页）基于这种不同，此在对这种存在者的作为不能叫作烦忙，而被叫作烦神（Fürsorge），例如互相关心，互相反对，互不关涉等等。

烦神有两种基本样式。一种是越俎代庖，把他人应作之事整个拿过来；或把自己应作之事整个交出去，于是，他人就成了附庸或主子。与此相反的是本真的烦神。这种烦神让他人做他人应做之事，让他人自己去烦。这种烦神不涉及他人所烦忙的对象，而涉及他人的烦或生存本身。不过，海德格尔对这两种样式的解说颇为潦草，所依托的也无非是西方的通行观念：人人互助而同时保持各自的人格独立。可以说，烦神只是一个在形式上与烦忙对称的概念，其内容完全没有得到发展。这一点足以反映出海德格尔对他人共在的积极性全无兴趣。共在的实际内容是以"众人"为题描述的。

在讨论世内存在者的时候，此在据说完全消散在用具中。在讨论他人时，海德格尔如法炮制。日常此在不作为自己本身存在，此在消散在他人之中。对此，海德格尔有清楚的描写，我们只消引用就行了。

> 他人从此在身上把存在拿去了。……这些他人不是确定的他人。与此相反，任何一个他人都能代表这些他人。……人本身属于他人之列并巩固着他人的权力。人之所以使用"他人"这

个称呼，为的是要掩盖自己本质上从属于他人之列的情形，而这样的"他人"……就是众人……在利用公共交通工具的情况下，在动用沟通消息的设施（报纸）的情况下，每一个他人都和其他人一样。……众人展开了他的真正独裁。众人怎样享乐，我们就怎样享乐；众人对文学艺术怎样阅读判断，我们就怎样阅读判断；竟至众人怎样从"大众"抽身，我们也就怎样抽身；……一切人都是这个众人，就是这个众人指定着日常生活的存在方式。……平均状态是众人的一种生存论性质。……平均状态先行描绘出了什么是可能的而且容许去冒险尝试的东西，它看守着任何挤上前来的例外。任何优越状态都被不声不响地压住。一切原始的东西都在一夜之间被磨平为早已众所周知的了。一切奋斗得来的东西都变成唾手可得的了。任何秘密都失去了它的力量。……公众意见当下调整着对世界与对此在的一切解释并始终保持为正确的。……而这是因为公众意见对水平与真货色的一切差别毫无敏感。公众意见使一切都晦暗不明而又把如此掩蔽起来的东西硬当成众所周知的东西与人人可以通达的东西。众人到处在场，……众人一直"曾是"担保的人，但又可以说"从无其人"。在此在的日常生活中，大多数事情都是由我们不能不说是"不曾有其人"者造成的。（第126—127页）

海德格尔的 das Man（众人）是很出名的。的确，他对"众人统治"的观察有力地揭开了当代社会的一个重要方面。在当代思想家对现存社会的批判里，常能摸到海德格尔的刀斧之痕。

有一点须提请注意：海德格尔在这里虽从现代的交通通信起论，却并非主张众人的统治始自当今。日常此在从来就不是其本身而是众人。海德格尔把此在日常借以在此的基本方式称为"沉沦（Verfall)"。沉沦的基本样式是闲谈、好奇与两可。

在闲谈中,"人们对所谈及的存在者不甚了了,……人们的意思总是同样的,那是因为人们共同地在同样的平均状态中领会所说的事情。……关键的只是:言谈了一番。只要是说过了,只要是名言警句,现在都可以为言谈的真实性和合乎事理担保,……平均领悟从不能够断定什么是原始创造原始争得的东西,什么是学舌而得的东西。……谁都可以振振闲谈。……对这种无差别的理解力来说,再没有任何东西是深深锁闭的。"(第168—169页)

公众意见也决定着我们应当怎样看。公众的看被称为好奇。"好奇不是为了领会所见的东西,就是说,不是为了进入一种向着所见之事的存在,而仅止为了看。它贪新骛奇,仅止为了从这一新奇重又跳到另一新奇上去。……好奇同叹为观止地考察存在者不是一回事,……好奇到处都在而无一处在。"(第173页)"此在一面期待着切近的新东西一面也已经忘却了旧的。众人闪避选择。众人盲目不见种种可能性;它无能重演曾在之事而只不过保持和接受曾在的世界历史余留下来的'现实之事',以及残渣碎屑与关于这些东西的现成报道。众人……背负'过去'的遗物而又不再认其为遗物;它就这样寻找着摩登的东西。"(第391页)"没有什么对好奇封闭着,没有什么是闲谈不曾领会了的,它们自担自保地满以为自己正过着一种真实而'生动的生活'呢。"(第173页)

好奇与闲谈的联合又托出沉沦的第三种样式:两可。"还不仅摆在那里的事情摆在眼前的事情人人都知道都议论;而且还刚要发生的事情、还未摆在眼前但'当真'一定要弄成的事情,人人都已经会大发议论了。……设若人们前曾预料和觉察的事情有朝一日实际上转入行动,这时候两可所操心的又已经是立刻扼杀对实现了的事业所抱的兴趣。……因为一旦实施,此在就被迫回它自身,闲谈和好奇便失其大势。而它们也已经施加报复。……(两可)易如反掌地断定:这事人们也一样做得成的,因为人们的确一道料到了这事。……闲谈与好奇在其两可状态中所操心的是:让真实的创新在来到公众意见面前之际已变得陈旧。……先行的议论与好奇的预料被假充为真正发生的事情,而实施与行动倒成了姗姗来迟与无足轻重之事。"(第173—174页)

我想,读了这些描写,很少有读者会没有几分同感。不过,观察的敏锐还不足以代替理论解释的恰当。何况,海德格尔再三强调:沉沦所谈的根本不是道德问题。同样,众人、闲谈、好奇、两可、非本真生存,以及下文要讨论的畏、良知、决断、本真生存据说也都不含道德评价。这一切都是在更原始的生存论－存在论维度来对待的。

今既从存在论上说到沉沦,首先要问的必是:从何处沉沦?沉沦到何处?海德格尔申明:不是从一种较纯粹较高级的原始状态堕落到一种朽坏的现世状态。是否曾有伊甸园,我们不知道。我们所见的此在当下沉沦着。沉沦本质地属于此在,而不是个人或社会的某一不幸阶段,仿佛可以靠文化的进步消除。沉沦中的生存论存在论的要点在于:此在不立足于自己本身而以众人的身份存在。失本离真,故称之为"非本真状态"(Uneigentlichkeit)。相应地,本真状态(Eigentlichkeit)被定义为此在立足于自己生存。区分出生存的这两种最基本的状态,就可以明确地看到此在在沉沦中"从它本身脱落,即从本真的能自己存在脱落。"(第175页)

看来,沉沦是说此在从它本身跌到本身之外去。不然。"此在从它本身跌入它本身,跌入非本真的日常生活的无根基状态和虚无之中。"(第178页)

从本身跌入本身,这说法够希奇的。如果此在本身是此在,众人本身也是此在,世界也是此在,那么在这大一统的此在中,跌来跌去当然总跌不出此在去。本真生存与非本真生存之分,此在本身和众人本身之分,并没有跳出大一统此在的圈子。在日常生活中,此在"完全被'世界'以及众人的共同此在所攫获。"(第176页)大一统的此在被换装为大一统的众人。在这无所不包的众人统治中,本真生存从哪里透露消息?跌落的此在如何能回升?又回升到哪里去?

海德格尔答说:这一切都要通过畏实现。

第五节 畏与无

此在不是先生存在本真状态中而后跌落。"只要此在作为其所是者存在,它就在被抛掷状态中而且被卷入众人的非本真状态的旋涡中。"①

我们想来,"作为其所是者存在"原是本真生存的定义。现在看来,只要此在实际上存在着,它就注定了永远活在非本真之中。海德格尔却又说:不然。

此在沉沦于众人,错把众人本身当自己本身,津津乐道地自以为过着真实而具体的生活。陡然之间,畏袭来。

畏其来势也汹。畏一下子笼盖万物。存在者全体消隐。我们自己也沉入一无所谓之中,

> 无所持靠。而当存在者滑开之际,只还留下这个"无"压境而来。畏启示无。我们在畏之中飘浮,……畏揭示无;这一点畏一消退人立刻就加以证实。在新鲜的回忆所携的澄见中,我们必得说:我们所畏与因之而畏的,原来并无其事。事实上,无本

---

① 《存在与时间》,第179页。

身——无之为无——曾在此。①

海德格尔区别畏（Angst）与怕（Furcht）。怕是怕有害之事的来临,畏之所畏却不是有害之事。也根本不是任何世内存在者。它所含的意蕴也不是确定的。"这却不是仅仅缺少确定性,而是本质上不可能有确定性。"②

> 这种不确定不仅在实际上对于是何种存在者在进行威胁根本未加判定,而且等于说世内存在者根本是不"相干"的。……世内存在者的因缘整体全盘湮没在自身之中。世界有全无意蕴的性质……威胁者乃在无何有之乡。③

说到无,我国读者定不陌生。老子云,"天下万物生于有,有生于无。"庄子《天地篇》有言云:"泰初有无"。但怎么可能议论无呢？分析哲学家一贯嘲笑关于无的议论。维特根斯坦不觉得好笑,却也奉劝:关于不可言说者,最好保持沉默。"有无"这话本身不就矛盾吗？或说"没有无"。维特根斯坦证实,一个无意义命题的否定命题也同样没有意义。的确,"没有无"算不算对无的议论？

更何况,议论无,就离虚无主义不远了。这点海德格尔清楚。他学着自驳自的腔调说:"引进虚无丝毫不增益我们关于存在者的认识。谈论无的人不知其所云。"④于是言无者自相矛盾；于是其所言不合逻辑；于是无的意义全由无意义的命题组成,而说无者则与无合

---

① 《形而上学是什么》,第 111—112 页。
② 同上书,第 111 页。
③ 《存在与时间》,第 186 页。
④ 《形而上学导论》,第 25 页。

流,促进否定性精神,为分裂效力,实有破坏一切文化与信仰之嫌。归根到底,说无就是虚无主义。

"但是",海德格尔话锋一转,"自追问存在者的问题一开始,追问非存在者、追问无的问题就与它并肩行进。"虚无问题不是存在问题的附属品,而具有和存在问题相同的"广度、深度和原始性"。乃至于"追问无的方式可看作追问存在者的方式的标尺和标识"。①

在海德格尔写的一篇半实半虚的对话录里,一位日本学者提出海氏用"存在"所要说的,对东方人来说,其最高尚的名称是"空"(Ku,das Leere)。② 我们不能断定这代表海德格尔本人的结论。但这一提法明显地吸引了他的注意。

存在篇已经涉及到无。与畏相联系,对无的议论就更详细些,因为畏竟直接把此在带到无面前来了。但畏之能把此在带到无面前,并不是由于畏消灭了否定了一切存在者从而只还有无留下来。因为"无(Nichts)比不(Nicht)和否定更加原始"。③ 无不简简单单地是存在者的对立面或非存在者,无也不简简单单是存在的否定。相反,无是存在者之能与无相形而作为存在者显现(存在)的条件。无,名天地之始;有,名万物之母。形而上学的主导问题所追问的正是存在者整体为什么竟会存在,竟会摆脱本来可能的不存在,竟会不坠入不存在。对形而上学来说,存在者不是碰巧现成摆在那里的东西。它摇晃着,在极端上撞上虚无,而它也就是在与虚无的碰撞中成其为存在者。存在本身即是无之不。"无是使存在者能够作为存在者本身向人的此在公开的力量。……在存在者的存在中演历着无之不。"(第

---

① 《形而上学导论》,第 26、27 页。
② 《来自关于语言的一次对话》,第 102 页。
③ 《形而上学是什么》,第 108 页。下面两段引文也出自该文,随正文标出页码,不另立脚注。

115页)

　　古人云, ex nihilo nihil fit(从无生无)。海德格尔在这里所主张的则是 ex nihilo omne ens qua ens fit(从无生一切有之为有)。无不与存在者对立,而与存在联属。黑格尔说得对:"纯在与纯无是一回事"。但这种同一却并非在于直接性和不确定性,而在于"存在就其本质而言其本身是有限的并只有在其嵌入无的此在的超越之中才公开出来"。(第120页)

　　所以,在畏中所说的"存在者的滑开"实是指个别存在者,无论其数量多大,都已无关紧要。存在者现在与无相衬独独就其之为存在者显现出来。"畏并不是对无的掌握。然而无却通过畏并在畏中公开……无在畏中和存在者整体一道照面。"(第113页)

　　无。这个真正的幽灵,自《智术师篇》以来就一直烦扰着西方思辨哲学。却又不是可以束之高阁的:从存在者追到纯有处,立刻就滑入纯无。海德格尔既以"存在本身"为旨,少不了就要被牵到无面前。他深感思辨哲学之无能于无,连自己的议论方式也渐渐改为启示式的。一方面,他承认纯粹的无像纯粹的光明一样不是我们凡胎肉眼看得到,日常语言说得出的。"畏使我们忘言。……面对无,一切'有'所说皆归沉默。"(第112页)另一方面,他见出无与有是不可分割的,从而存在之言谈就一定包括无之言谈。当然我们不能像议论一件东西那样来议论无。"无原则上不是任何科学所能通达的……真言虚无从来异乎寻常",因此只有哲人和诗人有能力言无。由于无与存在联属,言无也避免不了说"无是(ist)某某",即避免不了言存在。海德格尔明白承认此在的有限性,并进一步宣明存在和无的有限性。"只要不是干脆是虚无的东西都存在;甚至,对我们来说,虚无也'属于存在'。"(第90页)在1949年为《根据的本质》第三版所写的序言中,海德格尔说他以《根据的本质》讨论存在论差别,同年写的

《形而上学是什么》则讨论无。他接下去说:"无是存在者的不,因而也就是从存在者方面经验到的存在。存在论差别是存在者和存在之间的不。"① 形而上学之遗忘存在,也就是遗忘无。

海德格尔对无的领会与柏拉图《智术师篇》和黑格尔《逻辑学》的根本不同在于他认无为万有由之涌现的背景,而不是特定存在者的否定或阙失,也不是纯在的反题。

> 在畏的无之明夜中存在者才刚作为这样一种存在原始地敞开:它是存在者——而不是无。我们说话时加上说"而不是无",却不是事后的解释,而是事先使存在者竟能敞开的可能性。②

即使有无,我们也只能通过存在通达它。大道惟恍惟惚,但"惚兮恍兮,其中有像,恍兮惚兮,其中有物"。在畏中,威胁者虽在无何有之乡,然而,

> "无何有之乡"并不意味着无,而是在其中有着一般的场所……无与无何有之乡宣告出来的全无意蕴并不意味着世界不在场,而是等于说世内存在者就其本身而论是这样无关宏要,乃至在世内事物这样无所意蕴的基础上,世界之为世界仍独独涌迫而来。……畏把世界作为世界开展出来。③

撇开字面上的矛盾不论,海德格尔的意思却还清楚:畏使此在超出日常生存中这样那样存在者的包围,而直面虚无,并因而能就存在

---

① 《根据的本质》,第 123 页。
② 《形而上学是什么》,第 114 页。
③ 《存在与时间》,第 186—187 页。

者的纯存在反视存在者整体。这里所讲的超出就是超越。此在彻头彻尾是超越的。"假使此在在其本质的根基处竟不超越,……此在就根本不可能和存在者打交道了。"①对存在者有所作为,这就是要求此在既在存在者之中又在存在者之外。我们可以干脆说,此在半踏实地半悬虚空。海德格尔定论说"在此,这就叫作:嵌入无。"②

关于超越,本章最后一节还要讨论。现在且回到我们原来的问题上来:畏如何带来本真生存?

上文已讲到,在畏中,赤裸裸的世界涌迫而来,世内存在者,以及他人,则都变得无关宏要,或干脆滑开了。由此,

> 畏剥夺了此在沉沦着从世上事物以及公众讲法方面来领会自身的可能性,畏把此在抛回到在所为而畏者去,即抛回此在的本真的能在世那儿去。畏使此在个别化为其最本己的在世的存在。③

畏与其他一切现身的区别只在于:畏使此在个别化。

> 这种个别化把此在从其沉沦中取回来并且使此在把本真状态和非本真状态都作为它的存在的可能性看清楚了。此在总是我的此在;这种总是我的此在的这些基本可能性显现在畏中就像就它们本身那样显现出来,毫不假托世内存在者。④

---

① 《形而上学是什么》,第 115 页。
② 同上书,第 115 页。
③ 《存在与时间》,第 187 页。
④ 同上书,第 190 页。

佛学中有顿悟和渐觉的分法。海德格尔的畏像是顿悟。唯大勇者能畏。连大勇者也罕畏。畏来无踪去无影。畏袭来，而不是我们能唤来的。"我们是如此地有限，乃至我们简直无法靠自己的决定和意愿把自己原始地带到无面前。"①我们最多是为能畏作准备。上节既已给定了此在本身的完全丧失，顿悟式的畏便是引回本真的唯一途径了。

不过，佛家所讲的由顿悟进入本质，是达到"物我同忘，有无一观"的灭累境界。"殊实空，异己他者"，仍难免"入于滞"。②而海德格尔通过畏所成就的本真，其核心在于个别化。这一不同有东西方文化传统上的根源。个体原则在希腊萌生，又借文艺复兴在欧洲复活，看来在海德格尔哲学中仍在张扬。

独立性是当今青年喜爱的东西。文化比较家拿中国人与西方人比，马上发现中国人的独立性不足。西方文化学家也认为中国文化以家庭为基础而西方文化以个人为基础。要改造中国的国民性，首先一条就是争取个人的独立性。孩子大了，不愿总被父母管教，要独立；婚后不睦，闹离婚要独立；殖民地事事受宗主国指使，要闹独立；伙计受老板的气，自己攒钱开一爿店，收入虽寡，毕竟"独立门户"了；理想主义者见世道混浊，于是遗世孑立。独立确实有股痛快劲儿。

不过在现实生活中，独立总是有限的。恨世嫉俗的人，多半还是要去拿工资，干脆躲到首阳山采蕨的人毕竟少，何况伯夷叔齐还是结伴去躲的。北美殖民地与不列颠打了一仗，独立了；等到南方诸州要独立，却又打南北战争不让它独立。少年人好好独立着，却又闹恋爱结婚，组织一个新的互相依赖的关系。

---

① 《形而上学是什么》，第118页。
② 《广弘明集》卷十八。

独立总是相对的。这话不错；却也等于什么都没说。

独立伴随着意志的冲动，因而独立好似要强。少年独立了门户，殖民地摆脱了宗主国，往往很快发觉自己软弱无靠。独立意志的强处主要却不在它今后可能增长得更有力，而在于无论有力无力，它自己挺身而出负全部责任了。它去尽自己的一切力量，甚至自毁以求独立的例子也是很多的。

独立与责任互为表里。这层关系，康德以抽象而细密的方式表达于 Autonomie（自律）和 Antwortung（责任）这两个实践理性概念。在日常生活中，我们借以分辨独立人格和任意胡闹，暗中也总是以负责与否来衡量的。

独立既要强，就得少有需求。在希腊人看来，愈自足愈少需求的存在便愈完满，便愈是它本身所是的存在者。需求使人软弱。爱有所需求；爱也使人心软。可我们不能只从需求量上来理解需求。独立作为责任，不在于减少需求量，而在于需求的方式不同。

但此在既然是有限的，就不可能为它自己负全责。这是希腊悲剧的主题之一。人不能取代命运，人也不能没有需求。基督教以神恩和末日审判的信念来调解人的有限性和要求，调节上帝的全知全能和个人的责任。近代以后，神恩等观念被抛弃了。个体化和独立性被推到极端。

《存在与时间》里的独立性和个体化，弹的还是西方近代思想的旋律。这一旋律其实与此在的有限性是不谐调的。

畏启示无，那么由畏而入乎"一物我"的境界似乎比畏带来个体化更宜理会。而且，在畏中"万物与我们自己都沉入一无所谓之中"，那么，我自己这个个体怎么能留下来而似有所谓？海德格尔意识到这困难，因而特别强调"此在是作为在世的存在个别化的"，强调生存论的唯我"恰恰在根本的意义上把此在带到它的世界之为世界之前"。① 但如何澄清这种"根本的意义",却非易事。因为在世概括着《存在与时间》的全部内容,其中也包括必然的沉沦即非本真生存。那么,本真的个体化或许竟包含着非本真存在? 我们必须进一步追随海德格尔对本真生存的描写以弄清本真与非本真的关系。

第六节　向死存在

海德格尔确实说:"本真生存并不是任何飘浮在沉沦着的日常生活上空的东西,它在生存论上只是掌握沉沦着的日常生活的某种变式。"②此在日常烦忙于世内存在者,烦神于与他人的共在。而在本真状态中,此在也不减其烦。合烦忙与烦神,烦(Sorge)被称作此在存在的整体性。这一整体性由三个环节组成:在现身于被抛状态中领先着筹划自身而沉沦地寓于存在者。然而,此在存在于出生与死亡之间;当此在还活着,还没完结,它如何达得到整体性呢?

生存从将来方面领先筹划出开展出此在自己的能在。一切生存的可能性都从将来方面属于生存。在这种种可能性中,也包括死亡。而且,"死亡是此在本身向来不得不承担下来的存在可能性。……死亡是完完全全的此在之不可能的可能性"。(第250页)

死亡不是一个对生存漠不相关的终点。死亡之为终点把生命的弦绷紧了。而生命正是由于有终性造成的张力而成其为生命的。这样在生存意义上领会死亡被称为"向死亡存在"。"只要此在生存着,它就实际上死着。"绵绵无尽的生命是不可设想的。生命力就是紧迫感。雨会终止,云会消散,星球会崩毁。这些不是死。是物质形式的

---

① 《存在与时间》,第188、189页。
② 同上书,第179页。本节多数引文出自该书,引文随正文标出页码,不再另立脚注。

转换。人死了——是什么死了？如果我们像云雨一样无情无知，无忧无烦，还有什么东西会死呢？"死植根在烦中"。（第251页）

人固有一死。这是普遍的必然规律，却不是由分析得出的。这简直就是第一条先天综合命题。逻辑教本动辄引此为三段论的大前提，恐怕不是偶然的。"只要此在生存着，它就已经被抛入了（死亡）这种可能性。"然而，"此在对此首先和通常没有明确的知，更没有理论的知。"（第251页）并非众人不知其将死，而是众人靠沉陷于日常生活的种种活动来闪避死亡。这种闪避

> 顽强地统治着日常生活，乃至在相互共存中"最亲近的人们"恰恰还经常告慰临终者，让他相信他将逃脱死亡，不久将重返他所烦忙的世界中的那种安定的日常生活。……这种安定作用其实却不只对"临终者"有效，而且同样也对"安慰者"有效。甚至在生命中止的场合，公众意见还不要让这种事件打扰它为之烦忙的无扰无烦，还要求其安定。……众人还以保持沉默的方式支配着人们必须如何对待死亡的方式，并且由此而通情达理，而获得尊敬。对公众意见来说，"想到死"就已经算胆小多惧，算此在的不可靠和阴暗的遁世。众人不让畏死的勇气浮现。（第253—254页）

可见，从生存论上来说对死知或不知无关宏旨。倒是在畏这种情绪中，被抛入死亡的状态对此在绽露得更源始更中切些。本真的向死存在直面死亡。"此在因面对它被抛入的'极限处境'横下心来而赢得其本真的整体能在。……畏把加在此在委弃于其自身这一状况之上的一切掩蔽清除。畏被带到无面前，无展露出不之状态，不之状态在此在的根据处规定此在，而这根据本身则作为被抛入死的状

况而存在"。(第 308 页)这最后一段引文的意思,在《物》里说得更明快:"唯人能死。……死是无的神龛,……是在的荫蔽"。①

畏令此在先行到死,因此也就从烦忙于世务混迹于众人的羁绊中解放出来。怕死使此在缩足不前,而畏却在死亡的空无面前敞开了生存的一切可能性,任此在自由地纵身其间。此在根本上是有限的,因而其自由也是有限的。这一有限的自由集中表现在此在的自由拿自己的有限性无可奈何。此在没有唤来畏的自由;相反,倒是畏有唤来此在的自由。此在在横心向死中没取到的自由却是属于生存的,它"完完全全以它的在世为本旨"。向死存在

> 不意味着遁世的决绝,它毋宁意味着无所欺幻地(把自身)带入"行动"。……清醒的畏(把自身)带到个别化的能在面前,而坦荡乐乎这种可能性与清醒的畏是并行不悖的。在这坦荡之乐中,此在摆脱了求乐的种种"偶然性"。(第 310 页)

固然,生存的实际开展出来的诸种可能性不能从死中取出,但"此在向来已委托给了它的死亡,这同时就是说:它在其向死存在之际总已经这样那样地作出了决断。"(第 383、259 页)我们可以凭着死发誓:任什么都容许。

可以说:早晚一死,吃喝了事。也可以说:人生自古谁无死,留取丹心照汗青。死为一切道德的和不道德的逻辑张本。但若死超乎善恶,我们不就必须为人生价值另寻标准了吗?但有什么标准"如死一般强"? 本真的此在

---

① 《物》,第 51 页。

在死的眼皮底下昂然直行,以便把它自身所是的存在者在其被抛状态中整体地承担下来。这样横下一条心承担起本己的实际的"此",同时就意味着投入处境的决断。此在实际上都决定到哪些地方去,则原则上不是生存论分析所能讨论的。(第382—383页)

这里提供出一条线索,我们可借此了解为什么海德格尔认为他关于本真非本真的讨论不是道德问题的讨论。本真状态并不告诉我们哪些可能性是好的,是合乎道德的。海德格尔所谓的本真状态先于道德规范,它自由地敞开各种可能性。我们去选择;而不是被我们陷入其中的种种事故牵着走。而对着死,李白歌道:昼短苦夜长,何不秉烛游。又歌道:世间行乐亦如此,古来万事东流水。又歌道:老死田陌间,何以扬清芬。如此种种,都可以标识着太白真人的本真生存。反过来,宴饮、名誉、事业,也都可以成为非本真生存的寄身之处。

道德学渐渐缩成一个狭窄的学科。有时连学科也算不上,因为它简直不再对实在的任何一个领域感兴趣,而自限于道德宣传的技术问题。海德格尔所讲的显然不是这样的道德学。不过,"沉沦""本真"以及下文的"良心"一类可能不具任何道德含义吗?这一类词仿佛天然就具有道德含义,还不是说取掉就取得掉的。道德含义与语言一道生长出来,又同语言一道推扩世界的深度。尼采指出,像"真"和"不真"这样的词,原不是中性的逻辑用语。就连"存在"和"不存在"也不是的——请仔细听听"乌托邦根本不存在,也不会存在"这样的话。这一常识写在柏拉图的每一页对话上。柏拉图和尼采并不具有把存在道德化的倾向。他们倒是洞见到存在之言本身必包含道德向度。我们不可能中性地敞开生存的各种可能性,虽然这些可能性事后可以在一定程度上取得中立。这又说明,道德问题反过来紧紧缠在存在问题上,乃至把道德问题从存在论上割开来讨论必然不得要领。这还不是说,从一确定的存在论可以逻辑地引出确定的道德论结论。而是说,存在论本身就包含着道德论。如果海德格尔希望把道德论推到更为根本的基础上来讨论,这种希望倒是正当的。

当今西方伦理学界很注意海德格尔此在论的道德论内容,并往往把他与尼采并列而与柏拉图和亚里士多德对照,甚至提出在两大伦理体系中决定去从弃取的问题。据认为,柏拉图和亚里士多德持有确定的道德标准而尼采和海德格尔则否。亚里士多德说:"我们不仅应说出美德是一种性格,而且应当说出那是什么样的性格。"他的答案是:"美德者,中庸之道也。"①尼采却说:"生命自己授我这秘密:'看哪',它说,'我就是那必须一再克服我自己的东西'。……不变的善恶,没那回事!善与恶出乎它们自己就必须不断克服它们自己。"②尼采所说的生命不断克服自己和海德格尔所讲的生存不断成为它自己确实是一个故事的两种讲法。本真的向死存在像畏一样,仍是要求此在成其本身,完成其个别化。

> 任谁也不能从他人那里取走他的死。……每一此在向来都必须自己接受自己的死。(第 240 页)

前贤把爱与死称为人生和艺术的两大永恒主题。爱里也有个别化,但在突出被爱者的个体性的同时又有爱与被爱的融合;那可能是一种更丰富的个别化,但不是一种绝对的个别化。也许这就是海德

---

① 《尼各马可伦理学》,Middlesex,1953,第 64 页。
② 《查拉图斯特拉如是说》,The Viking Press,1982,第 225 页。

格尔之所以大谈死亡而罕言及爱吧。

> 先行到死使此在绝对地个别化。（第266页）

这与庄子所讲的"假于异物,托于同体,忘其肝胆,遗其耳目"那样的本真向死又大异其趣了。其实,"死总是我的死"证不出死的根本性。喜怒哀乐,哪样别人代替得了？

此在要从丧失在众人的境况中个别化为其本身,就首先要找到自己。良知（Gewissen）把众人本身唤向此在本身。因为此在已沉溺在嘈杂的公众意见之中,所以良知的声音必须跨越众人,打断芸芸公论,"由远及近,陡然惊动,唯归心者闻之。"（第271页）但"归心"不意味隔绝外界,退缩于方寸之间,良知的呼声倒是把此在"唤上前来,唤到它最本已的诸种可能性中。"（第274页）

谁在呼唤？"此在在良知中呼唤自己本身"。但沉沦了的此在如何能呼出良知的声音？海德格尔于是又说,呼唤"不会是由我们本身计划的……一声呼唤,不期而至,甚至违乎意愿。……呼声出自我又逾越我"。（第275页）但当此在完全失落其本身之际,"我"又在哪里。于是海德格尔进一步说：

> "世间"无可规定呼唤者为谁。他是无家可归的此在,是原始的不在家的被抛在世的存在,是在世界之无中的赤身裸体的"此在存在"。呼唤者与日常众人本身不亲不熟——所以传来的像是一种陌生的声音。……一声呼唤;而对烦忙好奇的耳朵,却不提供任何东西可以听来再去对别人讲,去同公众讨论。……除了在畏中暴露出来的此在本身的能在,此在还有什么？除了向着只关此在的这一能在唤起,还该怎样呼唤？（第276—277页）

呼者之为无导出所呼之为无。良知的呼声不提供知识和谈资。甚至不提供普遍的理想；相反，这呼声倒是要让此在从公众的普通理想回到"各个此在的当下个别化了的能在"。

> 良知向召唤所及者呼唤了什么？严格说来——无。呼声什么也没有说出，没有给出任何关于世间事务的讯息，……良知只在而且总在沉默的样式中言谈。（第 273 页）

聆听良知所呼之无，海德格尔提倡缄默。但凡说起本真的，谁没有"我欲无言"之慨？老子云："知者不言。"庄子也说"既已为一矣，且得有言乎"①。但若可道者非常道，又何以著书立说？得道不言。但若不言，又何以知道不可言？在大一统的黯哑里，还有什么道与不道？对"无言"这话的矛盾，庄子答曰："知而不言，所以之天也；知而言之，所以之人也。"②

不难看出，海德格尔所谓良知的核心，仍在于个别化。良知令此在越过公众意见而听命于它自己最深处的生存可能性。这就是说："此在选择了它自己。"（第 277 页）选择之为选择，在于它在说"是"的同时说出了"不"。选择包含着割舍、毁弃、罪责。此在为选择的自由而烦，因为自由在本质上和罪责连在一起。"自由只存在于对这一个的选择之中；这就是说，在于把不曾选择也不能选择另一个这回事承担起来……此在之为此在就是有罪责的。"（第 298 页）

我们不由得想起自基督教以来深深嵌入西方意识的原罪感。无论海德格尔讲的是不是这种原罪，反正他讲的不是犯错误，不是冲撞

---

① 庄子：《齐物论》。
② 庄子：《列御寇》。

公众的规范。此在倾听良知的呼唤而愿有良知,而只有对愿有良知的存在者才说得上罪责。这其实也算是伦理学中的常识了,善恶功罪,都是以人的自由存在为前提的。

愿有良知的此在自愿地把被抛入死的生存承担起来,为畏做好准备,向着最本己的罪责存在筹划自身;这种本真生存的样式被称为"决断"。"决断"所包含的,仍是独立性和在世两个方面。"决断作为本真的展开状态恰就是本真的在世,它又怎会去要求从世界解脱而把自身隔离?"决断恰恰把此在本身带到当下所烦忙所烦神的事物与他人那里,而且,事物仍是那些事物,他人的圈子也并未被更换,只不过烦忙与烦神"现在都从其最本己的能作为其本身存在得以规定了"。(第 298 页)

决断是此在的本真生存样式,这一样式同时包含着道德方面的和认识方面的内容。德性即生存于真。海德格尔选用 entschlossen(决断)这个词,部分地是因为注意到这个词的字面是 ent-schiessen(从封闭出离)。在这一层上,它与 erschliessen(开展)的意义相同。决断把此在带入整体的真生存,同时也就是带到存在者如其所是的存在面前。此在只有生存在真理中才能认识万物的真理。"唯决断为此,环境的当下实际的因缘性质才对'本真'展开出来"。(第 300 页)而真生存也就像真认识一样:让存在者如其所是的那样去存在,也让共在的他人各自在其本己的能在中去存在。

让存在,这一思想后来渐渐形成主题,并从其中产生出海德格尔后来对本真生存的某些不同提法。

第七节 此在的整体结构和其中的问题

上一篇介绍了海德格尔对存在问题的一般看法。存在问题——

虽然是以被遗忘被掩盖的方式——始终是形而上学的核心问题。因此狭义讲来,形而上学就是存在论。

在讨论形而上学的主导问题时,已经露出发问者即人所具有的突出地位。一方面,追问存在者整体的问题非超越此整体则发不出,而只有人作此超越;另一方面,人的存在的特点就在于他领会着存在而存在,因而对存在者整体的寻问规定着人的本质。如果这样,人和形而上学竟是合二而一的了。海德格尔确实这么说:

> 形而上学属于"人的本性"。……形而上学是此在之中的基本演历。它竟就是此在本身。……只消我们生存,我们就总已处在形而上学之中。①

所以,寻问存在就得先对人的此在作一番追究,否则无论什么存在论都还是无根基的。此在的存在论是为追问存在问题作准备的,是存在论的必备基础,因此被叫作"基础存在论"。人的特殊存在方式被规定为生存。由是,基础存在论和生存论其实是一个意思。

本章第一节介绍了这些基本概念的关系,提出了此在在世界之中存在这一基本命题。

"此在在世界之中存在"被分成三个组成部分。本章二至四节分别讨论了世界和世内存在者,在之中,以及在世者为谁。

第四节描述的此在沉沦于非本真生存的境况导向第五节畏的提出。第六节则通过死、良知和决断进一步展开了海德格尔对本真生存的讲解。最后,此在的整体性被规定为烦。这一整体是由筹划、被抛和沉沦组成的,因此烦被定义为"领先筹划着自身的、已经被抛入

---

① 《形而上学是什么》,第121—122页。

一个世界的、正沉沦着寓于世内存在者的存在。"①

我们注意到,此在整体性的理论结构是有缺陷的。首先,被抛状态对应于情绪,筹划对应于领会,沉沦却并不对应于言谈。在此在的三种基本开展方式中,言谈之未得充分注意便透露出来了。其次,沉沦因此就无法取得与筹划和被抛对称的地位。它们也确实不是对称的。沉沦即非本真状态是与本真状态对应的。而情绪、领会和言谈都既可能取本真的形式也可能取非本真的形式。却不可能有"本真的沉沦"的说法。而且,沉沦和被抛状态经常被混在一起讨论。有本真的情绪(畏),却没有本真的被抛状态。此在固然可以本真地承担起它的被抛状态(决断),但这种承担是属于筹划的。

此在结构上的缺陷,集中在本真与非本真的提法上。海德格尔坚持说,"沉沦"不具道德评价的意思。但恰恰是对 das Man 充满道德指责的描写把理论构架拧成一团。生存的立体被拆成本真与非本真两层,中间支着畏,死,良知和决断。

"在世总已沉沦。"沉沦其实就是在世的全部。为什么人不生存在源头?因为人已经绽出:"沉沦正是为了能在世。"但 Verfallen 这个词的道德评价模糊了基本论旨。

生不能回到土壤,至多回到根系。"回乡就是回到源头的近旁。"②人曾在土壤,今在亲熟寻常之物中间迷行。超越只能指在这寻常事物中回忆不寻常的意义。此在与世内存在者及与他人打交道的内容大致上都是以沉沦方式出现的,与这一切内容相对的本真则只有此在本身和与此在等同的世界。在《存在与时间》里没有"本真的他人"和"本真的事物"这类提法。这种不对称自有它的缘由。因

---

① "烦忙"偶然也与"此"之三样式并称为"在之中"的一个样式。
② 《荷尔德林诗释》,第 23 页。

为本真生存并不是由特定的生活内容构成的。本真非本真不是由上学还是做木工、听莫扎特还是读侦探小说、穿裙子还是穿旗袍分野的。几乎不可能在生活内容中把一部分内容圈出来划归本真生存。不过，既要议论本真非本真之别，我们就不能不期待一定的形式标记。海德格尔给出的形状标记是"本身性"（Selbstheit）。我们就要把这本身性考察一下。

此外，本真和非本真孰为源本的问题也不大清楚。一方面，"本真"按其定义就应当是源本的，沉沦是从本真状态沉沦。海德格尔确实多次主张本真状态的本源性。另一方面，此在又被说成是首先沉沦着，只是偶或通过畏的袭来进入本真状态。

源本问题的另一端是结局问题。畏如飓风一样来而又去。我们不知道是否此在从此便本真了，抑或当畏过去以后此在仍沉回日常状态？海德格尔说，畏使此在把本真生存和非本真生存都作为它本身的可能性看清楚了，从而面临选择。非本真生存也必须是此在本身的可能性，否则此在就不可能非本真地生存。这么说来，本真生存和非本真生存都是由畏才敞开来的。那么，在畏袭来之前此在既不是本真的又不是非本真的，而是处于某种第三种状态。海德格尔一般只讲生存的两种基本方式样式。但有时却也讲到"本真状态、非本真状态和未经分化的状态"。

海德格尔没有认真对待"未经分化的状态"，但这种状态看来至关紧要。言之成理的说法似乎是：畏使此在出离未经分化的状态，把本真生存和非本真生存都摆到此在面前。只有当此在的本身性横在此在面前，才谈得上此在闪避自己本身而沉沦的可能性。迎接自己本身抑或闪避自己本身，构成了此在的基本样式。畏使世界在此，即，使未经分化的世界以分化的方式敞开。

但这样来解释本真生存，与海德格尔的其它许多基本提法相左。

关键的相悖在于,此在首先就应当存在在未经分化的状态中,而非首先生存非本真状态中了。然而,即使此在的确出离非本真状态而畏,这种作为实际状态的非本真状态与畏才始敞开的作为可能状态的非本真状态仍有区别,仍是第三种状态。因为此在永远作为可能性生存,所以此在出离本身之前处于其中的状态不能直接与本真生存相对应。

这第三种状态即未经分化的状态与第二节第三节提示过的深层存在者状态应是相对应的。这里的问题超出了人的生存讨论而与存在的等级问题直接联系在一起,并在那里动摇海德格尔整个存在论生存论的根据。现在我们以这个问题为线索来进一步审查海德格尔此在分析的根本点。

此在的提出及此在的生存论分析,就这一任务与近现代西方哲学的关系来看,可以说它意在寻找一种先于主体客体分野的现象并借此来克服分裂主客体的倾向。海德格尔多次明确表示他既反对唯心论又反对实在论。在他看来,唯心论和实在论是相互依赖的;不过,近现代哲学的主流是唯心论。于是,也可说《存在与时间》的主旨在于克服以唯心论形式出现的主观主义。

然而,《存在与时间》的读者得到的印象往往是:海德格尔自己仍陷在主观主义甚至于陷在其极端形式即唯我主义之中。这一类批评自《存在与时间》问世后至今不绝。海德格尔的老师胡塞尔就曾对该书的人类学或人中心的倾向表示担忧。《存在与时间》的思路或至少其表达是不是有这种倾向?它的著者则责备读者的误解。这话怎么说呢?

> 此在总是我的此在。
> 此在一向所是者就是我。

若无此在生存,就无世界在此。

听上去不像唯我论吗?也许,我们把存在论上的表达错听成存在状态上的表达了。是啊,我们谁也没受过单属存在论的语言训练。

在1928年写作出版的《根据的本质》一文中,《存在与时间》里的几个纲领性问题重新得到讨论。其主体部分集合在"超越"这一题目下。在该文的一个脚注里,海德格尔说,《存在与时间》无非是就超越问题提出一份具体的方案。他接着说明他并非主张此在才是真正的存在者而其它一切存在者只是此在的影子,他自辩说《存在与时间》根本不是要从此在这个存在者派生出非此在式的存在者,任务始终是要提供一条地平线,使存在概念可据以成其为概念。具体的办法就是"在此在的超越中并从此在的超越出发为存在提供存在论上的解释"。① 海德格尔表示,这种解释虽然是主体的主体性的存在论解释,但若不断推进,他相信终会与主观主义针锋相对(当然同样也会否认客观主义的权威)。

此在学说的关键在于超越。我们对这个问题是有准备的。畏就是超越的一个样本。

我们知道,在胡塞尔那里,超越属于物之为物。而在海德格尔那里,超越专属于人的此在。超越是人的基本法理,先于他的一切行为和所是。此在并非先是一个主体然后再去超越。此在"是在超越之中的和作为超越的存在者"。(第138页)说"超越的此在"简直就是同语反复。离开超越来谈主体,主体就成了没头的躯干。

说到超越,我们必然愿了解什么超越,超越什么,以及向什么

---

① 《根据的本质》,第162页。下面六段引文也出自该文,随正文标出页码,不另立脚注。

超越。

海德格尔告诉我们,被超越的是存在者整体,包括此在以其身份生存的那一存在者。可见,此在既是超越者又是被超越者。此在既然只在超出自身之际才是自身,所以此在在超越中才来到它本身,来到它所是的那个存在者。"超越组建着本身性"。(第 138 页)然而,我们显然有两个本身或本身性的两个方面,其一被超越其二被达到。同时,此在之外的任何存在者都被剥夺了本身性。

本身性不是我性。"本身性对于我存在和你存在……是中立的"。(第 157—158 页)更进一步,关于人之中的此在的存在论分析都是中性的。这说法与《存在与时间》里讲的"此在向来我属"这一最基本的特点如何协调?此在和"我"的合一,后来渐不提了,虽然面对批评时,海德格尔仍要奋起为早期提法辩解。①

只有在找到本身的同时才能发现什么不是本身,才可能与不是本身的东西发生关联。此在在超越之际与其他存在者分离开来因此始能与它们打交道。这种分离不是完全跳到存在者之外,而是在存在者中间保持其独立性。"尽管作为存在者,此在处于存在者中间,被存在者包围着;作为生存者的此在,它却总已超越自然了"。(第 139 页)

海德格尔又告诉我们,此在向之超越的是世界,于是超越与在世是一回事。世界参与组建超越结构,所以世界概念被称为超越概念,关于世界的讨论为超越的讨论。海德格尔又说,世界总是指存在者

---

① 真理是整体,所以哲学家是不能认错的。在《克服形而上学》一文里,海德格尔提到他较早说过的一段话:"我们不可能完全属于任何事情,甚至不可能完全属于我们自己;然而,此在总还是我的此在。"这话今被解释为:"此在向我抛来,从而我自身得以是此在。"但若此在向我抛来才是此在,那不是该说"我总是此在的我"吗?同样,"此在即烦"在这里也被解释为:"存在者本身在烦中绽出着展开的存在之烦。"

整体。在超越中,存在者总是以整体方式呈现的,虽然这个整体包括的东西多少无关宏旨。这样看来,超越所超越的和所向之超越的又成了一回事:存在者整体。

这是够奇怪的。联系我们对无的讨论,我们记起,此在是向无超越。无不是单独出现的。无恰恰使存在者整体与本身相区别而呈现。于是,此在、世界、无、存在者整体、存在就全联到超越这回事上来了。

"世界本质上与此在关联"。这话并非主张先有此在才有芸芸存在者。而是说:此在把世界抛到存在者上,从而存在者能够作为存在者公开出来。此在的存在就发生在这一"抛于其上"之际。抛于其上的演历也就是在世。

> "此在超越"就叫作:此在在其存在的本质中是形建世界的(weltbildend),"形建"有多层意义:让世界发生,随着世界给予自己一种原始的形象,这种形象并非切实地把捉住一切公开的存在者,然而却恰恰充当着一切公开的存在者的范型(Vorbild),而各个此在本身也属在其中。如果存在者或最广义上的自然找不到机会进入一个世界,那它们就没有任何方式可以成为公开的。(第 159 页)

是此在的超越使存在者有一个世界。只有当此在"闯入存在者,存在者才有可能公开自身"。(第 159 页)

故事仿佛是这样的:

在畏之前,在超越之前,此在的前身(不能叫"此在",因为此在只在超越中发生)和所有存在者(不作为整体,因为没有与无相形)混为一团。超越发生了,此在相对于其他存在者区别出其本身,相对于无区别出存在者整体,个别存在者令在存在者的整体性中即世界中照面。此在可以保持其超越即保持其与其他存在者相区别的自身从而本真地生存,也可以丧失其自身于芸芸存在者而沉沦。

这个故事至少有三点不合乎海德格尔的原旨。

1. 这个故事提示出超越之前的存在,哪怕只是混浊形态的存在。这种存在虽然看来是海德格尔的立论无论怎样也避免不开的,但他绝不向这个方向发展。相反,他始终坚持现象与存在的统一,而现象只有在超越之际才发生。换言之,他坚持把存在(通过此在)的开展放在传统形而上学所论的存在者的存在之先。海德格尔的立论因此遭到极大的困难,但这立论自有其道理。我们必须考虑到"存在"和"是"的同一。而说某某是某某,就已经是存在的开展了。本书此后将不断回到这个问题上来。

2. 这个故事取消了本真生存的原始性。原始性是属于超越之前的未经分化状态的;本真生存则与非本真生存同等原始。下一章将反复讨论这一问题,亦即存在与生存的时间性问题。

3. 这个故事同样也取消了"此在首先沉沦着"这种说法。说起来,给定了超越与本真生存的原始性,此在首先沉沦着这种说法是很难解的。再若像海德格尔那样主张畏罕得出现,我们似乎就非得在两选之中择一了:要么畏与超越不是生存所必需的,要么大多数人以及少数精英的大多时间都不在生存。以海德格尔的愤世嫉俗而言,他满可以选择后一种答案。但他实际上仍想调和畏与一般生存的两难。他的讲法是:"这一原始的畏大半在此在中被压制着。畏就在此,不过它睡着"。① 没有睡着的读者多半会发现这立论十分屡弱。

---

① 《形而上学是什么》,第117页。

以上三项问题,都与原始性有关。从而我们也就必须进入时间性讨论的范围了。

第四章 时 间

> 什么是时间？——或会认为《存在与时间》的著者一定知道这个。但他不知。所以他今天还在问。
>
> 海德格尔:《什么唤叫思?》

第一节 时间问题的提出

海德格尔的哲学一般说来就相当晦涩。他对时间问题的讨论尤如是。初一看,他的讲法简直荒诞不经,和我们平常对时间的理解或相反或不相干。所以,在讨论海德格尔的时间理论之前,有必要先反省一下时间这一课题本身到底包含着哪些晦涩难明的问题。确实,在西方哲学里,时间问题从一开始一直纠缠到当前,而且对这个问题的讨论可说从来都格外艰难。

在古希腊,时间问题主要从变易持恒这一角度提出。赫拉克利特断定万物皆在变易之中,持恒只是假象。这个论断似乎基于对现象的直接观察,仔细看来,确实没有什么东西终久不变。赫拉克利特的断论似乎包含一个悖论:如果一切都变易不定,那么这断论本身是否成为持恒的真理呢？与赫拉克利特正相反对的有巴门尼德。他断称万物为一,无物变易。这主张植根于希腊人无中不能生有的信念。变易总是从还不是的东西变成所是的东西,那岂不是无(不是)中生有(是)吗？然而,我们又眼见斗转星移人世沧桑,据说这是假象。声称某类事是假象容易,难的是说明假象究竟以何种方式存在,因为假象毕竟也存在着。据说有一个聪明孩子指着天空说:天上空空,没有天空这种东西;一个傻孩子抬头看看天空,问道:但天空是个啥东西呢?对于近代进化论头脑,问题更突出。不变与循环论还多少接近些,而进化论却言之凿凿说有新东西产生出来。

柏拉图的哲学,很可以看成是解决上述困难的尝试。按照通俗理解,柏拉图主张真实存在的是种种理式,种种现世事物都只是这些理式的摹本,这些摹本有成有毁,而理式则永恒不变。先摘两只苹果再摘两只积成四只,这四只苹果一会儿就被吃掉了。但 $2+2=4$ 却万古不变。

柏拉图哲学中包含着不朽的思想。但他似乎没有讲清楚现世事物究竟是怎样变化的。亚里士多德提出形式与质料,潜能与现实等范畴,很大程度上就为了解决这个问题。在变易中,形式变动了,质料却如旧,例如雕塑家把一个铜块铸成一座人像。而形式虽变,却也并不完全是无中生有,例如,树的形式潜在地包含在树种里。这些讲法仍有困难。说起质料,可以食品为例。食品经过消化,变成养料和粪便。不仅形式变了,质料似乎也被分解。要找不变的实质,最后找到原始质料那里。但原始质料仍须具有一定的形式,因此仍可以变化。说起潜在现实,终究很难确定树的形式如何潜在在树种里。

奥古斯丁在《忏悔录》里就时间的本性提出很多疑问。"时间是什么?无人问我时,我很明白;每当有人问我而我想要解释一番,却茫然了。"[①]每个思考过时间问题的人怕都会有同感。奥古斯丁自认迷惑,也作了一番努力解惑。他的迷惑和解惑大半都很有意思。

他的一个迷惑是这样的:人们通常把时间表象为过去、现在、将

---

① Augustine, *Confessions*, New York, 1943, p. 285.

来的连续一维体。过去已经消逝了,不再存在了;将来还未到来,尚未存在;所以,似乎只有现在是现实存在的。但现在是多长一段时间呢?去年,昨天,前一秒钟,都属于过去,不再存在。于是只有眼下极短极短的一刹那有现实存在。但即使这一刹那也可以分割下去,若最后达到了无穷短或竟至一个没有长度的时间点,那么时间整个地就没有现实性了。这里的困难后来转称为时间的接续与绵延问题。

奥古斯丁还从创世的角度谈到时间问题。他问:上帝创世之前在干什么呢?回答是:时间是随着上帝创世产生出来的,所以"创世之前(的时间)"这话没有意义。这番问与答,可说是基督教内部的问题。不过,时间到底有穷还是无穷,至今仍各持一辞。康德的第一个二律背反反映出这个分歧。海德格尔也将参与争论。人大概有寻求初始的冲动。神话宗教都与这种冲动有关系,连科学也没有完全摆脱它。即使对不少现代人,无穷递推,包括时间序列的无穷递推,总显得可疑或不足。对于开端的寻求,大概与目的和意义的寻求有关。目的和意义只存在在这样那样收敛的体系中。如果一切界限都敞开了,意义寓于何处?目的岂不像手段一样都被时间的巨流荡尽?

从宏观上把时间看成一个无始无终的系列,虽古已有之,主要却是近代的观念。不同文化在不同阶段往往把宇宙看成是有创造有始点或也有了结有终点的。或者把宇宙看成循环。近代的时间观与近代的进步观念相连。我们知道前人很少会把历史甚至宇宙看作一连串进步。开放的时间观确实引起了意义问题。一切成就都要消失,既不轮回重现又不能在末日审判定评,那么努力成就岂不太虚妄吗?一方面是豪迈的进步观,另一方面是颓丧的虚无主义。近代文化中的很多提法,包括浪漫主义提出的"瞬间的永恒",都试图回答虚无主义。施宾格勒把这种近代的时间观称为"浮士德时间观"。在《浮士德》里,进步的观念和瞬间永恒的观念交织在一起,带着其全部丰富性强有力地呈现出来。近代时间观念的骨架,却由牛顿表达得最为直截了当:绝对的、真实的数学时间,依其本性,是均匀流逝着的,与任何外在于时间的东西无关。牛顿的表述虽显得简单化,却极富代表性。莱布尼兹和先验感性论中的康德,虽对牛顿的绝对时间观作出这种那种修正,基本上还是把时间作为绝对框架来看待的。

到了20世纪,另一种时间观渐渐壮大声势。这种时间观可称为"关系性时间观",大意是讲:绝对时间只是一种形而上学或物理学假设,我们观察得到的只是在事物变迁中表现出来的时间流动。现实的时间只是变易中诸物体的一种相互关系,绝对时间则是这种关系的抽象。于是,与其说事物在时间中,不如说时间在事物中。

上面几笔勾画过于潦草,仅只触及时间论发展的皮毛,然而,即使瞥一眼,也可以看得出时间问题与存在问题及人生意义问题密不可分。难怪海德格尔要在他的主要著作中把存在与时间放到一起来研讨了。

然而,海德格尔的时间论很长时间没有受到重视。《存在与时间》甫一出版,立即引发巨大关注,不过,读者最初普遍关注的此在论,尤其其中关于人生困境的讨论。自50年代起,《存在与时间》不再主要被当作人生哲学来读,人们渐渐转向存在问题本身。时间论引起的反响则不仅零零星星,而且时间性往往只被看作借以透视此在的一个主要角度或服务于存在论的。[①]

[①] 截至20世纪70年代初,唯一的例外也许是 Charles Sherover 的 *Heidegger, Kant and Time*,University Press of America,1971。20世纪70年代以后,确实有更多的学者注意到海德格尔的时间论,例如 Marion Heinz 的"The Concept of Time in Heidegger's Early Works"[载于 Joseph J. Kockelmans (ed.), *A Companion to Martin Heidegger's Philosophy*,Center for Advanced Research in Phenomenology and University Press of America (1986)],却仍说不上是中肯的研究。相对而言,Gadamer1973年发表的短文 *Ueber leere und erfuellte Zeit* 是最言之有物的。

想到海德格尔的主要著作名称就叫"存在与时间",难免觉得时间课题之受冷落是挺奇怪的。我想有两个原因是主要的。从读者方面说,时间问题从来就极烦难,海德格尔的提法则既新又怪,读者往往不得其要领。从作者方面说,对时间的研究远不如此在分析来得成熟。

《存在与时间》论时间性的后半部,不仅明显地行文仓促,而且常常不过把时间论作成模式,用以复写前半部的内容。

其实,时间这一课题从一开始就引动了海德格尔。1915年,他在弗莱堡以"历史学研究中的时间概念"为题授课,讲稿今收在《海德格尔早期著作》中。在这一课程中,海德格尔首次提出时间与时间性(Zeitlichkeit)的区别。前者应用于自然科学,后者应用于历史科学。时间是单一同质而可度量的,时间性则否。1924年海德格尔以"时间概念"为题作文,提出"此在……即时间本身"。不过这时还不清楚,这提法是指时间分析服务于此在分析抑或暗示此在分析是通向时间分析的门径。1925年夏,他在马堡以"时间概念史导论"为题授课。这一课程首次系统地表述了他的思想,预演了《存在与时间》一书中的诸主要课题。

所要讨论的是存在问题。存在问题是就存在的开展即此在对存在的领会来摸索的。而"此在根本上由以出发去未经明言地领会存在解释存在这样的东西的就是时间。"[①]很久以来,人们一直区分"有时间性的(zeitlich)存在者如自然进程、历史事件等与"非时间性的"(unzeitlich)存在者如空间关系、数学关系等。人们区分说出一个命题的有时间性的心理过程与这个命题的"无时间性"(zeitlos)意义。有时间性的存在者又与"超时间性的"(überzeitlich)的存在者有别,

---

① 《存在与时间》,第17页。

二者之间甚至有一条鸿沟,需要人们费力来为二者建立桥梁。于是,海德格尔断称时间是一切存在领会的地平线,是最原始的存在解释的地平线。实则,"原始"这一提法本身不也与时间性有关吗?即使我们像亚里士多德一样区别"在先"的不同含义,我们仍须说明何种在先不是时间上的在先以及在何种意义上"在先"竟可以不是时间上的在先。用最初浅的但非最恰当的方式来表达,存在的"第一性",存在与思维的"同一性",无不具有时间意义。

问题存在,然而,"ti to on 这个问题提示着一个更原始的问题:在这个问题中先已领会了的存在之意义是什么?"①我们先就从时间方面来领会和解释存在了。现在所要做的,就是把这一先行领会作为专题来考究,即"从这一时间性出发来解说时间之为存在领会的地平线。"②这一解说绝不能依传统的时间理解来制订方向,因为传统的时间理解恰恰随着存在问题的遗忘而失误。传统恰恰使时间"像存在一样成了问题"。

第二节 时间三维:将来、曾在、当前

此在篇把此在的存在提出来了。但海德格尔又说,此在分析还不曾解释这个存在的意义。此在存在的意义即是时间性。

在海德格尔那里,意义一般地被规定为某某事物的可领会性所在之处,及能借以使某某事物开展出来的东西。所以,阐释时间性也就是从时间性来解释此在的存在。

此在生存的诸环节统一于烦。时间性就是烦的意义,也就是说,

---

① 《康德与形而上学问题》,第 216 页。
② 《存在与时间》,第 17 页。

是使烦的各环节可能统一于烦的东西。

但是另一方面，海德格尔又说存在与存在的意义是一回事。他在实际行文时有时称时间性为"此在存在的意义"，有时则干脆称为"此在的存在"。有时他说要从时间性解释此在的存在，有时则干脆说是把此在的存在解释为时间性。这些词语的混用会给读者带来不少麻烦。但我们还理得出基本的形式步骤：先提出此在；然后把此在分析中包含的先行领会作为专题，作为时间性这一专题来讨论；从时间性过渡到时间；在时间的地平线上，存在便得到了最原始的解释。从时间规定存在，被称为存在的时间状态上的（temporal）规定性。后面两个步骤原拟归于《存在与时间》的第三篇"时间与存在"之中，但是这一篇始终没有写出。我们眼下单就此在时间性解释展开讨论。

在《存在与时间》里，对生存整体的追问问到死亡，从死讲到先行决断。时间性即随着对决断的讨论展开。

在先行的决断中，此在朝向最本己的能在存在。这之所以可能，是因为此在能够从它最本己的可能性来到自身。"保持住别具一格的可能性而在这种可能性中让自身来到自身，这就是将来的原始现象。"①

德文表"将来"的词是 Zukunft：向……来临。这层意思英文词 future 没有，而通过中文词"将来"却还体会得出。

先行的决心向死存在，而"这一向死存在只有作为将来的存在方是可能的"。（第 325 页）死不被现解为某种在前方等待此在的时间点，将来也不指一种尚未成为现实而到某时才将是现实的时间点。

---

① 《存在与时间》，第 325 页。下面十段引文也出自该书，随正文标出页码，不另立脚注。

将来指"此在借以在最本己的能在中来到自身的那个来"。(第325页)海德格尔接着说:"先行,它使此在本真地是将来的,其情况却是:只有当此在作为存在者状态上的此在根本总已向着自身到来,亦即在其存在中根本就是将来的,先行本身才成为可能。"(第325页)

从形式上说,将来是先行的决断的意义。这与通常理解正相反对。固然,总得有个将来,决断才有意义。但这只说明将来是决断的存在条件,有意义的却仍是决断本身。将来使决断可能存在而决断使将来有意义。海德格尔不愿区分存在的秩序和意义上的秩序,结果两个命题形成了循环:先行使此在是将来的;而只有当此在是将来的,先行本身才可能。

此在在其罪责存在中领会先行的决断。这一领会等于说:此在把罪责存在作为被抛的根据承担起来。

> 承担被抛状态却意味着:如其一向已曾是的那样本真地是此在。承担被抛状态却只有这样才是可能的——将来的此在能够是它最本己的"如其一向已曾是",即能够是它的曾在或"曾是"(Gewesen)。只有当此在如我所曾在那样地存在,此在才能以回来的方式从将来来到自身。此在本真地从将来是所曾在。……只有当此在是将来的,它才能本真地是曾在。曾在以某种方式源自将来。(第325—326页)

论曾在的这段比论将来的复杂。因为它力图引进一个新命题:曾在源自将来。这又与常识恰恰相反。我们通常说现在源自过去,将来源自现在。海德格尔论证的要点是:此在作为曾在而存在,曾在是此在要去承担的。这当然只有当此在能够存在才可能,而此在从将来方面才能够存在。所以,曾在源自将来。

把海德格尔的提法稍加弱化，我们也许可以这样想：我们回顾往事，对以往的事情负责，总因为生存还没有结束。往事是由明天的光线照亮的。不过，海德格尔所讲的不是某种意识关系。人不仅回首往事。之所以能回首而看见往事，因为人生存在往事中。德文词 gewesen（曾在）是 sein（存在）的现在完成时，与另一表示存在、本质存在的词 Wesen 同根。曾在与存在是实质上连续同一的存在。

曾在并非简单地过去了，逝去了，化入虚无。曾在凝结在存在上。这是可以领会的。然而这还不说明曾在源于将来。诚然，没有能在，就不能去是曾在。但我们同样要问：没有曾在，会不会有能在？由于这一困难，海德格尔加上限制说曾在"以某种方式"源自将来。何种方式？将来是否也"以某种方式"源自曾在？以存在条件为由论证原始性通常是欺人的。在某一维度，一切都互为条件。我根本就怀疑有没有一种可以论证谁源于谁的基本方式。

先行的决断有所行动。它下决心寓于处境之中，让世内在场的事物来照面。必须把世内存在者唤上前来，决断才能作为决断存在。决断在这种唤上前来的意义上当前。

Gegenwart 是德文的常用词，意思就是"当前"。Gegenwärtigen（唤上前来）则是胡塞尔才始造用的。在这里，海德格尔显然提请我们注意这两个词共同的词根：gegen-wart：直面某种东西等着它出现，就像我们在发狠时说："正等着它来呢。"

当前也源于将来。"曾在着的将来从自身放出当前"。（第 326 页）这话也提示出将来、曾在和当前是统一体。

时间性三样式既经这样规定，通常对时间的看法多数就要颠倒过来。在海德格尔时间论里，"将来不晚于曾在"，"曾在不早于当前"。（第 350 页）这些命题不管深义何在，理解起来总是有困难的。因为"将来""当前"这些词已被赋予了新意义，"早于""晚于"这些关系词就应根据这些新意义来调整。那么,"将来不晚于曾在"可能与通常所说的"将来晚于过去"是一回事了。语言依其本性只允许我们在一个大致稳固的框架上拧动某个概念,所有关键词汇的意义不可能一下子统统刷新。全新的领悟大概非抛开语词不可。释迦在菩提树下悟道而无语。海德格尔看来正苦于欲诉无词强为之说呢。

> 要用某些术语来界说(与流俗时间概念)相应的原始而本真的现象,难免得与一切存在论术语都逃不脱的同一困难做斗争。在这一探索的园地中,强行硬施并非任意妄为,而是事出有因不得不然哪。(第326—327页)

这里的困难当不只是技术性困难。言、事、意。这时我们难免偏爱诗人。深邃的新意,却没有强行硬施,反倒是那么自然美好的语言。

无论如何,我们看得清楚:海德格尔对将来、曾在和当前的提法确实与通常所讲的将来、过去和现在泾渭相别。通常的时间理解以现在为中心,把将来理解为"现在尚不,但是以后",过去则为"现在不再,但是以前"。生存论则把将来放在首位,没有将来的能在,此在"现在"就没法存在。在这个意义上,将来使此在的存在成为可能。所以,"生存性的本来意义就是将来"。而且,此在先行到死筹划自身,其中透露出生存论将来的有终性。并非生存到了一个时间点就将终结,而是生存始终包含着终结于自身,因而生存才是生存。"本真的将来……绽露出有终的(endlich)将来"。将来的有终性标识此在的有限性。

实际性作为烦的环节被界说为"已经被抛到世界之中"。显然,曾在是被抛实际的生存论意义。

"只消"此在实际上生存着,它就从未过去,反倒总在"是我所曾是"的意义上曾在。……我们用"过去"来称那些不再现成存在的存在者。而此在生存着却从来不能把自己确定为现成事实,仿佛"随时间"生灭而有些片段已经过去。它总只作为被抛的实际而现身,而发现自己。(第 328 页)

至于"当前",作为本真时间性的一个环节,却不直接对应于沉沦。因为没有本真的沉沦:"做出决断的此在恰恰是从沉沦中抽回身来了"。(第 328 页)为了应付这种不对称,海德格尔认为"唤到眼前这一原始时间性的样式始终包括在将来与曾在之中。"(第 328 页)不过,烦的第三个环节即"寓于世内存在者而存在"则无论如何只有在唤到眼前的样式中才可能。

35 年后,海德格尔在《时间与存在》一文中重新回到时间这个课题。我们这里只讨论该文所讲的将来、曾在和当前。这三者在该文中被称作时间的三维。这三维显然不是过去、现在和将来的一一接续,那样就把三维又简变为一维了。三维至少意味着:立体。

这一次,时间的三维不是从决断或任何生存论结构起论,而是从在场状态起论。不过,人仍然在立论中起关键作用:"在场与我们有涉,这叫作当前:与我们——人——相对着逗留。"①

这句引文也强调了在场与当前的共通处。这在词义上已很明白。但海德格尔又指出,"在场非必都是当前"。(第 14 页)曾在也与我们有涉;它借它的不在场而在场。在场伸展到(reichen)曾在和将来之中。将来伸达并供呈曾在,曾在伸展到将来,而"二者的交互牵

---

① 《时间与存在》,第 12 页。下面七段引文也出自该文,随正文标出页码,不另立脚注。

涉一齐伸达并供呈当前"。（第 14 页）

我们注意到这里未强调将来的优先地位。不过，虽然三维互相伸达，却只说将来供呈曾在而不说曾在供呈将来。当前则仍被放在第三位。考虑到海德格尔从在场起论而在场与当前共通，这显得很奇怪。与《存在与时间》的另一点不同是海德格尔现在主张伸展之为伸展不在于它够得着（erreichen）我们，它够得着我们倒由于它本来就伸展。不过，这似乎与海德格尔从在场与人的牵涉为三维的伸达立论相矛盾。

我们已看到，海德格尔首先从当前来说在场，接着又表明在场不限于当前。在场说的也说是三维的交互伸达。随着这种在场，就清理和开辟出一片疏明之地。"作为伸达，来临（将来）和曾在状态交互供呈而二者的交互牵涉则供呈出公开场的疏明。"（第 15 页）本真的时间由于这三重伸达而称为三维的。我们注意到：

1. 将来的优先地位确实取消了。将来和曾在是相互供呈的。

2. 不再提本真或非本真的将来、曾在、当前。整个讨论离开生存论已经相当远了。我们可以更专心于时间结构本身——这已经够繁难了。

3. 海德格尔在他的时间描述里，尽量避免空间意象。虽然他使用了 Dimension（维）这个词。Dimension 可以指大小、规模、量度、容积等多种互相关联的意思。但用在这里，最容易浮现的是一条直线及其走向的意象。海德格尔不愿守在这种意象里，强调这里所说的维是先于空间的，并且用 durchmessen（行遍）、hindurchlangen（透达）这些德文土产词来注释。但空间意象也许根本避免不了。如果是这样，我们至少可以说，时间的三维组成交相渗透的立体。"立体"体会起来，首先不是指三条垂直直线组成的空间，而是指有实质的体，混沌体。如果连同透达、渗透、伸达这些意象一同体会，原始时间的意象就接近于黏稠的流体了。

海德格尔一方面说"在来临、曾在状态和当前的交互伸达中有公开场清理出来",(第 14—15 页)另一方面又说将来和曾在交互伸达中供呈当前。按照后一种说法,当前与在场、与海德格尔真理论中最关键的公开场就是最切近的。因为将来与曾在的交互牵涉既说是供呈当前,又说是供呈公开场的疏明。

当前确实具有特殊的地位。虽然三维通常并提,但从一开始它们就并非在均等的交互关系中。《存在与时间》说,曾在的将来放出当前;而没有当前放出曾在或将来的说法。今仍坚持将来与曾在的交互牵涉呈供当前,仍没有相反的提法说当前呈供曾在或将来。《存在与时间》中本真的当前没有对应的生存论环节,而被说成"始终包括在将来与曾在之中"。今当前与在场格外切近,甚至在"在场非必都是当前"这一反面的说法里仍透露着这种切近。综观之下,当前不像是与将来与曾在并列的一维,而更像是将来与曾在交互牵涉所产生的结果。

不过,海德格尔没有向这个方向发展他的讨论。在讲过三维之后,他接着就提出第四维。这第四维是"在时间的至己处游戏的伸展"本身。不,按事质论,"这规定着一切的伸展"是第一维。于是,"本真的时间是四维的"。(第 16 页)伸展把前三维各自的在场保持在疏明中。这一保持既使三维相统一,又使它们相互分离。伸展"把它们保持在近处相向,而借这近处这三者始终相互邻近"。(第 16 页)

时间三维既分离又统一。这很自然:如果只是混沌一团,就谈不上维度,也就谈不上维度的统一了。公开场调整着这既分离又统一的关系。由于公开场,在时间的幽深处的流贯延展而在近处又驻足相向的就不该是三维,而只是将来与曾在。当前则恰就是这个近处本身。

在近处相向,这是统一由于公开场而成为可见的一面。统一的根子仍系在流贯于时间至己幽深处的东西,即肇始的伸展。肇始的,anfänglich,使我们立刻想到德译《圣经》的首句,"Am Anfang war...(泰初有……)"海德格尔要探入时间的肇始。无论什么东西,无论怎样原始,总不会比时间之始更原始了。

海德格尔先指明他使用 anfangen 的字面意义。Fangen:攫取、抓牢。伸达不仅伸向某处有所馈赠,它也伸向某处有所攫取。那么,anfangen 就是"抓到近处来",把它所伸达之处牢牢抓到一起。"本真时间的统一性就依栖在这种第一位的、肇始的、在字面意义上(把某某东西)抓到近处来的伸达之中。"(第 16 页)

曾在并未逝去,将来并非尚未形成。在时间的海洋里,前逐后涌相继逝去的是海波。水,无论将来还是曾在,已经在了而且仍在;没有消逝也没有制造,有的只是给赠。我们记得在创始之前——如果竟有创始"之前"——上帝的灵在水上行走。水已经有了。创始是给赠。"要有光"。开辟出疏明之此,"于是就有了光"。据说,有了光,天地就分开了。阳清为天,阴浊为地。天空地实。曾在实在铸成了,将来从空中到来。曾在还在,但被拒绝作为当前来临;将来则还被扣留未发。

那么当前呢?它未遭拒绝,也未被扣留。如果说曾在和将来由于拒绝和扣留而保存在它们的原始时间状态中的话,当前却可说是脱出了原始时间状态了。一定的,否则怎会"当前"呢?当前被"放出来"了。海德格尔把本真的当前叫作即刻、瞬间、刹那(Augenblick),而这刹那始终包括在曾在将来之中。那就是说,本真的当前是无此时的。那它就不会是原始时间状态的一维。而是无论哪些维,若要开放,就得有借之开放的公开场。如果我们愿意使用"维"的通常意义,那么当前就是唯一的一维,是把将来和曾在分隔开来却又使它们相互贴紧的地平线。有了这一维,无论什么维都只能相邻、紧邻,而不能合一。

那么,本真时间究竟是一维、三维、四维,或 n 维?在既分隔又带近的公开场开辟之前,谈得上维度吗?但竟谈得上开辟"之前"吗?"原始的时间性曾在将来而最先唤醒当前。"①怎么讲这个"最先"呢?还有比这个"最先"更先的。那就是未被唤醒的沉睡。

第三节 到 时

时间三样式,将来、曾在和当前,组成一个统一的现象。

此在分析已经把烦界定为生存论环节的统一。但海德格尔说这种统一只被提了出来。"烦的结构的原始统一性在于时间性。"②要说明烦的统一性,必须依赖于对时间性的统一性的解说。不消说,这种统一不是拼接。按海德格尔对时间的提法,将来、曾在和当前是不可能"随时间之流"组合为一的。

上节表明,将来、曾在、当前分别显示出"向(自身)"、"回到"和"让照面或寓于"这些现象性。据海德格尔,这些现象性质把时间性公开为 ekstasis。这个希腊词的对应德文是 Ekstase;我译为"绽出"。时间性的三维被称作三种"绽出(状态)";时间性的统一即是三种绽出的统一。于是,我们必须通过绽出,而不是通过对固定属性的描述,来了解时间性。

从词源考察,Ekstase 最初是说"站出",从而引出"出离"、"出离

---

① 《存在与时间》,第 329 页。
② 同上书,第 327 页。

自身";从而又转义为"出神"、"忘己","忘机",现在这个词则多指"狂喜"。海德格尔自己是这样解释的:"这里所讲的绽出、出离自身在某种程度上也是一种 raptus（绽破,狂喜）。这意味着并非此在逐一行经向它照面的将来的事物,相反,这种行经倒是经过由时间性本身的 raptus 所敞开的路径的。"①

要进一步把准 Ekstase,有必要提出海德格尔的另一用语"Entrückung"。这个词在现代德文和 Ekstase 差不多,也是出神、激狂。词根却不尽相同:移开,带走。我译为"放浪",取"放浪于形骸之外"的意思,同时也能大致涵盖 Entrückung 从古到今的意义联系。海德格尔自己解释说:"任何放浪都内在地是开敞的。这样一种公开性……属于绽出。"②

绽出与放浪讲的都是敞开,即公开场的开辟。时间性何以开辟公开场,《存在与时间》讲得不够。上节后半插入《时间与存在》的一段,庶几可加以弥补。我们确实也注意到,《存在与时间》提"时间性"而《时间与存在》提"时间"。这两者不是一回事,因为海德格尔设计从时间性转向时间。然而,从时间性三样式和时间三维的一致性来看,海德格尔并未按原设计发展。时间性与时间的异同本身尚难确定,不足据以立论。按笔者的理解,原始的时间状态谈不上三维;维性是属于绽出的。

绽出与放浪近义。但海德格尔有时也对二者作细致的区别:"绽出不简简单单地是向某某放浪,绽出还包含有放浪的某种'何所向'。"③由此,海德格尔提出绽出中所包含的地平线结构。将来、曾

---

① 《从莱布尼茨出发论逻辑的形而上学原理》,第 265 页。这也就把绽出与公开场联系起来了。
② 《现象学的基本问题》,第 378 页。
③ 《存在与时间》,第 365 页。

在和当前这三种绽出样式"各具一条地平线,而这些地平线是由 raptus 即放浪的样式先行规定了的。"①海德格尔所讲的绽出样式受到康德格式论的影响,绽出样式也被叫作地平线格式(horizontale Schema)。

绽出标志着时间性。"时间性是原始的自在自为的出离自身本身。"②按上一节的描述,原始时间状态是借公开场的开辟出离自身的。"自在自为"不是海德格尔常用的,在这里增添了几分重量。时间性在其出离中是自在的。曾在被拒绝作为当前,将来在到来之际有所扣留不发:原始时间状态虽然借空场敞开了,却并不消亡在空场中。这出离又是自为的,没有任何外在力量造成这出离。不仅如此,时间性是出离自身"本身"。海德格尔解释说:"时间性并非先是一存在者,而后才从自身走出来。"(第329页)时间性是出离自身"本身",因为它只有在出离自身中有这个自身。因此绽出就有"时间开始"之意。在绽出之前不曾先有一个时间性自身,那会等于说在时间之前有时间。Zeitlichkeit 原本即可以译为"时间状态"又可以译为"时间性"。无论译为何者,"原始的时间性"或"原始的时间状态"这样的用语究竟何所指还是很含糊的。如果指的是时间由之绽出的状态,它就落入这里讲的悖论。把它改为"原始存在状态"也无补于事。反正很难讲"在时间之前"这样的话。然而,为什么不只讲"出离"而讲出离"自身"? 如果出离总是从某处出离,从某种东西出离,那么还会有一种没有时间的存在状态,在那里没有曾在将来之别,而只有"永恒的重演"吗?

为了避免降低到这类存在者状态的层次上,海德格尔断定:"时

---

① 《现象学的基本问题》,第428页。
② 《存在与时间》,第329页。下面四段引文也出自该书,随正文标出页码,不另立脚注。

间性不存在,而是到时。"只有存在者才存在,而"时间性根本不'是'存在者"(第328页)。这和不能讲存在"存在"的道理是一样的。固然,我们实际上免不了说:"时间性是什么什么","存在是如何如何的。"其中有一番道理,但海德格尔告诉我们,这番道理"只有等澄清了一般存在与'是'的观念之后才能使人理解"。(第328页)那么,我们且遵命按下这个问题不谈。

译为"到时"的德文词是 Zeitigung。词典上举的例子说一个计划到时候了,或一棵果树成熟了。说"时间性到时"却有些费解。不过,海德格尔偏爱这种形式。Die Welt weltet, Das Ding dingt, Das Ereignis ereignet, Die Sprache spricht。何以偏不说 Das Sein ist 呢?因为 ist 是属于存在者的,而存在、时间等等,不是存在者。

说时间性到时,是为了避免说时间性"ist"。其中又含有这样的意思:时间性是一种动态,像礼花一样,它只在绽出中有自身。将来、曾在和当前这三种绽出交互伸达,形成一条统一的地平线。原始时间性虽是个统一体,但在每一特定情况下都可以首要地从某种绽出方式得到规定。与"为自己之故"在生存结构中的首要地位相应,首要的绽出是将来。"原始而本真的时间性的首要现象是将来"。(第329页)

我们知道,本真的将来是有终的。既然原始时间性首要地由将来得到规定,原始时间性本身也是有终的。或问:如果我自己不再有此,时间就不再前行了吗? 海德格尔答说,这种问法把流俗时间观念与原始时间性混为一谈了。原始时间性不是一道均匀流逝的长河,此在也不是随之前行的一样东西,会在某个时间点死掉,停止,被抛出时间。用这种流俗方式理解的时间当然不顾任何个别此在的存亡永远向前流去。在原始时间性的讨论中,将来的有终性说的不是一种停止,而是一种到时:

> 我们存在,这回事固然不是绝对必然的。人自然可能根本不存在。确实有过人不曾存在的时间。但严格讲来,我们不能说,有过人不曾在的时间。在任何时间中人都曾在、现在、将在,因为只有当人存在时间才到时。……不是因为人从永恒来到永恒去,而是因为时间不是永恒,因为时间向来只作为人的历史的此在才到时成为时间。①

时间到时形成了一条地平线。以客观化方式得到揭示的存在者总已经把世界设定为前提,就仿佛所有物体都生长在一条地平线上而它们的根系则穿过这地平线扎在作为可能性的世界之中。客观化方式达不到地平线的那一边。"世界是超越的。"这条地平线仿佛随着客观化的推进而移动。"就仿佛说,无论一个客体能如何'在外',世界总'更在其外'。"②但世界却并非隐藏在地平线的那一边,既然存在者从世界方面来照面,"世界必定已经以绽出方式展开了。"(第366页)

可以看出,到时、绽出和放浪的意义与超越紧紧相连。世界本然是超越的,而不是从一个先已成形的实物世界越出来。实物世界倒是这个超越世界的客观化。作为实物世界所从出的原始状态,这时间性的"超越的世界比一切可能的'客体''更客观'。"(第366页)

但为什么超越的世界被称为"时间性的超越世界"?世界并不是先已存在而又永远隐藏在地平线另一边的东西。世内事物随此在时间性的到时而成其为世内事物,而世界本身却恰恰在世内事物非世界化的同时成其为世界,成其为世内事物的根据。"世界在时间性中

---

① 《形而上学导论》,第90页。
② 《存在与时间》,第366页。以下至本节末引文也出自该书,随正文标出页码,不另立脚注。

到时。世界随着诸绽出的'出离自己'而'在此'。"(第365页)

然而这样一来,海德格尔似乎就把一切一切都说成是同时到时的了。那么,本真状态的原始性又怎么讲呢?

第四节　从此在的时间性到世界时间

"时间性到时,并使它自身的种种可能方式到时。……尤其是使本真生存和非本真生存作为基本可能性成为可能。"[①]这两种可能性如何到时?

将来是时间性的原本现象。时间性从将来到时。然而,此在通常沉沦着,而沉沦是与当前对应的。海德格尔解释说,"时间性并不总从本真的将来到时"。(第336页)。这并不是说时间性有时欠缺将来这个环节因而竟首先从当前到时。将来的到时会发生式变,日常生活从非本真的将来到时。为了从最本己的能在让自己回到自己,将来必须从非本真的将来赢得自己。但非本真的时间性从哪里来的呢?海德格尔坚持说来自本真的时间性。非本真生存也是时间性的一种确定的到时。

本真的时间性使本真生存成为可能,非本真的时间性使非本真的生存成为可能。这话轻巧得让人奇怪。但又不好把本真的时间性和非本真的时间性领会为原始时间性的两个方面,因为原始的时间性就是本真的时间性。本真问题在此在论里引起的麻烦不仅未在时间论中澄清,反而愈演愈烈。

无论如何,海德格尔对此在时间性的具体阐述是从非本真的时

[①] 《存在与时间》,第328页。本节引文均出自该书,引文随正文标出页码,不另立脚注。

间性起论的。在沉沦中,生存仍从将来到时;也就是说,此在仍领先于自己存在。它"从它所烦忙之事的结果或无果方面期备能在",所以说,"非本真的将来具有期备的性质"。(第337页)此在既从烦忙之事的可能成果与失败方面能在,它就必须烦忙着寓于日常活动。只因此在遗忘了自己,此在才会这样眷留于非此在式的存在者。非本真的时间性虽是从将来到时的,最后却把当前突出为首要的了。

在结算、计划、防患于未然这些日常烦忙活动中,此在常说到"而后"、"现在"、"当时"。这些词所道出就是非本真时间整体的结构。这些词所提示的内涵是:"某事发生的时候,就该做某某事了。"例如说,"而后,太阳出来的时候,就该下地了。""而后,……之时"这些语词起着定期作用。

定期与通常所说的时间有密切的关系。可定期性是烦忙所及的时间的第一个本质环节。但所烦忙之事,例如下地,是被定期之事,而不是定期。我们不可能从世内存在者那里拿到"而后之时"这一结构。那么是什么使定期可能?

"因为时间性以绽出为地平线的方式组建着此之疏明,所以它原始地在此之中总已经是可释解的从而是熟知的。"(第408页)是此在本身携带着定期结构。

此在不仅随着时间性的绽出而进入生存,而且此的澄明还需要一条地平线。此在在这条地平线上与事物相遇。此在不是被事物照明的。光源也不来自地平线下。即使说地平线下有着原始的时间状态,那里的一切也隐没在黑暗里。我们已知道,烦使此在自身洞开而又明亮,并从使其它一切被照明,使一切能被看见和具有。今烦的统一性既来源于时间,所以海德格尔可以说"绽出的时间性原始地使此疏明"。这不仅因为时间性在绽出之际造成了一条地平线那样的东西;而且,由于这条地平线在绽出中形成,它从来就是有破绽的。我们或许可以说,地平线下一团漆黑而地平线上光芒耀目,而只有在这破绽之中,在光和黑暗相入之间,才有被照亮的状态。而此在之此就是时间性绽出之处。时间性只有在此在中到时。既然时间性非到时就没有其自身,那么时间性就是此在。所以海德格尔才能有"此在作为时间性"(第205页)这样的提法。

此在之此也被理解为此在生存的何所在,即世界。现在,着眼于此在与时间性的关系,海德格尔断言:

> 世界之所以可能的生存论时间性条件(也)在于时间性作为绽出的统一性具有某种像一条地平线那样的东西。(第365页)

译为"条件"的是 Bedingen。海德格尔在使用这个词时总着眼于它的字面结构"使成为——物"。时间性使世界可能从地平线绽出,同时世界的内容也就异世界而成其为物。

像在讨论超越时一样,时间性的讨论又把此在、时间性、世界都弄成一回事。只不过从解释的形式顺序上看,则应是从时间性到此在,从此在到世界。"只要此在到时,也就有一个世界存在。"(第365页)然后再从世界到世内存在者。

在超越讨论中已提示世内事物也许在某种意义上"早就存在"了。但这个"早就"一定是流俗观念。按海德格尔的时间论,一切的一切,包括世内存在者,都是同时到时的。

海德格尔以他自己的方式证明了此在不能从世内存在者那里获取时间。此在之所以能定期,因为此在本身即具有甚或即是时间性。但这却并不意味着此在向来本真地领会着自己的时间性。明明是定期结构使世内存在者能被定期,但由于定期总是对世内事物定期,结果倒仿佛定期结构是属于世内事物的。把这虚实两面概括起来,

"'现在'、'而后'和'当时'的可定期性乃是时间性的绽出法理的反照"。(第408页)定期结构通过其反照沟通了时间性与我们通常所说的时间,它"表明'现在'、'而后'和'当时'来自时间性而它本身就是时间。"(第408页)

《存在与时间》为时间概念提供过数种形式上的定义。这里我们见到海德格尔的时间定义之一。此外他也使用加引号的"时间"以强调其为沉沦中的时间,虽然时间与"时间"的区别始终不大清楚。一般说来,"时间"非本真的时间性到时。由于时间性是时间的源头,所以时间性也被称作"原始时间"。

这里的定义显然有所欠缺。至少,通常所领会到的时间的绵延未能在这一定义中得到反映。海德格尔通过进一步的分析来弥补这一欠缺。

我们被告知,在非本真生存中,"而后"被领会为"现在还没"或"直到那时"。期备活动在"现在"和"而后"两点之间。这两点之间的一段持续或绵延表明自身为时间。当然,只因为此在领会到自己的延展,所以才能把时间领会为绵延。

在定期结构中,不仅是烦忙之事被定期,借以定期的也是烦忙所及的世内事物。例如,在"而后,日出之时,就该下地了"这话里,"烦忙所及的'而后'就由这日出来定期。"(第412页)太阳提供了自然的时间长度——日。太阳行经天空的不同位置及其有规则的重复,提供了借以划分上午、中午、下午等时段的坐标。

定期所借的世内存在者对人人都是一样的;从而这种活动所确定的时间就是一种公共时间,而不是个别此在的时间。譬如,人人都说"现在",而这个"现在"对每个人有不同含义,但这些含义要由对人人都一样的公共时间来衡量。时间变成了"给定在那里"的东西。

这段话可以产生一种印象:个别此在先有某种私有时间,然后通过确定公认的定期物而形成公共时间。海德格尔选定的用语 Veröffentlichen（公众化，公共化）更加强了这种印象。但海德格尔却坚持说："时间的公共化不是事后发生的。"（第 411 页）他的确必须坚持，因为，如果此在从一开头就是共在，就不该先有一种私有时间而后才把它公共化。不过，这大概只证明海德格尔的两种提法互相矛盾。于是他追加说：虽然时间从来是公共化的，但"时间的'真正的'公共化是在计时中到时的。"（第 411—412 页，第 414 页）但他仍然没有告诉我们如何区别"真正的"公共化和"非真正的"公共化。共在在此在论中就未得展开，在时间论里则更是难以自圆其说。

人人都依照公共化了的时间调整自己，也指望别人这样做。这就要求有一种公共可用的尺度测量时间。古时就发明出日晷，直发展到当代的钟表。人造钟表所要通达的是借"自然钟表"揭示出来时间，所以它必须依后者进行调整。不过，在人造钟表这里，量度的固定性和重复性更突出了。一段时间变成了某个时间单位的重复。而"量度的稳定必须随时对人人都现成存在。"（第 417 页）此在在计时中于是着眼于现成事物来解释所烦忙的时间。时间性凝结在当前中，"时间随时对人人都作为'现在、现在、现在'来照面。"（第 407 页）随着钟表的不断改进，时间越来越珍贵。不仅人人都要更精确地按照公共时间来安排时间，而且规定时间的程序本身也要尽量少费时间。然而，此在只顾愈来愈精确地计算时间而从未从存在论上领会时间。

> 这种可以"普遍地"借钟表通达的时间仿佛一种现成的多重现在那样摆在那里。（第 417 页）

> 时间测量从本质上必然只说现在；在这样一种时间测量中，赢得了尺度，却仿佛忘记了要被测量的东西本身，结果除了段与

数而外什么也找不到了。(第418页)

然而,时间却不在钟表里。拿日晷来说,影子和等分的轨道都不是时间本身,它们的空间关系也不是。此在对时间的计算先于钟表之类计时工具的使用。从钟表上识读时间仍然是一种定期活动。现在是几点几时,其内容仍然是:从现在到某时已有或还有多少时候,或现在是作某件事情的时候了。有的时候合适,有的不合适。时间"根本上具有'是其时'(Zeit zu)或'非其时'(Unzeit für)的性质。"(第414页)

中文"时候"一词实已提示着时间的这一层性质。我们说:"是时候了",就是说时机到了。实际上,说某件事情某个做法有"时间性",也即有个时机对不对的问题。而德文词 zeitlich 和 temporal 则都意指"暂时性的"。反正,海德格尔跳过了这些饶有趣味的线索,立即联系到世内事物的用向方面。是其时或非其时中用向的联系使公共化的时间公开出意蕴来。

> 意蕴组建着世界之为世界。公共化的时间作为"是其时"本质上具有一种世界性质。所以我们把在时间性到时之际使自己公共化的时间称为世界时间。(第414页)

"世界时间随着世界的展开而公共化",其结果是沉沦的此在把世内存在者领会为"在时间中"来照面的。(第419页)公共时间本来就是世内事物在其中照面的那一时间。相应地,非此在式的存在者被称为"时间内的存在者"。虽然严格说来,这类存在者不具有时间性。至于动物的存在是否以及如何由时间组建则还是个未被解决的问题。固然,在烦忙活动中,每一物都配有它的时间。该物之所以

"有"时间,因为它根本就"在时间中"。以这种在时间中被配有时间的方式所具有的时间被规定为时间内性质或时间内状态。时间内状态是从此在的时间性"生长"出来的。但有时,时间内状态也被说成是"同等原始的"。

海德格尔为"世界时间"提供了一系列界说。从形式上说,世界时间与世界是平列的。世界时间也属于时间绽出为地平线的法理;它也具有超越性;它也比一切可能的客体"更客观",因为它是世内存在者之所以可能的条件;它也比一切可能的主体"更主观",因为它一道使烦成为可能。一句话,"世界结构的诸本质关联都与公共时间联系在一起"。(第414页)不过,在这些一般性的界说下,海德格尔没有提供多少内容。而且,时间、原始时间、世界时间、公共时间和时间内状态诸项的关系相当混乱。我们从可定期入手进到用以定期的自然事物终至在钟表计数中反映出来的现成时间。在这一旅程中,"计算时间这种行为是基本的"。(第404页)因为只有通过计时才能道明为什么实物会在时间中存在,"时间'给定'在那里。众人计算时间。"(第411页)

计时是一种沉沦的共在。通过这种共在,时间才真正地公共化。而公共时间与世界时间常用作同义语。所以我们终究不知道,究竟是世界时间是时间公共化的基础,抑或公共化带来世界时间。两种主张各可以在文本里找到支持。

在存在论讨论中,随时都碰得上"先"、"已经"、"原始",以及诸如此类的提法,随时碰得上时间问题。把时间问题专门提出来放到存在论的层次上来研究一番,实在很有必要。但海德格尔的生存论存在论与传统存在论南辕北辙,他自然也就不能套用传统的时间论。他必须重新考虑时间问题。但并非时间现象已经摆清楚了,所需的只是重新解释。一切深入的重新解释都要求重新经验。习惯了的解释恰恰使我们不再细心察看现象本身。

海德格尔时间论中的提法,如我们已见到的,与通常的提法往往正相反对。关于时间的流行反思有很多原经不起推敲,不足据以评判海德格尔立论的是非。但若海德格尔的时间论果真是基于真实时间现象的经验,并由此提出了正当的清楚的解释,那么,无论它显得多么怪异,他都应能从他所讲的原始时间打开一条通道来说明我们通常理解的时间。海德格尔自己也认为说明流俗时间观念的发生这件工作对检验他自己的时间论具有决定意义。

从本节介绍的基本概念之间的关系混乱来判断,海德格尔的检验工作从原则上来说是失败的。考证家同意,《存在与时间》的这一部分具有草稿的性质。这是该书的读者都觉得到的。不仅写的潦草,想得也潦草。但还不仅是潦草,且有基本构架的扭曲。混乱的症结,在于世内事物的时间性和本真非本真时间性的区分。

本真问题引起的麻烦,我们别处有议论,这里只提一点。海德格尔从本真的烦即决断起论而提出本真的时间性。但他很快又被逼回此在的日常状态重新起论。他辩解说这是因为安排表述的次序之难。但我看,这是因为原始时间性并无本真非本真之别。更无非本真时间源出本真时间这回事。所以,根本不应当从决断引出时间性,而应像海德格尔自己承诺的那样,在时间论中仍然坚持从日常状态起论,而日常状态则又必须理解为对本真非本真无别的状态。时间在本真生存和非本真生存中同时到时。只因为属于同一个时间性,本真生存才能与非本真相区别而肯定自身。但若真接受这种提法,此在论中的本真论就得相应做根本的改造了。

第五节　时间与原始

　　海德格尔评断,西方的时间理论,从亚里士多德经黑格尔至柏格森,不论有多少变化,其本质是相同的。这一本质可以用两个特点标识出来:1)时间现象的系统讨论都放在自然哲学里。在那里,时间空间并列为自然过程的规定性。2)时间被理解为现在时间点或时间段的连续。海德格尔有时指出康德为唯一的例外,并引以为自己的前驱,因为在康德那里,时间是主体的基本组建环节之一,并通过地平线格式使客体的客观性成为可能。

　　笔者很难同意海德格尔的评断。尤其是柏格森的时间理论,海德格尔显然是带着成见去读的。不过时间问题的确至今仍是一个难题,窥其门径者稀,更不必谈识其堂奥了。海德格尔显然感觉到时间性中的某种东西,但他对时间问题的表达,远不如人意。看看他用的那堆词吧。时间性,本真的时间性,本真而原始的时间性,原始时间,本真时间,存在论上的时间,还有诸如此类,说的都是同一个东西。不加辨识地混用一大堆词来标识同一个概念,这不仅仅提示出行文的潦草和风格的笨拙;这还透露出确有所觉而不知其确之际尝试解释的窘迫,就像一个孩子看见一个怪物之后试图让深表怀疑的伙伴相信。未见其确,难以细加形容,于是搬出一个又一个名称来叫那怪物。但有一点海德格尔确知,他所觉到的与"流俗时间所领悟的时间"绝不是一回事。

　　海德格尔的时间理论可以分两个方面来考察。第一方面是时间理论本身。这里要问的主要是海德格尔的理论是否以及在何种程度上为我们了解时间结构作出了贡献以及它与主要的时间理论的关系如何。这方面所提供的材料远不能让人满足。海德格尔仿佛大致在谈时间意识而不是时间本身的结构。当他谈到时间结构的时候，各种提法往往潦草混乱。例如，我们甚至不知道时间性究竟具有一条地平线还是三条。他有时说，时间性作为绽出的统一性具有一条地平线。因为时间性被认作统一生存论诸环节的力量，一条统一的地平线这种提法是极为关键的。但是他有时又说，绽出的地平线在将来曾在和当前三种绽出样式中各个不同。那么就须要进一步了解这三条不同的地平线本身如何统一。但是他又说，绽出的地平线是统一的，但其格式不同。那么问题就是地平线如何统一其诸格式。又例如即使我们能够吞下此在即为时间性同时又本身具有时间性这样的结论，我们仍不清楚世内事物是如何具有时间性的。是否此在天然携带着时间性，世内事物则原无时间性，只有在向此在照面时得到了此在的时间性的投射？抑或此在单单就是时间性而事物则什么都有惟独缺少时间性而在两者相结合之际使事物具有了时间性？又例如，时间性、时间、"时间"、公共时间、世界时间、世内时间状态等等概念之间的联络几乎是一团糟，我们究竟也不知世界时间到底是原始地到时的还是此在在钟表工具的使用和时间计算中约定的。当然，最最根本的问题还是时间性究竟为什么以及如何到时。

第二个方面是海德格尔时间论与其准备性的此在论的联系。这是海德格尔时间论的主要方面。在这方面，我们可以举出一些比较明显的问题来。

1. 原始时间性通过此在到时。这涉及到对此在的理解。时间性的这一提法使澄清此在与我的关系的任务更加突出了。

2. 烦本是自在自为的，何以还要来源于时间性或任何其他什么。

3. 本真问题的麻烦从此在论带入了时间论，已如上述。

4. 将来一直得到强调。但在《存在与时间》里最先启发本真生存的是畏，而畏作为一种情绪对应于被抛状态这一生存论环节，被抛状态则又对应于时间三维中的曾在。海德格尔确实也说畏源自将来，然而畏如何一下子又源于将来则很难索解。

5.海德格尔端出时间性，是要借时间性来解释生存论诸环节如何可能统一于烦。这一任务是否完成，是一切问题中的首要者。下文将集中于这个问题。

据海德格尔，时间性奠定了烦，以及此在、世界、世界时间以及其他一切一切。此在等等都是随着时间性到时而一道展开的。但时间性并非先在某种原始状态中存在好了，而后在某个时候到时。"先在原始状态中存在"这话已经得靠时间性来说明。如果竟说得上时间性存在，那它就是在到时之际存在。但另一个困难又在等着：如果时间性没有"先于"到时的存在，我们就无法就时间性本身来了解和描述它。我们只能借时间性使之到时的东西来理解时间性。我们注意到，海德格尔虽然信誓旦旦地坚持一切都要由时间性来说明，实际上却始终以此在结构说明时间性。

时间性的出场本身即借助于先行的决断。端出原始时间性以后，海德格尔提出进一步的任务：从时间性出发重新解释此在的日常存在，借此扬弃此在的准备性分析似乎具有的任意性和自明性。反过来，时间性也将在此在的一切本质结构那里得到验证。然而我们在这是读到的却往往只是用时间性术语把从前讲过的内容重新讲述一遍。例如在第 68 节"一般展开状态的时间性"中，海德格尔把筹划与决断中的先行现象与将来现象联系起来。而这关于"将来"所发的议论，句句都可以在准备性的此在分析中找到。生存论环节如领会被说成不仅从将来到时而且也向来是"曾在的当前"。那么时间性的三样式就应该统一于领会。关于其他生存论环节也都有类似的讲法。上文所提到的关于地平线统一问题的混乱，也使我们怀疑"烦的统一奠基于时间性的统一"这一论断。就我们所见到的，时间性的统一性始终没有超出烦的统一性，反倒是处处根据此在论中对烦的统一的断论。实际上，就在特地讨论时间性奠定烦的统一的文本里，我们读到将来格式"即是"为此在自己之故，被抛"标识着"曾在的地平线结构，而"为某某之故"则"规定着"当前的地平线结构。时间结构实则一直是由此在结构来规定的。无论海德格尔如何一再宣称"从时间性出发来解释"，这首先还只能表示他的愿望。问题只在于他实际上是用什么解释什么，用什么规定什么。

用不够原始的东西来解释原始的东西，这原是无可奈何的。否则，为什么在分析时间性之前要有一篇"准备性分析"呢？从源头入手是不可能的。黑格尔的《逻辑学》从纯存在开端同时他又申明真理是一个圆圈，从任何范畴开始都是可能的。海德格尔要从日常状态入手，不失为一个好设想。从日常状态回溯到源头。如果源头真是源头，如果我们不再能用"先于"源头的东西来说明源头，我们就被迫用"晚于"它的东西来说明它。因为离开了源自源头之物，源头就不成其为源头了。

这道理应当是明显的。所以，即使一心想着存在，却还是要说"存在总是存在者的存在"，而且最后得从存在者中挑出一种来论。固然可以说着眼于存在来论存在者。不论这个"着眼于"如何解释，这条路总还比从源头开始来得像些。相应地，"时间性之为地平线"就该被领会为"着眼于时间性来论某某"。如果是这样，时间性总是到时者的时间性。时间性本身就没有什么原始的到时结构。实际上，原始的将来、曾在和当前这些结构环节是由此在的生存结构来解说的。而这所以可能，则因为此在的生存结构已经包含着"先行""已经"这些时间因素，时间性在此在论里已经是一条地平线。而把"先于""已经"这些话集中起来转用"将来""曾在"这些话来讨论，我们是把此在的时间性结构当作专题来研究。专题化在海德格尔看来是一种派生的存在方式,好讲源头的海德格尔当然不愿采用我这里建议的说法。殊不知专题化确实是派生的,但它却可能提供更原始的洞见,虽然它像任何其它方法一样不能提供源头。专题化自流俗见解派生,却可以起调整流俗见解的作用。只有在这个意义上,我们才或许会承认海德格尔的时间论虽然从他的此在论派生,却仍然可以提供出更原始的地平线来。我们原有可能从时间性的专题分析中更深入地洞见"而后"、"先"、"已经"这些提法的意义。

不过,看来海德格尔还没有能够深入到时间性中找到立足点来深化他的此在分析。此在生存的内容没有从时间性地平线上重新展现,而只是被搬到时间性诸提法的构架之内。他所提出的时间性结构倒确实在此在的各本质的结构中得到了验证,但这只因为时间性结构大致不过是诸存在结构的平行结构,而并不包括更丰富的内容。他确实赋予时间以很不寻常的意义,但这些意义仍是生存论已提供的意义,没有组成新构架,所以也不提供新的解释力量。

是否应当从此在的生存来建立时间性结构,这本身并不是不成问题的。但我们总可以期望这条途径可以澄清某些问题。例如我们如何从原始的时间领会达到原始的时间。例如说明人的时间性结构与事物的时间结构的同异。但海德格尔却又一下子退回到此在论的论断,把世界与此在等同起来,把世内事物的本真存在及其可能本真地具有的时间性一笔抹掉。

更糟糕的是,海德格尔一面重复此在论的内容,一面却又不承认他在这样做。他以为他在奠基。这种意想妨碍了对现象真相的摸索,妨碍了专题化提供出更富生气"更原始"的洞见。他忙着奠基,每过十行重复一遍说此在或世界或定期或时间或公共时间或本真时间性或非本真时间性或本真或非本真的生存源自时间性。论断代替了考察。结果一切都在时间性到时之际到时因而都是同样原始的,甚至包括"时间内状态"在内。然而,有差别的语言是唯一有意义的语言。

不过以上这一番分析批评却不是要掩盖海德格尔时间分析的价值。笔者引征海德格尔论及时间的著述,梳理其思路,当然是希望读者能受到启发。仅就海德格尔之提出时间问题的处所,他已经作出了重要的贡献。

在传统中,存在被领会为在场,在场被领会为现在,现在被领会为组成时间序列的现实单元。存在与时间——时间与存在。揭示出西方哲学的主体,即存在论实根系于某种未明言也尚未深究的时间论,这在哲学学术意义上,据我看,是海德格尔对西方哲学的主要贡献之一。他的主要著作题为"存在与时间"可不是心血来潮。存在一向被认为与变易相对,超脱于时间而永恒的。海德格尔把存在与时间联系起来。但不是简简单单地把存在放入时间之流。存在通过此在展开,此在则具有时间性或即是时间性。此在是有限的。今后,海德格尔还进一步提出存在本身的时间性和有限性。时间问题作为专题自《存在与时间》以后很久不见于海德格尔的著述,直到1962年的《时间与存在》。然而,在真理讨论中、存在讨论中,艺术和语言的讨论中,时间问题始终起着杠杆作用。海德格尔也一再申明这一点。不过分地说,梳理存在与时间的盘根错节,构成了海德格尔思想的主体。这一论断可由《存在与时间》的结束语印证:

> 对存在有所开展的领会对此在来说究竟如何是可能的?回到领会着存在的此在的原始存在法理是否能为这一问题赢得答案?此在整体性的生存论存在论法理根据于时间性。因此,必定是绽出的时间性本身的一种原始到时方式使对一般存在的绽出的筹划成为可能。如何对时间性的这一到时样式加以解释?

从原始时间到存在的意义,有路可循吗?时间本身是否公开自己即为存在的地平线?[①]

第六节　空　间

我们已经介绍和讨论了海德格尔时间论的主体。本章最后两节将分别论述两个与时间性直接有关的课题:空间与历史。

科学和哲学通常都把时间和空间并提。但在海德格尔那里,空间始终是被当作较次一级的课题来处理的——此在的空间性奠基于时间,另一方面则使世内空间或空间展开成为可能。传统存在论是无根的存在论,它由于缺乏原始性而特别从空间出发来规定存在,虽然表面上经常见到的是时空对偶并提。

这一点海德格尔举出近代哲学的奠基人笛卡尔为证。在笛卡尔的存在论里,extensio(广延)被明确地当作世界的基本规定。一切物体的根本属性是长高宽三向度上的广延,物体的其他属性如形相、运动等都必须从广延得到理解,而没有形相与运动的广延却仍是可理解的。由于运动单单由广延规定,一切运动都成了单纯位移及叠加。至于硬度、重量、颜色这些所谓第二级性质的规定性,则不是物体本身所必需的;如果这些性质存在,那么它们就一样须得从广延得到规定。认识世界于是也就是掌握其广延。唯一适合这一任务的就是数学－物理学的认识。笛卡尔特别倚重于数学即由此而来。至于与硬度、颜色这些性质打交道的感觉则根本不足信任,因为它们只接触世界的外表。可见,笛卡尔以及以他为代表的传统存在论连同出自这种存在论的认识论都是从广延(空间性)出发的。这适足使存在

---

① 《存在与时间》,第 437 页。

论掩盖了存在的真相。

> 把 extensio 设为"世界"的基本规定性有其现象上的道理,虽说我们即使回溯到这种规定性并不就能从存在论上理解世界的空间性以及在周围世界中来照面的存在者的首先得到揭示的空间性,更不说此在本身的空间性了。①

在海德格尔的基础存在论范围内,空间必须由此在的空间性来说明,而此在的空间性则源自时间性。至于空间性如何具体源出于时间性,海德格尔只有一些零星的讲法。此在、世界、因缘整体等既然都只有在时间性的地平线上才能得到理解,那么次一级的空间自然只有通过时间性才是可能的。时间性既然通过此在之此,通过此在的"这里"到时,时间于是也就与此在所在的某个处所联系起来。时间计量既然因为空间尺度对人人都均等有效而采用空间尺度,时间于是与用以定期的事物的处所联系起来。

像处理生存论的其它内容一样,空间源自时间性这一步是后补的,其阐论相当粗略。而且,在其晚期所著的《时间与存在》中,海德格尔否认了人的空间性来自时间性的提法。② 本节因此集中在海德格尔对此在的空间性本身的讨论上。

上一章讨论"在世界之中"时已讲解了"in"(在某某事物之中)的特定含义:此在之在某种东西之中,有别于事物之在某种容器之内。"之中"首先不是一种空间关系,而是居留、熟悉、照料、烦忙、领会等等。由于世内存在者不具有"在之中"的性质,所以一切空间性的提

---

① 《存在与时间》,第 101 页。
② 参见《时间与存在》,第 24 页。

法都不适于它们。例如：严格讲来，两件物体是不可能互相"接触"的，即使它们之间的间隙等于零。事物如何在空间之中的方式须完全由此在的空间性来说明。

此在烦忙于世内存在者。世内存在者作为用具上到手头。"上到手头"已提示出一种近便。近便还不就指空间距离之小，而是指与烦忙活动之切近。有的东西远在天边却又近在眼前。同时，用具又是从确定的方向上到手头的。近便与方向标识出用具的位置。由位置的相互联络所构成的场地就是上手事物的空间性。并非先有三维空间而后这空间被物充满。场地先于三维空间，维性还掩藏在事物的空间里。"上面"还不是一维，而是指"房顶那里"，下面则指"地板那里"，等等。事物之空间性首先是由烦忙寻视而不是由空间测量来确定来标识的。

我们或许会觉得，海德格尔似乎在描述人怎样开始揭示空间而不是阐述空间发生的存在论次序。不过，海德格尔马上指出，烦忙还不仅首先揭示空间，而且"位置本身是由烦忙寻视指派给上手事物的"。例如，由于人们日常利用太阳的光和热（太阳因此首先作为用具照面！），而太阳也就根据这种利用的不断变化而有其位置，如日出、日落等等。位置与场地本来由于熟悉而不触目。唯当烦忙活动中断之际，它们才突入眼帘，当我们在一特定位置上没碰上我们原会碰上的东西，场地才变得明确起来。这一段描述与用具如何突入眼帘的描述完全相同。

此在由于其本身具有空间性，因此才能让世内存在者在空间中照面。而此在只要实际在世就必定给出空间。空间本来是随着世内事物一道来照面的，这样的空间还不是纯粹空间。只有当内世事物异世界化而成为现成事物，单质的自然空间才显现出来。

海德格尔的空间论包含的实质不多，在海德格尔生存论中的地位也很含混。我们被告知说,空间不一定具有世内存在者的存在方式,但它也不具有此在式的存在方式,同时,它更不是想象出来的东西。我们终究不知道空间以何种方式存在。能够确定的一点是,空间的存在论地位不高。

> 在空间现象中所能找到的世内存在者的存在规定性不是其首要的存在论规定性:既不是唯一首要的,也不是诸首要规定性之一。世界现象就更不是由空间组建起来的了。……只不过,既然就此在在世的基本状况来看,此在本身的空间性是本质性的,所以空间也参与组建世界。①

海德格尔这样贬低空间的存在论地位显然与他攻击传统存在论的立场相一致。但在学理上,这样贬低就未见能讲得通了。此在要跃入生存的诸种基本可能性,第一要务就是"给予存在者整体以空间",空间在存在论上的重要性是明显的。海德格尔的诸种基本概念如超越、公开场、近邻、地平线等等,无不天然地含有空间意义。其实,所有涉及时间性的词如"前"、"后"、"长"、"短"莫不同时具有空间意义。语词的含义广泛地由空间含义统治着,这被海德格尔称作"众所周知的现象"。② 恐怕海德格尔正是因为空间含义这样日常而把它划入了沉沦的范围,而他在介绍自己的概念如世界、在之中、超越等等时总不忘提醒他不是在空间意义上使用这些概念。

问题当然在于,他实际上是否躲得开这些概念的空间意义。仅举公开场为例,我们将见到他多么经常使用空间形象。说话的人跳

---

① 《存在与时间》,第 113 页。
② 同上书,第 369 页。

不开语词本有的意义。于是,要问的倒是:为什么语言由空间含义统治着?海德格尔回答说,时间性本质上沉沦着,并从而失落在当前、现在。这一答又把我们带到海德格尔生存论存在论的整体问题面前来了:时间性(此在)为什么一到时就"沉沦"?为什么沉沦总是沉沦到"现在"之中?为什么沉沦到现在(当前)就让空间统治了?莫非空间就是现在的真正奥秘?对这些问题,前几节特别是第二节后半已作出不少提示。但是这里仍无能把这些提示展开。

海德格尔空间理论的枢要在于强调位置和处所对物理空间的优先地位。在这一点上,他认为他的主张是与希腊思想一致的:"希腊人没有指称'空间'的词……因为他们不是从广延而是从处所(Ort, topos)来领会空间性的东西。"[①]我们看到,在《存在与时间》里,位置和处所全是由此在的定向及此在与事物的距离来说明的。后来,随着海德格尔思想倾向的转变,对位置和处所的提法也有改变。"处所属于事物本身。个别的事物各有各的处所。"[②]最后,随着存在本身的时间性和有限性这一思想发展,海德格尔又提出了存在的拓扑学或说存在的场所论(Topologie des Seins)。不过,即使在后期的《时间与存在》里,他仍未给予空间问题以足够的重视,那里对 Zeitraum(时——间)的讨论也仍浅尝辄止。

第七节 历史性

根据海德格尔对时间性的理解,生命整体就不能被设想为一条轨道,由此在从头跑到底,仿佛只有此在所在的某个中间点是现实的

---

① 《形而上学导论》,第70页。
② 同上。

现在,从前不再现实,将来尚未现实。此在本身就是时间性,就是延展本身。此在生存着向来已经把诞生和死亡包括在它的存在中了,而此在作为烦,其本身就是"之间"(Zwischen)。

以这种时间论起论,此在的存在就可叫作"演历"。不是完成了的此在去经历去体验种种完成了的事物。此在始终在发生之中,在演历之中。这又是说,此在且只有此在是历史性的。这几重意思,都由 Geschehen 一词囊括起来。Geschehen 通常译作"发生",变化为集合名词 Geschichte 就是"历史"。我们译 Geschehen 为"演历",以反映其与"历史"的联系。

这样理解的"演历"和"历史"不是历史学的对象。报导一事物的源起流传并不使该事物成为历史的。关于过去的报道恰恰把历史静止下来而弄成对象。"真正的历史是一种演历。历史的追问是追问仍在演历的东西,即使这种东西表面上已经过去了。"[1]历史的基本现象先于任何对象化和专题化。本真的历史性只能靠本真的时间照明。要从时间性理解历史性,则只能走生存论现象学的道路。现象学要求我们针对流俗的历史领会去其掩蔽以使历史的存在论真相现象。

海德格尔于是考察了人们对历史的种种讲法。一种常见的意见是把历史当作过去之事,与现在已经无关。例如人们说:"这事已成历史了。"但也可以既把历史当作过去之事又强调它与当今的关联。例如人们也说"我们不能脱离历史"。历史虽然过去了,却仍有后果、效力。于是,历史又指人类变化发展的整体,较早的事件影响着甚至决定着较后的事件。那么,历史的东西就不仅规定着当前,而且在当前规定着将来。在这种意义上,人们甚至也讲事物的历史,例如天体

---

[1] 《追问物的问题》,第 42 页。

史、生物史、自然史。不过,虽说这样理解的历史与当前与将来都关系甚密,"历史"仍侧重于过去的方面。

  这些流俗的历史观对我们理解"历史"概念有什么帮助呢?海德格尔举出博物馆里的一件古董为例。它显然不只是过去的,因为它明明摆在眼前。那么在何种意义上称它是"历史的"呢?不是由于它乃是考古学或方志学的对象。因为它必须首先是历史的,才会成为这类对象。也许这件古董上面有着某种过去的东西,它已经变化了,与从前不同了。但它在被收藏在博物馆里的期间也仍在变化着。而且古董上面究竟是什么过去了?用具性?它们曾是用具而现在则不能用了。即使还可以用手摇纺车纺出布来,纺车仍然已成为历史。是什么过去了?"无非是那个它们曾在其内来照面的世界"——用具器物曾在一个用具整体中来照面,曾属于一个世界,曾被在那个世界中的此在使用,而"那世界不再存在"。① 虽然一度在那个世界内的世内存在者还现成存在着。但世界怎能不存在呢?世界只能以此在的方式生存,而此在实际存在着,要让世界过去,此在就必须"过去"。但我们已知道,"此在从不可能过去的。"因为此在根本不现成放在这里,所以不可能像现成事物那样过去。

  在存在论的严格意义上,不再生存的此在不是过去了,而是曾在此。仍还现成摆在这里的古董具有过去性质和历史性质,其根据在于它们以用具方式属于并出自曾在此的此在的一个曾在世界。曾在此的此在才是原本具有历史性的东西。然而……是否此在只在曾在此的此在这一意义上才是曾在的此在,抑或

---

① 《存在与时间》,第380页。

它作为有所唤上前来的将来的此在而是曾在的?①

　　这段引文最后提出的选择题,后一选显然是正确答案。此在既是将来的当前的,又是曾在的。但问题仍然是,历史为什么首先从过去方面得到理解呢? 这还得回到生存论所讲的本真状态即决断来谈。

　　我们知道,本真的此在决断着向死筹划自身。但所筹划的种种实际可能性却不可能从死中取得。它们必须从此在已被抛入的世界获取。决断作为被抛的决断承受遗业,并从这一遗业中开展其本真的生存活动。固然,在遗传下来的东西里含有无穷无尽的权宜之计,但先达于死的本真生存却能排除一切偶然的选择,把自身从这形形色色的权宜之计扯回而带入命运的单纯境界之中。本真此在就是命运(Schicksal)。

　　显然"命运"一词在这里被赋予崇高的意义。非本真的此在一忽儿为幸运而喜一忽儿为厄运而悲,自己没有决断而只是被事故困扰推拥着。这种人谈不上有命运。而横心向死已做选择之人,无论幸运迎来还是厄命扑来,始终单纯如一,承担其有限性而展开其在世。此古人所谓"死生无变于己,而况利害之端乎"。

　　在此在的被抛中,它始终是与他人共在的。此在的演历因此也始终是共同演历。共同体的演历,民族的演历,被称为天命(Geschick)。天命不是个别命运的集合,倒是个人的命运事先受到天命的引导。此在与它的同代人共承天命并从而有其完整的本真演历。②

---

① 《存在与时间》,第 380—381 页。
② Geschick 和 Geschichte 的联系,将在第八章详细讨论。

本真的此在先行到死并以撞碎在死上的方式反抛回其曾在，把传统中的可能性承担到自己的当今时代上。此在的这样一种本真的到时使得本真的历史性成为可能。此在即使糊里糊涂也背负着传统。但此在可能明确地从承传下来的此在之领悟中取得筹划自身的可能性。这样明确地有所决断地承传生存的可能性被称作重演（Wiederholung）。重演是曾在的本真样式，指此在以其生存的将来回到其曾在状态，直回到开端的伟大处。历史的开端却不是历史学所能说明的。倒不是因为考古发掘还不够。"对原始历史的知并不是去发现原始物件和搜集骨片。"①开端是奥秘，而"历史知识的真实和伟大正系于对开端的神秘性质的领会。"②

　　重演并非要让过去之事重返，或让当前的事事都服从于以往的规范。另一方面，重演也不是要与过去作一番比较以突出当前的优越性从而声称时代的进步。复旧与进步对于当前的本真生存都是无关宏旨的。重演只在于诚实地与曾在此的生存可能性对答。重演自然包含着对曾在此的本真生存的敬畏，但这同时又是对自由生存所具有的唯一权威的敬畏，对生存可重演的诸种可能性的敬畏。这种自由的可能性包括承传、反对和放弃。因为此在从将来回到曾在而即处身于当下的处境之中，它就是在当下的处境中与曾在此的可能性对答。"只有当生存在决断的重演中命运使然地在当下向可能性敞开，这种可能性才会重返。"③

　　如果这样来理解历史性，就会发现历史的本质重心不在过去之事中，也不在过去与当今的联系中。"本真的演历源自此在的将来"，

---

① 《形而上学导论》，第 165 页。
② 同上书，第 164 页。
③ 《存在与时间》，第 391—392 页。下面三段引文也出自该书，随正文标出页码，不另立脚注。

而"本真的向死存在……是此在历史性的隐藏的根据。"(第386页)并非重演使此在具有历史,而是由于此在本然即具有时间性和历史性,它才可能以重演的方式在其历史性中把自己承担过来。

然而,如果历史性属于此在生存的本质,那么非本真的存在也一样具有历史性。日常此在首先和通常从它所烦忙之事来领会自己,于是也就从种种事物方面领会自己的历史。但是真正说来,只有此在是原始地具有历史的。不过,此在既然作为在世的存在而演历,那么历史就总是在世的演历。随着此在在世的演历,世内事物也就一道被收入世界的历史。用具、书籍、建筑、社会建制各有其历史。就连自然也有其历史。但自然的历史首先不是我们所说的"自然史";自然首先作为居住区、垦殖区、战场等等具有历史。所有这些随此在演历而具有历史的事物被统称为"世界历史事物"。不过"世界历史"这个词的含义往往是双重的;它既指首级的此在之历史,也指次级的事物之历史。这种混淆是因为流俗的历史理解首先从次级的世界历史来领会此在的历史。于是世界历史事物也首先从现成事物的来临、在场和消失得到经验和解释。

像其他科学一样,历史学研究也长期服从于占统治地位的世界观。不过,历史学与此在的演历还有一重格外的联系,因它恰恰把此在的历史性设为自己课题和对象。历史学的专题化把此在的历史性作为过去之事来研究。但历史学若要能够回到过去,通往过去的道路就必须敞开着。已经过去逝去消逝了的东西为何可能对当前敞开呢?只因为此在实际存在着就已经包含着它的曾在,只因为此在从不是一个现在的时间点而其本身就是延展。此在的曾在是与其当前一齐到时的。这再一次说明,历史学的可能性植根在此在的历史性和时间性之中。

博物馆里的古董仍没有过去。这并非因为它还现成摆在这里——多少还摆在这里的东西却早已经过去了;因为它所属的曾在此的世界与实际在此的此一齐到时。只是由于它事先就已经从其世内状态得到领会,它才成为历史学研究的材料。搜集、整理和确证历史学的材料,却已经把此在的历史存在设为前提了。而对于历史存在的本真领会就在于重演在此的种种本真可能性。那么,历史学的首要的对象就是向此在最本己的生存可能性筹划曾在此的此在。

然而,历史的全部意义不都在于确定曾在的事实吗？它怎么能首先把可能性作为自己的专题呢？但是,此在的"事实"就在于它向着能在筹划自身之际成为它自己。"事实上"曾在此的恰恰就是历史的此在借以规定它自己的种种生存状态上的可能性。这不是要求历史学胡编乱猜历史上仅仅可能发生的故事。曾在此的此在的存在本身就是可能性。历史学越是简单越是具体地表现曾在此的存在本身,它就越深入地表现出了凝聚在这一存在中的可能之事的力量。越是真切地把握住历史事物的一次性,就越有力地昭示出了历史的普遍性。

历史学之所以可能从曾在此的可能性方面把捉历史存在的事实,是因为历史学本身也是从将来到时的。

> 应当把什么"挑选"出来作为历史学的可能对象,这件事在此在历史性的生存状态上的实际选择中已经安排好了;而历史学恰恰在此在的历史性中才发源,并且只有在此在的历史性中才存在。(第395页)

这样的历史并不否认而恰恰保障了其本身的客观性。因为一门科学的客观性首先取决于它是否能使它所研究的存在者去其掩蔽从而在其存在的原始性中得到领会。这种去其掩蔽的具体方式则是多种多样的。一个仅仅从事于辑定历史资料的历史学家所作的工作可能特别由本真的历史性所规定。总结起来，可说：

> 历史学真理的可能性和结构要以历史生存的本真展开状态（真理）得到演示。但因为无论历史科学的各种分析所涉及的是其对象还是其处理方式，它们的基本概念都是生存概念，所以诸人文科学的理论都把对此在历史性的专题生存论解释作为前提。（第397页）

海德格尔忘不了把历史研究也还原到其生存论根基上去。不过，我以为海德格尔对历史及历史学的讨论比他的生存论尤其比他的一般时间论富有见地。其实，从本章首节的介绍中我们已知道，海德格尔的时间观本来就是从他对历史科学的思考中启发出来的。

我们有时真希望理论家们能在他们思索的具体所在多事停留，拿出些实实在在的见地来，而不要急于把这些见地放大成为不着边际的大一统概念。拿出具体的"一次性"可矣，教科书会从中整理出好多种普遍性的。

第五章 真 理

> （真理）就像死亡本身一样是不死的。
>
> 海德格尔：《哲学的终结与思的任务》

西方哲学自始把存在和真理相提并论。巴门尼德以其名言"存在和认识是一回事"开此先声。亚里士多德同时把哲学规定为真理和存在的科学。直至黑格尔，存在与真理的讨论仍密切交织，难分彼此。以存在为课题的海德格尔自不能忽视真理问题。实则他所关心的，始终是存在的真理，真理的存在。最早他追问存在的意义，而存在的意义就是存在的真理。真理问题在《存在与时间》中就是占有触目的位置。该书第13节特提出来预先例解"在世界之中"一语的就是"对世界的认识"。第29节至第33节讨论情绪、领会、解释、命题等，也与一般所谓认识论问题相应。第44节专辟出来讨论真理问题，一节的长度就占全书百分之五。《存在与时间》以后，真理愈发作为突出的课题受到关注。1930—1932年，海德格尔多次以"真理的本质"为题授课，其内容成为海德格尔中期真理论的核心。20世纪30年代中期以后，真理问题则在更深层次更入微处与存在问题交织在一起，乃至把存在与真理分开来介绍亦不可能。

《存在与时间》一书里关于认识和真理的讨论，我们已在此在篇中有一定了解。但鉴于真理问题的重要性，我们把这类讨论系统归到一处，放在本章第一节。第二节、第三节则以《真理的本质》为本分别讨论海德格尔真理论中的两个中心概念：公开场和奥秘，第四节讨论真理与存在和现象的关系，第五节、第六节分别介绍海氏对自然科学和人文科学的本质和方法提出的见解。最后一节是本章的总结。

第一节　认识与真理

海德格尔发现，传统哲学通常把对世界的认识当作在世现象的范本。甚至实践活动也是就其与理论活动的不同或相反而得到理解的。因而，他在着手阐论在世现象之际就特别注重对传统认识论的批判。传统认识论的主旨可说是把认识当成主体和客体之间的一种关系，而在这种关系中，具有认识能力施展认识活动的主体是主要的一方。这样提出的认识论显然为主观、主体、唯心论提供了强有力的支持。认识是主体的性质。但认识不像表情、体格那样是主体的外在性质，于是它被说成是内在的。结果，整个传统认识论就缠到认识主体如何从其内在范围抵达外在对象这一问题中去了。

在海德格尔看来，这个问题是个没有出口的死胡同。应对之方不是在这死胡同里乱闯，而是一开始就要理解到认识乃是"在世的一种存在方式"。此在从来不一上来就直观现成事物。此在首先烦忙于世界。只有烦忙活动发生某种残断，世内存在者才在其纯粹外观中照面，此在才把它作为现成事物、作为某种对象式事物从理论上加以考察。但理论也总已从操作中取得了某种着眼点。

此在并不是首先囚禁在内在范围内的认识主体。相反，

> 此在一向已经"在外"滞留于一向已被揭示的世界的前来照面的存在者处。……对被认识的东西的觉知也不是说先有出征

把捉然后带着赢获的猎物转回意识的"密室";而是:即使在觉知的收藏和保持中,认识着的此在依然作为此在而在外。①

只要此在存在,无论怎样存在,世界总已在它自身中这样那样地得到揭示了。明确的或纯粹的认识只是此在已有所视的存在方式的一种变式。当然,这种变式,"这种新的存在的可能性,可以独立地组织起来,可以成为任务,可以作为科学承担起对在世的领导。但是,认识并不首先创造出主体与一个世界的'commercium'(交往)……认知是此在植根于在世的一种样式。"(第63页)

可以看出,海德格尔并不否认有着传统认识论所讨论的那样一种认识。他否认的是这种认识的原始性。由于传统认识论切断了认识活动的源本,所以就落到死胡同里去兜圈子了。传统认识论强调"看"的优先地位,并用以概括各种感觉,往往又把"看"与"知"等同起来。海德格尔今所致力的,是找到一种比看更原始的知的方式。如何称呼这种方式呢?海德格尔建议仍沿用"看"的概括用法,但这只是为方便起见,而不是随同主张看的优先地位。生存本身包含着看,甚至可以说,此在即是看。这里所说的看不是肉眼的感知也不是看现成状态。看对应于疏明状态(Gelichtetheit)。在这一疏明状态中,看"让那个它可以通达的存在于其本身无所掩蔽地来临"。于是,"看"就泛指"任何通达存在者和存在的途径"。(第147页)疏明状态也即称为"疏明"(Gelichtung)。

指出一般所谓认识的派生性而提出更原始的知,这是一种颇富启发的努力。但全部问题都在于正面阐明那种更原始的知是什么样子的以及它如何能转变为明确的纯粹的知,否则就会只是把传统认

---

① 《存在与时间》,第62页。本节出自该文的引文随正文标出页码,不另立脚注。

识论遭遇的困境原封不动地推到一个"更原始的"范围内去。这一任务海德格尔是明了的。此在篇介绍了他关于情绪、关于上手状态的描述；这些描述中的一部分可以看成是建立一种新"认识论"的尝试。我们已知道，先于观望的认识是通过寻视（Umsicht）进行的。纯粹认识、纯直观在传统认识论中的优先地位与现成状态在传统存在论中的优先地位相对应。与此相反，寻视首先与上手事物打交道；而首先从世内上手的事物是用具而不是现成事物。对用具的使用最原始地揭示着用具之为用具，或用具性。使用却"不是盲目的，它有它自己的视之方式"即寻视。要知锤子，首先要用锤子来锤，而锤已经包含着寻视，包含着对锤子的理解。寻视这种先于认识的领会又总是与情绪一道发生的。至于情绪如何在具体使用活动中发挥其揭示作用，海德格尔谈得不多。大致说来，寻视特指对世内存在者的原始揭示，而情绪则直接透露出存在的消息。与上手事物的特点相适应，寻视着的领会以因缘整体为背景就用具的有所用（Um-zu）揭示该事物。某某事物作为某某事物明确地映入眼帘。通过这种原始的作为结构（Als-struktur）进行领会被称为解释（Auslegung）。

关于解释和一般领会的细致联系，待到第 6 节再谈。在《存在与时间》里，解释被明确地说成是领会的一种派生样式，而命题或判断则更是解释的派生样式。"必须先有可以道出的东西，道出命题才是可能的。"（第 149 页）命题不产生意义，它从领会汲取意义并因而具有意义。命题也不产生作为结构，而只是把作为结构明确化或模式化。海德格尔用一个例子来说明命题的确植根于领会和解释。逻辑不管不顾地把"锤子这物体具有重这一性质"设为"锤子重"这个句子的意义。其实在烦忙活动中"锤子重"这话可以在说"太重了，换一把"，或甚至一言不发地把不称手的锤子扔开。即使不道出命题，不一定就没有解释。这个例子像是开了日常语言分析的先河。

道出命题本身是此在揭示存在者的一种方式。它就存在者如何得到揭示把存在者传达出来。命题保存着被揭示状态。但命题一旦道出，就仿佛变成了一种世内存在者，可以接受下来，可以传说下去。但在命题里得到揭示的始终不是意义而是存在者本身，即使这存在者不在目力所及的近处。听取命题的此在仍然是向着得到揭示的存在者而不是向着"命题的意义"存在，只不过他已免于原始揭示的任务。"而只要这一揭示状态（作为某某东西的揭示状态）中贯彻着一种同现存的东西的联系，揭示状态（真理）本身也就成为现成东西（认知与物体）之间的一种现成联系了。"（第 225 页）而这种联系是真是伪，就要求证实。然而，是什么东西得到了证实呢？

设想某人背对墙壁说："墙上的画挂歪了。"他转过身来看见挂歪了的画。在这个寻常的例子之后海德格尔评说道：

> 什么东西由知觉得到了证明？那就是：命题中所指的东西（挂歪了的画）即是存在者本身。如此而已。……证实意味着，存在者在自我同一性中显示。证实是依据存在者的显示进行的。（第 218 页）

我既看不出海德格尔如何得出这些结论，也看不出这些结论有什么紧要。首先，证实并不一定是道听途说之后才被要求的。即使原始命题天然就进行揭示，其揭示的真伪深浅都可以一开头就成为问题。再则，如果命题一经道出就化为较少原始性的现成事物的话，那么也许只要缄口不言就能保证揭示（真理）的原始性啦。最后，命题如何"保存"被揭示状态？听取命题者又如何把这个被揭示状态据为己有？如果能从命题中取出揭示状态，听取命题以免于原始揭示倒不是件坏事。海德格尔不是举例的能手，他把早已想好的一套加到随便什么例子上去。在海德格尔那里,例子自己是不会说话的。

可以说,海德格尔在这里所要强调的只是:在通常所谓"证明"中,起揭示作用的命题和命题所及的东西双方都作为现成事物进入证明,于是证明成了证明两件现成事物的符合。

符合究竟指什么?两半虎符可以符合。16减10与6相符。相类的东西能相符,是就某方面而言相符合。知与物则非同类。它们肯定不相同。那么它们相似?哪方面相似?何况知应当如事物本身那样知它,仅仅相似还不够呢。

传统认识论于是把命题、判断解剖为判断之为实在的心理活动和判断的观念内容。那么,是心理活动还是观念内容与判断对象相符呢?问题徒然变得更加混乱,因为我们还得说明判断的心理活动是否以及如何与判断的观念内容相符。"退回到判断过程和判断内容的区分并不能把关于 adequatio(肖似,相符)的存在方式问题的讨论推向前进。它反倒摆明了:认识本身的存在方式的解释已经无法避免。"(第217页)

对符合论最基本的也是极简单的疑问是:当一种认识要去符合现实时,它如何知道现实是什么样子的呢?如果不知道,就无法去符合。如果知道,就不必再符合。如果曾知道,那就成了两种认识的符合。

"如果认识……确能与事情符合,……事情本身就必须如其本然地显现出来。"而要显现出来,就必须脱其掩蔽。也就是说,要有一种去蔽过程发生。而且,为了让认识或命题或判断去符合实情所必需的去蔽过程必须是一种独立于认识的、不同于认识的、先于认识的事物现象过程。这一去蔽过程不仅不是为了符合才发生的,更重要的是:去蔽不是发生在我们之外的存在者那里从而我们可以让自己的识知去与已经去蔽的存在者符合。假使是那样,如何在认识之前知道去蔽的存在者这个老问题就又回来了。去蔽是一种原始的演历，后来成为认识对象、认识者、认识活动的诸项这时都整体地活动在去蔽活动中。

如何领会和表述这一先于认识活动并即为认识活动的根基的去蔽，将成为海德格尔真理论的全部努力所在。

在《存在与时间》第44节的真理讨论中，海德格尔从对传统真理论的批判着手来铺展他自己的真理论。他把关于真理的传统看法归结为三点：1. 真理的处所是命题、判断。2. 真理的本质在于判断同它的对象符合。3. 这两种提法都始于亚里士多德。这三种看法如此根深蒂固，乃至倡导"哥白尼式转折"的康德也不免陷在其中。新康德派常声称符合论与康德哲学是不可调和的。其实，在《纯粹理性批判》中就可以找到这样的话："真理是认识同它的对象的符合，在这里是被公认的和设为前提的。"康德还进一步承认"真理或假象并不在被直观的对象里面，而是在思维的对象的判断里面。"①

我们已经看到海德格尔如何强烈地反对把命题判断当作真理的原始所在。他再三强调命题的派生性，强调命题归根到底要回溯到对存在者的揭示而不是自行产生意义。海德格尔认定他的看法与希腊的真理观是一致的。希腊人表示真理的就是一个具有剥夺性质的词：aletheia。这个 aletheia 从来不意味着认识的某种性质某种状态如正确无误之类，它"意味着这样那样得到揭示的存在者。"（第219页）相应的动词 alethenein 则指：把存在者从掩蔽状态中取出来让人在其无蔽状态中来看。被揭示了的东西与真实的东西原是一种，亚里士多德就通用 aletheia pragma（事物）和 phainomena（现象）。把 aletheia 译为"真理"，已经对希腊人的深刻洞见有所掩蔽。海德格

---

① 康德：《纯粹理性批判》，第二版，Hamburg-Meiner, 1956，第82页。

尔自己仍经常使用 Wahrheit（真理）这个词。不过他常把上面提到的这组希腊词译为 Entbergung 和 Entborgenheit，我们将相应地译为"去蔽"和"无蔽状态"。海德格尔认为，把 aletheia 译为 das Unverborgene，不但比译为"真理"在字面上更吻合，而且有助于从命题的正确与否这一派生问题深入到去蔽这一原始的真理现象。

真理首先指此在本身的展开。此在在世界中展开，在烦忙于各种存在者之际有所揭示。此在道出自身及随同被揭示的存在者而形成命题。得到揭示的状态本来是属于揭示活动的，但它首先从世内存在者方面摆出来，于是首先映入眼帘的总是真理的派生样式：命题或判断及其真理性。判断的正确性指导着对真理结构的解释，首先从世内存在者方面摆出来的东西仿佛就是最先最近的了，其实它们倒恰恰遮盖起真理的最先的源头。海德格尔认为这番阐释就摆明了传统真理概念的存在论谱系。

归结下来，我们就必须说：真理的原始处所不在命题判断之中，从而真理的本质也不是理知与事物的符合。这些提法违背了希腊人把真理理解为 aletheia 的洞见。把这些提法归源于亚里士多德只是由于没有弄懂他而形成的误解。

说一个命题是真的，就是说"它就存在者本身揭示存在者"。（第218页）命题，作为 logos，是让人看的一种方式。"'是真的'，这等于说：'是进行揭示的'。"（第219页）而有所揭示的存在是此在在世的一种存在方式。"在最原始的意义上，真理乃是此在的展开状态，而此在的展开状态包含有世内存在者的揭示状态。"在第一位的意义上，进行揭示的此在是真的。被揭示的东西只在第二位的意义上才是真的。就此在在此即在其展开状态中存在而言，应当说，"此在在真理中"。（第221页）

如果我们考虑到此在的两种基本存在方式，那么，更确切地说，当此在在最本己的能在中对它自己开展出来，即此在在其本真的展开状态中，有着最原始的真理现象。但此在也可以从世内事物和他人方面来领会自己。在这种领会中，"存在者虽被揭示，同时又被伪装；虽呈现，却是以假象的方式呈现。从前被揭示了的东西，同样又沉回伪装状态和掩蔽状态。"（第222页）由于此在在被抛的实际状态中本质上包含有掩蔽状态，因而，"此在在不真中"。显然，真和不真有赖于对本真和沉沦的解释。海德格尔断言，真和不真永远连在一起，乃至于"此在在真理中"这话原始地也是说"此在在不真中"。不过，真仍然具有决定性；此在展开到什么程度，决定着此在被封闭到何种程度，世内事物被揭示到什么程度，决定着它们被掩蔽到什么程度。这好像是说，没有真理的状态是浑浑噩噩的状态，在那里谈不上真或不真。可是海德格尔没有把他在这里的讲法与他本真论充分结合起来。

按照本真生存从沉沦中争得自身的公式，可以推想，事物总以某种方式得到揭示了。然而是以假象方式得到揭示的。所以，真理为争得自身而面对的并不是全然掩蔽的状态而总是假象和伪装。海德格尔讨论任何一个概念，总爱讲它不是什么什么，而较少讲它是什么。这里的讲法等于为这种否定方法的优势提供了"理论根据"："真理总要从存在者那里争而后得。……实际的揭示状态总仿佛是一种劫夺。"（第222页）我们这些不爱争夺的人或许会觉得实际上说明某种东西不是这个那个比说明它到底是什么要来得容易一些。

这一理论首先突出的一点是：真理等同于此在的开展。

> 唯当此在存在，方"有"真理。唯当此在存在，存在者才是被揭示被展开的，……牛顿定律，矛盾律以及无论什么真理才存在。此在根本不存在之前，任何真理都不曾在；此在根本不存在

之后,任何真理都将不在。……在牛顿定律被揭示之前,它们不是"真的"。……它们既不是真的也不是假的;这并不意味着这些定律所揭示的存在者以前不曾存在。……凭借这些定律,自在的存在者对于此在成为可通达的。存在者一旦得到揭示,它恰恰就显示为它从前已曾是的存在者,……"有永恒真理"这一原理……是一种空幻的主张。……真理本质上具有此在式的存在方式。(第 226—227 页)

这些话说得旗帜鲜明。因此它们也常被人引来印证海德格尔的主观主义。其实,若把真理归属于认识而认识总是人的认识,那么,一般真理论至少不比海德格尔更少主观主义。但同时,传统真理论和海德格尔的真理论又都不仅限于人。前者把真理当作认识的一种结果,结果一旦得出,就脱离了人,成为永久不移的了。而海德格尔则强调存在的真理从一开始就支配着人的认识。无论何种真理论,总要设定有真理存在。海德格尔就从这一点来了解真理对人的支配。

"我们"之所以把真理设为前提,乃因为……"我们"存在在真理中。……并非我们把"真理"设为前提:倒是唯有真理才……使我们能够以设定前提的方式来存在。(第 227—228 页)

海德格尔的基本想法是很简单的。此在只要存在着,它就这样那样地展开了。所以此在一定在真理中,也就是说,在某种展开状态中。说此在存在和说真理存在简直就是一回事。这种存在根本不是我们的选择,所以也没有什么主观任意的地方。"此在作为此在本身可曾何时自由决定过……它愿意进入'此在'或它不愿意进入'此在'?'本来'就不可能洞见到……为什么真理和此在必须存在。"(第228页)把这种想法贯彻下去,也就不可能有真正怀疑真理存在的,因为要怀疑就必须存在,也就是说,必须已这样那样展开了,必然已在真理中了。结果,怀疑论者只有靠自杀才能抹掉真理。

此在生就在真理中,这似乎与真理须争而后得这一命题相冲突。这就要提到另一面:此在只要存在,就不仅展开着,同时却也闭锁着。不止于此。此在首先和通常沉沦着,也就是说,此在首先和通常生存在不真中。海德格尔关于真理和不真的理论与本真和非本真两个概念交织在一起。两套提法有时竟就是一回事。例如,决断是此在的本真生存样式,而同时也就是"生存的原始真理"。正因为这两套提法的亲缘,"此在篇"对本真和非真的疑惑也就同样转移到真理论来。我们这里不再作详细讨论,而只提出一点请读者注意。一方面,非本真的认识似乎是一种后生的事情,是在道出命题之后可能发生的变质。但若人在有所领会之后闭口不言是否就可免于不真的危险了呢?不能。因为另一方面,此在原本就生活在不真之中。这两种不真的后一种要深刻得多。此在存在着就必已开展,但这种开展始终被不真渗透着。在这种原始状态中,简直就很难区别得出真与不真来了。而这一度中的真识,这一度中能辨别真与伪的,就是我们通常称为"智慧"者。有一点是肯定的,在这一度中,我们不讲符合,不求证明,却仍在求真。

第二节 真理与自由

1930—1932年间,海德格尔多次以"真理的本质"为题讲演。1943年,讲演稿以成文形式发表。

《论真理的本质》是海德格尔最重要的著作之一,虽然它很短,单行本只有薄薄二十来页。书的厚薄与书的分量毫无关系。海德格尔有一次说,读透一段《巴门尼德》,必会令人惭愧自己的图书馆,满装着厚厚的书,加起来还不如《巴门尼德》的一段话有分量。海德格尔本人或也有些惭愧。全集出了几十部,还在继续出着。固然这些书最初多半是讲课的讲稿,毕竟是海德格尔自己让把这些讲稿印成书籍的。一个思想家真有那么多值得发表出来的思想?

存在的真理,真理的存在。这个二而合一的课题贯穿于海德格尔的全部著述。不假于评释希腊思想家或其他思想家而独自己立言来系统阐释他的真理观,却唯有此篇。这就已证其重要了。

这篇文章对于研究海德格尔的"转折"也极为重要。因为此文在以紧凑系统的方式重述《存在与时间》的真理论的同时,又提出一些新讲法。这些讲法应能指示海德格尔思想的转变。不过,我们通常见到的是自 1943 年的初版及其后发表的诸版本而不是原样的讲义。海德格尔承认出版前曾对讲义作过修改。哪些提法是原有的,哪些是增改的,就成为海氏专家们关注的问题,希望借此来决定他的转折究竟发生在什么时间以及转折的幅度等等问题。不过,这不是本书所关切的。

海德格尔的评注家都注意到这篇文章的结构在他的著述中罕见地严谨整齐。同时,其行文也格外晦涩玄深。有鉴于此,本节及下一节将把这篇短文作为一个单独的课题一步步研讨下去。

文章伊始,海德格尔便申明此文所论的是真理的本质,而不是这样那样的特殊真理,诸如政治真理、科学真理、宗教真理之类。此文所寻问的,是"把任一'真理'标出为真理的东西"。[①]

---

① 《真理的本质》,第 177 页。下面两段引文也出自该文,随正文标出页码,不另立脚注。

听了这话,常识立刻笑其为弄玄,这种弄玄恰恰表白了所有哲学的荒诞不经。常识所要的是实际的真理,是一种能够廓清混乱意见混乱算计的标尺。好吧,我们就要实际的真理吧。但实际的真理也是真理,于是我们也仍必须知道什么是真理,什么把真理标为真理。结果我们还是要来求哲学立本质之言。

海德格尔虽然承认"常识自有它的必要性",(第178页)但就像对待常人、常态等等其他的"常",他在根本上不站在常识这一边。常识以它特有的自明性为武器捍卫其必要性,立于不败之地,"哲学永远驳不倒常识,因为常识聋得听不到哲学的语言"。(第178页)常识既聋且盲,哲学甚至懒得去与辩驳。再说,我们自己(这必是指哲学家啦)平时也就依常识办事,在"自明"的真理中过活。

常识与哲学之争,自柏拉图到尼采,无不谈及。给常识留一席地位,也算得是哲学家的常识了。但出自海德格尔,却算是格外的恩惠。海氏不像多数近代哲学家那样对普通人、普通人的生活和理解虚与委蛇。哲学苦思之余,他常把常识捎带上敲打几下。其挖苦之经常之刻薄与多数轻蔑常识的哲学家相比也算极端的。不过,所谓常识者,其实常常是些粗浅的哲学反思。例如,把物理解为属性的承担者,又例如,把真理理解为认识与事物的符合。常识本无定见,往往不过是哲学弄出一套浅薄的定见去充作常识,结果,既可以说常识拿了这套定见当自己的主张,也可以说在哲学的精致伪装下,其实只有常识而已。反正,是否被常识接受,终归不是判断理论真伪的标准。牛顿力学更近常识,却不因此比相对论更真。

把常识敲打了几句,海德格尔进入正文。正文共分九节。前三节,他讨论了把真理理解为认识与现实相符合的传统真理观。在这一讨论中,海德格尔力求抓住这一真理观暗中假定的条件。通过对这些条件的剖析,他进入第二部分,即第四节到第七节。这一部分是他自己对真理问题的看法,主要从此在与真理的关系入手。第八节是一个短短的总结,在这里海德格尔回过头来重论哲学,希望前面的讨论为哲学提供出新维度。第九节是一个补注。

第一节,海德格尔劈头先问什么叫真理。真理这个词一方面崇高动听,另一方面却又被用滥磨钝了。要说得简单些,真理就是使真东西之为真东西的那个真。我们知道,德文 Wahrheit 或英文 truth 都是形容词"真的"的抽象名词,译为"真"或"真相"也许比"真理"更贴切。虽然 Wahrheit 和 truth 确实常用来指道理之真,但字面本身并不特偏于道理、理性方面。中文的"理"原本也不关人的认识,而是指事物自有的纹理。在以下的讨论中,希望读者记取着"真理"的这一层面。

什么是真事物呢?我们说"真快乐",那是指纯粹实在的快乐。真金是实在的金子,与貌似金子的货色有别。然而纸币一类也是某种实实在在的东西,而且还能像真金一样流通。也许要区别真伪,最好的办法是主张真东西就是和我们事先意想的东西相符合的东西。把这个办法沿用到认识上来,我们就可以说一个命题之真就在于它与它所言及的事物相符合。只不过这回是反过来了:不是事物来符合意想,而是认识去符合事物。不管正着反着,反正"真的"就是有所符合的(das Stimmende)。

这正是传统真理观的主张:veritas est adäquatio rei et intellectus,真理是物和知的符合。这一命题通常解作:知对物的符合。但反过来解也并非不可能:物对知的符合。因为,知要去符合物,我们就必须对物有一适当的观念。物对知的符合这一提法还并非起源于康德的超验哲学;它植根在基督教神学信仰中。物即受造物首先必须符合上帝的意念,而后人的意念才必须符合于物。意念和观念与物是完全不同的东西,两者如何可能肖似或相符呢?上节提出过这个问题。今海德格尔确定,这种相符之所以可能,是因为人的意念也是受造物。人的意念和物两者都依据于上帝造世的同一设计,所以两者可能相符。今人所谓科学的真理论,其根据实在于中世纪神学中而又不自知。

即使当中世纪信仰被放弃后,造世的井井有条的设计仍被保留下来。世界理性(Weltvernunft)代替了上帝的位置,它的设计步步相合,无须外证就可以达到互相符合。这就是纯粹逻辑的真理。符合论始终统治一切。命题的不真被说成是与事物不符,事物的不真则是与其本质不符。不真因与真相不容而被排除在真理的本质之外。

无论何种符合论,说的都是一事物以另一事物为正而确立自身(Sichrichten nach),于是,真理之为符合也就等于说真理即是正确性(Richtigkeit)。如果一命题符合它所指的事物,该命题就是正确的,否则即是不正确的。人们以为正确性不言自明即是真理的本质,却始终无法搞清正确性何来。实则,人们的这种通常看法有赖于对存在的基本领会,例如把存在领会为上帝或理性的设计,以及相应地把人领会为理知的负荷者和施行者。

正确性垄断了真理论。即如笛卡尔,谈的虽是自明性与确定性,实则仍是正确性的一种变式。

在该文第二节,海德格尔从诘问"正确性"赖以成立的"符合"这一提法入手。他重复说,符合有多种意义。例如两个硬币相似,因此相符。但命题与其所指陈的事物却是全不相同的东西。所以,命题与事物的符合关系必定是一种特别的关系。这种关系,据海德格尔,就是表象关系。

这里所用的德文词是 vorstellen,这个词意思很多,从字面上看是"移到前面或摆到面前",在哲学书籍中多译为"观念"或"表象"。

在德国古典哲学中,表象思维一般被认为低于概念思维,因为它借助于形象而不直接陈明本质。海德格尔也贬低表象思维,但动因却很不同。他认为表象思维是与把原始存在者对象化相对应的。从用词上说,他同时意指"摆到面前"和"表象"两层意思:命题把它所关涉的物摆到面前,使它与主体相对而立成为对象(Gegenstand,对着站立),而主体这方面则形成对该对象的表象。"表象"和"对象"是海德格尔在批判传统认识论时所用的关键词。按海德格尔的见解,西方哲学始终把物理解为对象而取表象思维来认识世界。即如黑格尔,虽似反对表象思维甚力,实仍不能脱其窠臼。兼合两层意思的 Vorstellen 适足揭示传统物体观与传统的真理论的联系。所以,本书的读者须注意到海德格尔所讲的"表象"较多数德国哲学家有较广的外延,包括一切形而上学和科学思维方式在内。

存在者若要成为对象,它就必须一方面越过一片公开场而另一方面又保持着自我驻立,显现为它自己所是者。这片公开场的公开不是表象活动创造出来的,而是表象活动的前提,因为是这片公开场把表象和对象吸引到一起而发生牵涉、牵连、关联。

公开场是海德格尔真理论的核心。他使用很多不同的词语来标识这一公开场:das offene Stelle、das offene Entgegen,das Freie、die Gegnet、die offene Mitte,等等。这一组词的含义大同小异。因而下文多半只用"公开场"统称之。一般讲来,公开场与疏明之地、无蔽状态等也都是一回事。

作为海德格尔真理论的核心,公开场被千百次描述讲解,这些描述讲解或雷同,或相似,或不一致。我们且先选用《艺术作品的本源》中的一段比较流畅的描绘。

在存在者整体之中,有一片公开场本在(west)。一片疏明之地存在着。如果用存在者这样的话来想,这片疏明之地实比存在者还要更真切地存在着。因而,这片公开场不是被存在者环抱着,相反,这一使事物得以疏明的中心……环抱着一切存在者。……由于这片疏明之地,存在者才以种种不同的确定方式是去蔽了的。不过,也只有在疏明游动的空间之内,存在者才能是被掩蔽的。①

光源仿佛在事物中心而为事物所环抱。实则却是光环抱着它所照明的事物。一切事物都被圈进光所臻达的边界之内。说"一切事物",因为按海德格尔的说法,唯现象的、即在光照之内的事物才存在。于是公开场又被说成是环绕存在者整体的无。这样想来,无就与被掩蔽是一回事了。"唯站入和站出这一疏明开敞之域的东西,才作为存在者存在。"②而这些存在者,其去蔽程度不一,想来是因为离光源的远近不同之故吧。

存在者在这片公开场中公开自身,像它本身所是的那样显现出来。西方思想一直把这样的公开者③经验为在场者(das Anwesende),而在场者也就是存在者。存在者于在公开场中公开自身之际成其为存在者。

我们已经看到,不仅存在者驻立在公开场中,存在者向之公开者即此在也驻立在公开场中。这种驻立有种种不同的方式,取决于存在者的存在方式和对待存在者的方式。一切工作、行为、算计都必须在这公开场中才能展开,且而后才能被命题道出。所以命题总是从

---

① 《艺术作品的本源》,第 39—40 页。
② 同上书,第 40 页。
③ Das Offenbare,通常意为"明显的东西"、"显豁者",今译为"公开者"是为了与"公开场"保持一致。

如此这般公开的存在者那里领取指示的。"命题以存在者为正而确立自身。"① 如此确立起来的言说是正确的、真的,如此被说及的东西是正确的东西、真东西。

但公开的存在者之所以能为命题提供指示,是凭借了此在本身的公开性。既然任何正确性都依赖于此在得以公开的可能性,所以此在的公开驻立"就更原始地应被当作真理的本质存在"。(第185页)我们似乎又回到了《存在与时间》的论断:第一位真的,是此在的展开,随之得到揭示的存在者是第二位的真,命题之真则是派生出来的,排在第三位。

此在对存在者所取的公开态度决定了命题从何种方向领取指示,因而这种公开性是标准的先行给定(vorgaben)。命题若要依存在者确立自身,这种先行给定就必须已经把自己解放出来(Freigeben),投入公开场。此在必须向着公开者自由存在(Freisein)。正确性依赖于此在的公开性,而公开性又根系于自由,因此,在《真理的本质》第三节,海德格尔提出"真理的本质即是自由"。

这一命题,乍一听,的确新异,甚至令人迷惑不解。实际上这命题只是前面所论的明确化:没有此在就没有真理,而此在本身则是在超越中自由地来到自己本身。虽然《真理的本质》没有使用超越这个术语,"自由是真理的本质本身"(第186页)这一领会在讨论超越时却已经初露端倪。《存在与时间》、《根据的本质》和《真理的本质》的课题重点不同,海德格尔的基本思路却是相同的。无论他的提法有几分意思,他不是在主张真理全凭人的任性。那样的误解之所以可能,只因为人们误把自由当成了某种属于人占有的东西,当成了人的

---

① 《真理的本质》,第184页。下面两段引文也出自该文,随正文标出页码,不另立脚注。

属性。于是他在《真理的本质》第四节进而尝试澄清自由的本质。

像所有德国思想家一样，海德格尔绝不会把自由理解为不受节制任性妄为。而他又进一步指出，像康德那样把自由理解为自发性，理解为"从本身肇始的能力"也还不够。因为这种规定只是强调自由不能再从任何其他原因决定，所以还只停留在否定方面，却没有去正面规定本身性。我们知道，海德格尔是通过超越来规定本身性的。被超越的是存在者整体，其中恰恰包括以存在者身份生存着的此在。这个此在却不是此在本身，因为此在恰恰在超越自己之际有其本身。把这番辩证概括起来，就是"一切自发性都已奠定在本身性中，本身性则在于超越"。于是他得出结论："……超越即是自由本身"。① 自由不像自发性那样是与其他原因并列的根据。作为超越，自由是"所有根据的无根据。自由是面向根据的自由。"（第165页）在《真理的本质》里，自由则被领会为让存在者在公开场中如其所是的那样公开自身。"自由绽露自身为让存在者存在"。德文的 Seinlassen 与英文的 let it be 一样，有随它去不管它的意思。海德格尔申明他没有这样的意思。《根据的本质》里的一句话可作这里的注脚：只有当此在"闯入存在者，存在者才有可能公开自身"。（第159页）

超越、自由、世界威临、存在者整体与无相对而浮现、此在区别其本身和存在者整体从而能与存在者打交道、存在者作为存在者即如其所是的那样公开出来、存在者进入公开场、此在出离自身生存、存在者的去蔽、公开场的演历，等等，说的都是同一件事情。所不同者，在于原始性的侧重点有微妙的转移：从侧重此在偏向于侧重存在和去蔽本身。《根据的本质》说此在"闯入"（einberechen）存在者，而

---

① 《根据的本质》，第164页。下面两段引文也出自该文，随正文标出页码，不另立脚注。

《真理的本质》则说"任自己来到存在者中"(Sicheinlassen auf),用词的轻重也暗示着这种转变。不过,以上提到的诸项之间的关系还远不是已经明晰了的,这点我们本节末再谈。

《根据的本质》所讲的存在者整体的浮现和去蔽与《真理的本质》所讲的存在者进入公开场是一回事。因为存在者整体不是指所有存在者的总和,而是指特定存在者在公开之际所照明的整个环围。面向事情本身、让存在者如其本然地呈现、去其掩蔽而令真相透露,谁不希望这样的美事发生呢?然而,这事究竟怎样才发生?下一章将介绍海德格尔如何通过艺术作品来探讨这一发生。现在我们先集中于人、此在、公开场、去蔽与存在几者的基本关联。

就这些关联讲,要点似乎是:此在出离自身的生存(ek-sistieren)和存在者的去蔽是一回事。如果我们把自由理解为生存的超越,把真理理解为去蔽,那么,既可以说:"真理的本质是自由",也可以说"自由的本质是真理"。自由和公开场之一致,在德文原文中更易见出,因为 das Freie 本来就指自由的东西、开放的场所。

然而,更细致地阅读文本,就会发现与生存处于同一平面的真理指的往往是存在者状态上的真理:"通过出离自身的生存让自己进入公开场这回事,公开场的公开性亦即'此'乃作为它所是者存在。"[①] 在存在者的去蔽之前,真理似乎还有一种更原始的形态。这一点以后还要追究。但眼下也必须有此预期,才能明白海德格尔为什么会有"植根于真理的……生存"这样的提法。回到自由的本质,更确切地就应当说,"自由是正确性(真理的派生形态)的内在可能性的根据;而之所以如此,只因为自由从独一无二的本质性真理的更原始的

[①] 《真理的本质》,第189页。下面三段引文也出自该文,随正文标出页码,不另立脚注。

本质存在那里接受其自己的本质存在"。（第187页）

如果这样想下去，就应当说：公开场是第一位的，此在与事物则同为第二位并同时进入公开场，既然每一存在者也像此在一样仿佛随身携带着公开性进入公开场。但海德格尔又断言，当第一位思想家发问："存在者是什么"、即当无蔽状态首次被经历的时刻，也就是历史的人出离自己而生存这回事肇始的时刻，也就是存在者整体绽露自身为 physis（存在者）、绽露为升涌着临场的时刻。这一切同时发生。这同一个时间的"时间"，"其本身不可测度，却首次为一切尺度开敞出公开场，即，开敞出公开性"。（第190页）存在者整体以何种方式去蔽，从根本上决定着一个民族的历史方式；也就是说，决定着这个民族从此经验存在者的基本方式。"只有出离而生存的人是有历史性的。'自然'无历史"。（第190页）对海德格尔来说，历史就是去蔽的演历史。

若用一句话把本节的思想总结下来，那就是："无论以何种方式，人只能够表象先前从自身方面自身澄明了的东西，在其随之带来的光明中向人显示出了自身的东西。"①

若从理论结构上说，这里表述的真理论全系于澄清公开场（疏明之地）这个概念。因为后来变作认识主体、客体与认识关系的诸项必须在更原始的层次上物我无分地先行共同活动在这片公开场中。但若真要对公开场上演历着的事情有所述，就不得不把浑然不分的境界分开来述。困难总在于我们凡人——甚至包括哲学家——只能用不够原始的语言来讲述原始。我们也确实在海德格尔这里发现不少困难。

他先说，"让存在"是让存在者在公开场中如其所是地公开自身。

---

① 《物》，第43页。

他说,每一存在者仿佛随身带着公开性一道进入公开场。但他又说,存在者之存在在于"站入和站出"这片公开场。站出公开场的存在者和站入的有没有区别以及有什么区别呢?

《艺术作品的本源》里有一段描写所设想的物来照面的方式,大意是说,先要为物保留一片自由公开的园地(ein freies Feld),在这里要排除一切强行横入物我之间的障碍以使物无所伪饰地临场以直接显示其为物。这种设想海德格尔认为殊不可取。但它与海氏自己的设想相差几何呢?

相差在于海德格尔的"让存在者存在"根本上讲的还是此在"让它自己进入公开场及其公开性"①。是此在进入公开场的时候把事物也带进来公开了。公开的存在者之所以能为命题之类提供指示全由于此在本身的公开性。

可他一时却又用退行来代替"进入",说是由于此在从存在者那里退行,仿佛是留出了一席空地,于是存在者得以像它所是的那样公开出来。而表象的肖似也就好从这如其所是的存在者那里取得自己的准绳了。

或许"进入"、"退行"等都只是形象的讲法,不该多纠缠的。可这些不同的形象里确实有对真理演历的不同领会呀。去除了这些形象,怎么领会公开场呢?

或许,无论此在还是事物都不是自己进入公开场的。因为海德格尔一时又说:是存在本身把我们也把一切存在者都推入公开场,虽然存在自己抽身而去。如果是这样,又看不出为什么事物的公开靠的是此在的公开而不是相反了。既然自由是"让自己进入存在者如

---

① 《真理的本质》,第188页。下面两段引文也出自该文,随正文标出页码,不另立脚注。

其所是的去蔽",(第189页)那么此在的公开与事物的公开必须是一回事。可海德格尔总还抱定此在优先于事物的信念。

我们可能误解了,因为此在并不与人等同,更不是认识主体。让存在并不是人来让,是"作为让存在者存在的那一此在把人向他的'自由'解放出来。(第190页)此在之所以具有这种解放力量,因为——此在就是这疏明之地本身呀。可是,可是,那么此在进入公开场以及诸如此类的讲法不就都成了跟我们开玩笑吗?

在海德格尔的真理论,一切一切都系于疏明之地。到底是什么是这片疏明之地?

> 人是存在的疏明之地。
> 世界就是存在的疏明之地。
> 存在就是疏明之地本身。①

看来,人、世界、存在、无蔽、真理统统是一回事。

却还不然。人还必须先进入此在。"在此在之中(im Da-sein),有着本质根据地为人保留着,人就从这根据地出发而能够出离自身生存"。② 是此在把人向他的自由解放出来。只有自由才使人能够选择可能性、承担必然性,所以,并非人具有自由,毋宁说,"自由,即……有所去蔽的在此,占有着人"。③ 惟有自由才为人之为人(Menschentum)作担保。

如果在这样的层次上理解自由,自由就与存在和真理完全等同起来。从"真理的本质是自由"到"自由的本质是真理"两个命题就不

---

① 这三句引文都出自《关于人道主义的信》,分别出于第342、350、337页。
② 《真理的本质》,第189页。
③ 同上书,第190页。

再有进展，而是一个循环了。这个循环依旧绕在此在这一提法的死结里。

第三节　非　真

《真理的本质》第四节末段转向不真这一问题。

> 因为真理本质上是自由，因而历史的人在让存在者存在之际也可能不让存在者如其所是的那样存在。存在者被掩盖和歪曲。……真理的非本质得以呈现。但因为……自由不是人所占有的属性……真理的非本质所以就不会首先只由人的无能与疏忽而生。真理的非本质倒毋宁说来自真理的本质。①

自由是让存在者存在。让不让存在者存在这回事不是人能决定的。人只要生存就让存在者存在了。让存在者怎样存在，仍不是人能决定的，而是真理自己演历的"结果"。但另一方面，真理的历史演历是自由的，所以并不保证它让存在者如其所是的那样存在。而且，看起来，至少就真理在人类历史中的演历来说，它必会让存在者被掩盖被歪曲。

在题为"真理的本质"的第五节，海德格尔转而讨论 Stimmung。这个词我们在"此在篇"通常译为"情绪"并介绍了它的复杂含义。在这里，"定调"一义更得到强调。对存在者的揭示总是依某种调定的调子进行的。即使对某个特定存在者进行揭示，总也设定了对存

---

① 《真理的本质》，第 191 页。本节出自该文的引文随正文标出页码，不再另立脚注。

者整体的某种态度。海德格尔在这里再次强调存在者整体不等于所有存在者之和。相反,偏偏在鲜为人知的存在者那里,存在者整体的去蔽才尤具本质性。当代科学技术似乎无所不知,而恰恰是这种纯粹的知敉平了存在者的公开性,使它变得无关紧要甚至完全被遗忘。结果,恰恰在知识忙于揭示这一那一存在者时,在它让这一那一存在者存在时,存在者整体被掩蔽着。"'让存在'就其自身而言同时是一种掩蔽。"(第 193 页)

我们或许以为这里是说只见树不见林。但据说存在者整体的去蔽是个别存在者能得到揭示的前提,那怎可能在整体仍掩蔽之时有个别揭示呢?

第 6 节伊始,海德格尔就挑明,存在者整体的掩蔽不是知识残缺的结果。

> 存在者整体的被掩蔽状态,即本来的非真(eigentliche Unwahrheit),比任何这一那一存在者的开放都来得更古老。它也比"让存在"本身来得更古老……(第 193—194 页)

"让存在"在去蔽之际已与掩蔽相牵连,是什么保护着这种牵连?是"被掩蔽者整体的掩蔽,存在者之为存在者的掩蔽;亦即:奥秘(Geheimnis)"。(第 194 页)

不是这一秘密或那一秘密,而是这一整体性的奥秘"贯透着人的在此"。(第 194 页)

接下去,海德格尔陆续把奥秘与"本来的非真"、"真理的本来的非存在"(das eigentliche Un-wesen der Wahrheit)、"非无蔽状态"(Un-entborgenheit)等同起来。当既有所去蔽又有所掩蔽地"让存在"之际,"掩蔽现象是第一位被掩蔽的东西"。(第 194 页)

所有的海德格尔注释家都认为这些段落是极其晦涩难懂的。他自己也知道这些说法几乎必定显得不可索解。不过，对于知情者，这里所讲的非或不(un)实在是在谋求探入一个迄今未被经验过的领域，这领域首先属于存在的真理而不只是存在者的真理。

在思所面对的世界中，确有不少幽暗深闭的所在。我们今后会看到，海德格尔将愈来愈觉得存在的真理不断隐身而去。

有几点却是明白的：这里所谈的奥秘属于真理本身而不是人的无能造成的。这种原始的掩蔽不是对真理的掩蔽而是真理之能演历的条件。这层掩蔽是对被掩蔽者的保护因而才会有现象、显现这样的事情发生。由是，求真者不是要揭除这层掩蔽，也不可能揭除；求真者须记取这一掩蔽。

然而人们首先和通常却并不记取这一掩蔽。"人持身于可行的可控的事物中，即使事涉终极事物也是这样。"（第195页）通行事物当然也包含奇特难解之处，不过这些只是通往进一步理解的非本质性的中间站。本质性的奥秘则被遗忘。相应于这一遗忘，人用新近的需求和意图补齐他的世界。人们不断为自己提供这样那样的新标准，却不问这些标准的根据何在。由于疏离真正的根据，便只有人自己留下来作依据。而"他越是把自己这个主体取作一切存在者的标准，他就愈发误错"。（第196页）

这些现象的根源在于此在总与事物交关："此在不仅出离自身而生存(ek-sistiert)，而且它同时也坚持(insistiert)，即执拗于那似乎从本身并于本身公开的存在者所提供的东西。"（第196页）《存在与时间》讲生存：existieren，海德格尔把这个词分开为：ek-sistieren；而与它相反的 in-sistieren 今也得到强调。此在一方面超越存在者整体，一方面又始终寓于存在者之中。"坚持"所讲的，大致相当于沉沦寓世的现象。

趋向可行之事和背离奥秘是一回事。经奥秘而无视，一面去蔽而同时又掩蔽，这被称为迷误(das Irren, die Irre)。第 7 节即讨论不真之为迷误，以与不真之为原始掩蔽相别。海德格尔所说的迷误是从拉丁文 errare 来思考的，这词指浪游，游离正轨，迷路，错误。从一般的迷失到作基本决断时的冒失，都属迷误之列。通常所谓犯错误只是迷误的一种。至于哲学上说的判断之不真只是迷误中最浅薄的一种罢了。迷误首先是从生存论上来考虑的。

"迷误彻头彻尾地统治着人"。（第 197 页）为了标识这重本质性同时又与真理的原本的非本质相区别，海德格尔称迷误为"真理的原始本质的本质性的反本质(das wesentliche Gegenwesen)"。（第 197 页）

只由于"人永远行于迷误之中"，人才可能犯错误。但另一方面，只因为迷误总属于存在者如其所是的公开，属于此在本身的公开性，所以也只有人才会犯错误。

把前几页所讨论的概念从形式上勾连起来，可以得出一个大致的图样：

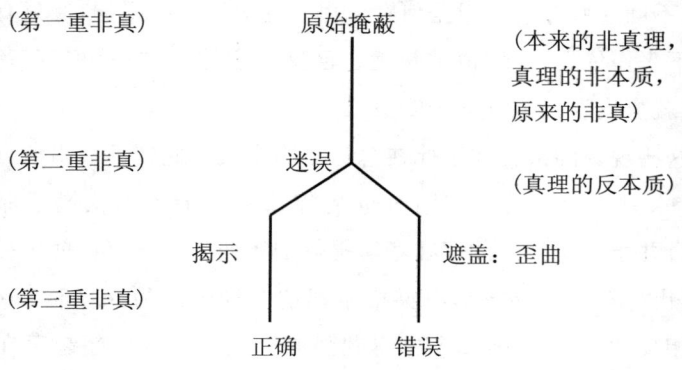

表上各项，包括真理的非本质和反本质，都属于真理的本质。正

确和错误则是派生的,不属于原始的真理本质。

在图表上,迷误处在关键处。一般认识论重视从揭示到正确的关联,海德格尔重视的则是揭示所暗含的双重掩蔽。人始终活动在迷误中;等于说,人一方面揭示着掩盖着,一方面始终为原始掩蔽驾驭着。

海德格尔关于非真的讲法总是格外难些。这也因为这一部分一般真理论谈得不多。在《存在与时间》里,他已经提出此在同时生存在真与不真二者之中,并强调不真属于真理的本质。但那里主要是就沉沦亦即真理的必然沉沦来谈不真的。现在,非真明确地分成三层。其一即原始的掩蔽或奥秘被赋以不仅最重要而且也极崇高的地位。其二即迷误也主要不是指示对存在者的任何揭示同时也可能对存在者有所遮盖和歪曲,而是直指揭示活动对奥秘本身的遗忘。所以,这两层不真又被说成是同一回事。

此外,遮盖和歪曲也是一种掩蔽(非真)。《艺术作品的本源》里谈到存在者的双重掩蔽。一重是拒绝(Versagen)。这时候我们关于存在者只能说"它存在着"。另一种掩蔽则是"存在者"互相争挤,这一个遮挡那一个,那一个则使这一个黯淡,少数堵塞多数,个别的否弃全体的。"在这里,存在者显现了,但却表现为它所不是的东西。"[①]这后一种被称为歪曲。若存在者不会歪曲存在者,我们也就不会把存在者弄错了。这两重掩蔽携手联袂,乃至我们从来吃不准到底哪个是哪个。无论如何,疏明之地不是一座帷幕高悬不落的舞台而存在者在其上演戏。"疏明只作为这双重的掩蔽而演历"[②]。第一重掩蔽指的是原始掩蔽或本真的非真,因为海德格尔接着指出拒

---

① 《艺术作品的本源》,第40页。
② 同上书,第41页。

绝是一切疏明的来源。第二重掩蔽则是从歪曲遮盖的方面来看迷误。

如果我们可以把这两重掩蔽分开来谈,则第一重掩蔽格外难懂。第二重掩蔽多少已经可以从"有光必有影"这类格言中有体会,而第一重掩蔽则直接联系着海德格尔关于存在的中心思想。愈到中心便愈艰难。人遗忘奥秘而迷误。由于"人永久远行于迷误之中",人才可能犯错误。但同时,迷误也创造出一种可能性,使人能够经验迷误。若能在这一经验中知晓迷误之为迷误,也就脱出了对奥秘的遗忘;"人若不悟错在此的奥秘,则可以不让自己误入歧途。"①我们知道,此在在让特定存在者如其所是那般存在之际掩蔽着存在者整体,这就是奥秘的遗忘。脱出奥秘的遗忘就是要让存在者整体如其所是的那样存在,而这事发生的条件是,"让存在者存在这回事时而被接受到其肇始的本质中"。(第 198 页)如果是这样,"向奥秘敞开的决断就上了路,通向迷误之为迷误"。(第 198 页)

人可以求得不误入歧途,就像"此在篇"中此在毕竟不一定是非本真的。但人不可能不迷误,犹如说本真生存仍是一种日常存在,是对日常存在有所掌握的存在。记取奥秘不是永久宁静,而是有所了悟地踏入人生的迷误。

但什么是让存在者存在的肇始的本质呢?这当然是奥秘。是存在本身。存在在放出存在者之际自己却隐遁了。这一思想将越来越明确地表述出来。这一肇始的本质同时也就是历史纪元的诸开端,因此它"时而"发生。海德格尔在这里未能发挥这一主题。他只是说,到这里,对真理本质的追问就更加深化了;到这里,真理的本质和

---

① 《真理的本质》,第 197 页。下面三段引文也出自该文,随正文标出页码,不另立脚注。

本质的真理纠结在一起。用更明确的话来说:真理的本质问题在这里引向到存在如何作为历史现象和演历,并且在这现象和演历之际自身隐遁。海德格尔接着指出,眼下所要思的,传统上一直以"存在者的存在"为题来思。而存在之思,一直被叫作哲学。于是,这篇以哲学和常识之争开场的文章到第 8 节又回到"真理问题和哲学"上来。

存在之思奠定着历史,妥善保存着存在者整体的真理结构。到底有几个人生着耳朵能听到存在之思的言语是无关紧要的。"能听得到的那些人决定着人在历史中的立足点。"(第 198 页)不过,哲学伊始,也就有了常识,有了诡辩俗智。俗智只看得到已经公开的存在者所具有的那些无可疑问之处,而把一切深思慎问当作对健康常识的攻击和挑衅。哲学确实与常识不合拍,因为它承认存在者整体的**掩蔽**,并不断把掩蔽的本质存在迫入理解的公开场,这就是迫入掩蔽的本己的真理。这样来思真理的本质就引向对本质的真理之思。海德格尔再一次强调,"在'本质'这一概念中,哲学所思的是存在",而绝不是思什么抽象共性。而存在,传统哲学一直把它作为存在者整体来思考。海德格尔暗示,仅仅思"存在者的存在",将无法透入眼下所须思的,反倒从根本上令人误入歧途。可以看出,本文所达到的最后步骤都不是结论,而是未得发展的提示,是通往新方向的诘问。这一新方向,从海德格尔此后的著作看,通往不断隐遁的存在本身。

《真理的本质》的最后一节即第 9 节是 1943 年加的一个注解。在这一注解里,海德格尔表明,在"本质的真理"一语中,本质是作为动词来理解的。真理则被理解为既开辟疏明之地又有所庇掩,而这正是存在(Seyn)的基本特征。存在在现象之际抽身。据海德格尔介绍,这些本来应由《真理的本质》的姊妹篇《本质的真理》来讨论。但由于他在 1930 年代初仍未摆脱传统形而上学的语言,续篇未能完成。然而已完成的这篇从正确性引向生存的自由,从自由引向真理之为掩蔽及真理之为迷误,这就为克服形而上学作出了关键性的贡献。

且不论克服形而上学。奥秘的提出,本身是强有力的,同时也指示出海德格尔存在讨论的一个新向度。如果能穿透僵硬的用语,"奥秘"所含的想法并非那样难解。

在疏明之地的开辟之前,在存在者显现之前,已经有着什么。固然,关于这个什么,几乎无法言明:不宜说它"存在",不宜说它"有",不宜说它是存在者,更不宜说它是无。因为一旦说到它,就已经把它作为某种已经去蔽、已经显现、已经存在着的存在者来说了。在把它去蔽的同时,即把它作为某个存在者来揭示的同时,也就把它本身掩盖起来。然而,疏明之地就必须在这原始的本在中开辟,人也是从其中绽出的。Ek-sistieren:从奥秘绽出;in-sistieren:进入世界而生存,在世。在世就是在存在者之中,就是行于公开了的存在者之中,而不是滞留在人和事物共同植根于其中的奥秘内。不再固着于根基所系之处而在林林总总的存在者之间行走,就是浪游。正确与错误,却是浪游之途上的标记,而不回指奥秘之根。回指奥秘之根,却不是要揭示奥秘——这揭示无非又把奥秘之为奥秘掩盖起来。要的是承认人的有限性,存在者的有限性,因为它们已经半脱出原始存在之基了。要的是承认奥秘,敬奉奥秘,把奥秘作为奥秘来保护。

一切都通过疏明之地,出自这最古老的奥秘。"存在抽身而去……就这样使存在者疏明,放它们到迷途中浪游。"①

存在者的显现就是存在的抽身隐退。还能叫它"存在"吗?叫它 Seyn 吧:用这个古老的德文词来提示这种存在的原始古老。反正它

---

① 《阿那克西曼德语论》,第 337 页。

不是指称"存在者存在着"这样一回事的那个存在(Seiendheit)。

让我们深入到这原始处寻此奥秘吧。"邻近源头处是一奥秘"①。并非永不呈现的是奥秘者。存在只有当它让存在者现象才会用这现象把自己掩庇起来而成为奥秘。"奥秘的不是神本身,而是神的显现。"②奥秘必与真理相属。但神之现象,却不能靠把神这不可知者从其掩蔽中扯出来。"我们永无法靠揭其面纱解其躯体以知奥秘;欲知奥秘,唯将奥秘作为奥秘守护"③。

玄之又玄,众妙之门。

第四节 存在、现象、真理

前两节的内容多取自《真理的本质》。本节将据晚几年成书的《形而上学导论》来继续讨论真理问题。

《形而上学导论》的第四章题为"存在的限制"。在这一章里,海德格尔指出,我们凡提到存在,就倾向于说:存在与某某,诸如存在与虚无,存在与思维等等。从哲学史上来看,存在与思维这一组对立是头等重要的。这种重要性又多少与这组对立的一个特点相关:别的对立双方似乎都直接从存在者方面来,而唯在存在与思维这一组,与存在对立的思维是不属于存在的、是与存在完全不同的东西;而存在不内在于思维,存在站在思维的对面由思维来思考判断解释和裁定。既然存在恰恰是在这组对立中才得到澄清、解释和判定,就无怪乎这组对立在以存在为一方的种种范畴对立中高标特立了。

这样讲存在与思维的关系当然不是海德格尔自己的理解。于是

---

① 《荷尔德林诗释》,第 24 页。
② 《人诗性地栖居……》,第 191 页。
③ 《荷尔德林诗释》,第 24 页。

他很快发难。上面那种讲法把思维当作人的一种能力,与欲望、意愿和感觉并列。那么何以在这种种能力中偏偏挑出思维来和存在对立呢？原因必须从思不同于其他能力的特点中来寻找。如何发现思的特点呢？据说,研究思的科学是逻辑学。Logik 这个词来自希腊词 logos。Logos 一开始却不是指逻辑学,也不是一般地指思维。于是人们发掘出 logos 的原本含义:讲话,言谈。但海德格尔考证说,这还不是 logos 的原义。Logos 像德文词 lesen 一样,其本义都是采集(Sammeln),指把一样东西与另一样东西放到一起而同时又把这一样与另一样相对崭露出来。海德格尔在引证了荷马和亚里士多德之后,特别提出赫拉克利特的残篇一、二,并对这两个残篇作一番解释。在赫拉克利特那里,logos 是和 physis 即希腊人所领会的存在结合在一起的。而我们还记得,海德格尔把 physis 理解为升腾的威能。我们不重述海氏释考的细节。总之他引出了这样的结论。

> Logos 是常驻的采集,是驻立于自身中的、存在者被集拢的状态,亦即:是存在。……physis 和 logos 是一回事。①

Logos 是采集,而不是堆积。一堆碎砖乱瓦,其中每一块都和其他一样。而"存在却包含着地位和主宰。"(第 141 页)采集包含着秩序和谐调,但这一谐调依主宰和地位而定的秩序,并非人人唾手可得。Logos 为真事物,而"真事物非为人人却只为强者而设"。(第 142 页)这样有所主宰的采集"把纷然杂陈与互相排斥的东西都扣入互相归属的状态中"。(第 142 页)在这样的采集中,纷然者不再杂

---

① 《形而上学导论》,第 139 页。以下至本节末引文也出自该书,随正文标出页码,不另立脚注。

陈，排斥者不再伤陨。Logos 由于有这种贯透一切、使万事丝丝入扣的品格，正与 physis 相同。

海德格尔从存在与思维回到 physis 和 logos，同时指出了后二者的原始统一。这是海德格尔的惯常手法。无论怎样枝杈横生，原系同根。所有希腊词好像都说的是同一个意思。困难当然又转过来：logos 又如何从存在分离出来，而且从此就规定着思维的本质而思维就一定要和存在相对而立呢？海德格尔援引巴门尼德来阐发这一问题。固然一般解释者认为 logos 单属于赫拉克利特的学说，而巴门尼德却是赫拉克利特的对立面。海德格尔却不以为然。这两位希腊思想家站在同一立足点上。对希腊思想的创始者来说，"除了站在存在者的存在之中，还能有什么其他立足点呢？"（第 145 页）

海德格尔从巴门尼德残篇五起论，这一句是人人都知道的，也是海德格尔最喜爱的一句话：

to gar auto noein estin te kai einai

这句话通常被译为："但思想与存在是同一的。"思想被当作主体的活动。所以这句话把存在变成主观的，从而巴门尼德成了康德的先驱，成了近代唯心论的有远见的预言者。海德格尔当然有一套独到的解释。

首先，noein 不是指理性或思维，而是指 Vernehmen。Vernehmen 这个德文词的字典意义大致有：听、觉、学、理解、询问调查。我们译为"感知"。海德格尔对这个词的说明则是：接受，让现象者、显现者来临，听取、询问证人以确立实际情况。这些意见合在一起就是：对自身显现者作好迎接的准备。迎接而非消极接受。例如敌我相逢,迎敌所说的就不是把敌人纳入我军,而是说阻敌,使敌驻停。据海德格尔,noein 就含有让现象者驻停这层意思。这就提示出感知与存在的归属关系了。而巴门尼德所说的"同一",指的恰恰是这种归属。

巴门尼德在残篇 8 中有一句话说得更鲜明:"感知和感知因之演历的东西是同一的"。感知因之演历者,是存在。存在在希腊被领会为 physis(虽然这里引的两句名言中均无 physis 这话)。存在之为 physis 说的是:"驻于光明中,现象,进入无蔽状态。"(第 147 页)只要有这样的事出现,觉知也就随同出现,并且是作为归属于存在的事情出现:"使那显现自身并在自身中驻立者驻停。"(第 147 页)

看来,存在竟就是现象。"存在篇"第 4 节曾允诺进一步阐述现象与存在的关系。现在可以来兑现此诺了。首先说明一下,海德格尔已对术语作过调整。Phänomen 和 Erscheinung 的人为区分放弃了。Erscheinung 现在即是海德格尔自己意义上的现象。Schein 则与现象既区别又联系,我们译为显象、显耀。显象有三种方式。1. 光芒的显耀;2. 现象、呈现;3. 单纯显象、表面、假相。在这三种方式中,第二种是基本的,是另两种的根据,"显象的本质在于现象。现象则是显现自身,表现自身,立于侧,陈于前。"(第 107 页)星月显耀;这不仅是说星月放出光芒,而且是说星月在场,存在。"显象在这里恰恰意味着与存在一样的东西"。(第 107 页)但存在本身则必须从希腊的方式来领会为 physis。"升腾着现象着的威能(physis)其本身同时就是显耀着的现象……悠然自得的升腾。"(第 108 页)这种显耀的存在指的是原始本真的存在,以别于后来装腔作势生造出来的拙劣货色。存在是贵族的基本规定,是其存在有着高贵来源并仍然依栖于这一高贵来源者的基本规定。自栖自处则无异于说在此、处此、处于光明中。"存在唤为(heissen,也可作:唤来)现象"。(第 108 页)

现象不是后来加到存在上去的。"存在本作为现象在（wesen）"。（第108页）

存在就是现象而现象有所呈现，这说的已经就是：存在、现象让某种东西从掩蔽状态中走出来。如此出于掩蔽而入乎无蔽，就是aletheia，真理。可见，"真理不是存在的附加物。真理属于存在的本质。"（第109—110页）所以希腊人才会说：存在者的基本意义是真的存在者；而真的也就是存在着的。是一个存在者，这里就包含有：呈现出来，推出某种东西。不在则是说：从现象退出，退场。在现象的本质中含有出场与退场，而这种来与往有着真正的指示作用。随着这种指示，存在就散漫到形形色色的存在者中，而这存在者在现象之际就给予自身以外貌（Ansehen），存在者就驻于这外貌中。德文词Ansehen又指名誉和荣誉。从希腊的角度来看，荣誉不是一个人或得到或得不到的东西。"荣誉是至高存在的方式。"（第110页）神的荣耀也同样就是神明存在之所。在《艺术作品的本源》里，海德格尔认为艺术品是神明的居所。但作品不是肖像，好让我们更容易了解神的模样；作品让神明存在。艺术品的尊严与辉光不是神明的装饰；尊严与辉光是神明临场之所。但在今人眼里，荣誉只是出点名而已，而出名靠的是报纸广播这样吹吹那样吹吹，结果荣誉几乎是存在的反面了。

存在者驻于它的外貌中。存在者在外貌或外观（Aussehen）中，是既有所显露又有所隐藏的。因为，虽然外观总是从存在者本身方面提供出来的，但它总是可以从这一或那一着眼点来看取的。外观随着眼点的不同而异。所以，事物的景观总是我们为自己所取所造的。而在取景之际，我们往往还没有看准事物本身。这样的景观就是没有事物本身作支持的单纯外观。从我们这方面说，就只是一种空疏的意见。

这就说到了关键处：

>   因为存在，即 physis，在于现象，在于提供这一方面那一方面的外观，所以存在本质地且因而必然地恒常地处于一种可能性中，即其外观恰恰可能遮盖着、掩蔽着存在者在真理（无蔽）中所是的东西。这样一种外貌……即是假相意义上的显象。哪里有存在者的无蔽，哪里就可能有（假相意义上的）显象；反过来，哪里有存在者驻于显象中，无论驻立得多么长久安然，显象都可能破灭。（第 111－112 页）

希腊词 doxa 含着上述多重意义。1.荣誉这种外貌；2.表现着某种东西的朴素景观；3.单纯外观、假相；4.人自取自造的观点、意见。这个词如此多义并非语言的不严谨，这倒是一种伟大语言的成熟智慧，深有根据地维系着存在的诸本质特征。把这些特征次第展开，就使我们认清显象并非是想象出来的主观之事。"显象也属于存在者本身，一如现象那样。"（第 112 页）无论地球绕太阳转或反之，地球太阳之间的种种显象，例如清晨风光、黄昏海面、夜色，都是某种现象。"这类显象不是虚无。也非不真。"也不是与自然界的实际关系完全两码事的单纯现象而已。"这类显象是历史的而且也就是历史；它们在诗歌传说中被揭示被奠定，于是成为我们的世界的一个本质领域。"（第 112 页）

显象虽然属于存在，却不就等于存在。"显象是存在的一个变种。"（第 116 页）显象会使存在者现象为它所不是者；会伪装存在者。显象甚至还掩盖它本身，因为它这时正显现为存在。由于显象会这样伪装和掩盖，所以我们说："表面现象会欺骗人。"只因为表面会骗人，人才会弄出差错。而人之蒙蔽正是人活动于存在、无蔽、显象这

一三重世界中的一种方式。"这三者的交织处就仿佛有一种空间敞开来,这一空间,我领会为迷误。"(第116页)

正是由于存在与显象的这种混同与互变,在哲学发轫之初,思就致力把存在与显象区分开来。而这又要求真理即无蔽境界对掩蔽状态的优先地位以及去蔽对遮盖和伪装的优先地位。当存在针对其他这一切而被区别出来之际,存在却也就与不存在区别开来。显象却与不存在又不同。刚才提出的三重世界,作为一个整体与不存在相对。这是一个四者的相拒相混。而"人若要在存在的光明中承纳其此在,他就必须使存在驻停,就必须在显象中却又反对着显象把存在坚持下去,就必须同时也从不存在的深渊那里夺出存在和显象。"(第117—118页)

巴门尼德的残篇四和六把三条道路放到人面前。这不是三条现成的路供人来选择;这是上述四者的原始分野。我们都知道,巴门尼德所说的道路,第一条引向存在。第二条引向不存在。海德格尔解释说:这条道路恰恰因为它不能行走而须有所知。虚无当然不是什么存在者,但这绝不排除虚无以某种方式属于存在。人们认为虚无什么都不是而不予理睬,这恰恰是不了解存在问题。第三条路是显象之路。从残篇六来看,这条路好像干脆就被否定了。但我们且看看残篇八中的几句话。

> 但也必须经验一切:
> 既要经验圆满无蔽境界的稳定核心,
> 也要经验人们的意见,虽然其中没有对无蔽者的信赖停居。
> 尽管如此你们须学知:
> 显象者如何不懈地似是似非

（以它自己的方式）贯穿一切，以助万事的完成。[①]

可见，显象的通路是走得通的而且也被走着。真有知者不盲目追随某条真理而是对三条路都知情者。弄清了希腊人对存在、显象、真理和不存在四者的原始洞见，就不难摸索思和存在如何在后世的演变中分离了。

海德格尔首先把现象分出两层意思来。第一层是：采集自身、在采集状态中使自己驻停。关于 physis、存在、logos 都是这样讲的。这一层是现象的本来意思。第二层则是：作为已处于此者（schon Dastehende）为观者提供出外观、各方面之景观。第一种现象才始为自己创造出空间来，而第二种现象"则从已经完备的空间中出现并在这一空间的已经定型的延展中由观照来观看。现在是这一观（das Gesicht）成其事质，因而起决定作用的现在是这一观，而不再是事质本身。"（第192页）现象的这种两重性也就说明了把存在解释为 physis 和 idea 二者的不同和距离。

柏拉图所用的理式（idea）一词本来指在可见事物那里看到的东西。"表现出来的总是各种外观，是碰面的事物的 eidos。"（第189页）事物在外观中并作为这外观在场、存在、呈现。事物在外观中驻定。"但常驻者的处此若从人这方面来看则同时又是那从自身方面来临场者的表面（Vordergrundiges），就是可觉知的东西。在场者、存在者在外观中提供出它的是什么和如何是（was und wie）。"（第189—190页）

存在者于是被接收下来并成为这种接收的占有物：ousia。

[①] 此段照海德格尔的德译译出。常引的中译文可参考《古希腊罗马哲学》，商务印书馆，1957，第50页。

Ousia既指在场者的在场又指在场者在其外观中是什么。第一层意思是说在外观中有着从无蔽状态中站出来这回事；第二层则说在外观中显现着有外观者、看上去如何如何的东西，显现着"什么"。从这两层意思后世发展出 existentia（是，存在）和 essentia（所是，本质）之别。

理式就是这样构成了存在者的存在。它所强调的是存在者的所是，即现象的第二层意义。把存在解释为理式这种做法确实是来自希腊人对 physis 的基本经验，是这种基本经验的本质结果。但是这种本质结果却被弄成原本的存在并取而代之。而后世则进一步曲解了这僭位的本质。于是柏拉图学说就成了从希腊思想开端处的脱落。我们已经看到，巴门尼德的觉知是为了存在之故。"觉知对存在者的开敞应得把存在者放回到它的存在中去"。（第192页）

从 physis 到 idea 的转变不仅是西方思想史、西方艺术史的，而且也是西方历史本身的基本转折之一。理式学说把存在者的所是当作存在者的存在，也就是存在者中最富存在者，本真存在者。而先前威临的存在者本身则被降为不在。它不应存在，因为它总是要把理式即纯外观筑到材料里去，从而就扭曲了理式之为纯然的典范和理想。相对于这个完美的理想，其他存在者都不具本真的存在，而只是模仿者。于是就出现了原本和摹本之间的鸿沟。现象的意义也随之变成了摹本的浮现。既然摹本永达不到原本，现象者就变成了仅仅现象而已，变成了显象，而显象则成为一种缺陷。存在者和现象由此分离开来。现象，或存在者的开敞，现在必须去与原本相比照。对真理的理解于是也就从无蔽状态转为依某种东西确立自身，转为依某种东西而看的正确性。

真理作为无蔽是原始的。但哪里有无蔽，哪里就可能有假相。所以，希腊人为争得无蔽的斗争就是抗伪装、抗歪曲、抗颠倒的斗争。

把扭曲者扭回来要依存在者确立自身，所求的是正确性。这就危及了无蔽的原始经验。正确性所依据的是常驻的存在者，是 idea，是先天的东西。这些都是把存在者解释为客体对象的先行概念。感知，今作为对对象的具有判断性质的表象，就相应地成为知性和理性。从知性对象的确定关系着眼，显象就是不正确的东西，其根据则在于思维的错乱。

对显象的这种解释萌于柏拉图，理式被提升到超感性的去处。于是，尘世只还有显似存在的东西，现实存在则在天上不知什么所在。"后来，基督教教义就择居于这二者之间的裂缝里，同时把尘世的东西转释为受造物而把上天转释为造物主，从而使用这改铸过的武器来反对和歪曲古代的异教徒。可见尼采说得对：基督教是人民的柏拉图主义。"(第 113 页)

这里关于柏拉图学说的解释有很多值得商榷之处。例如，柏拉图恐怕不是从显现者的外观来领会 eidos 的。若是，则很难了解为什么现象者、具外观者在柏拉图那里会被认为是一种缺陷。更重要的是，柏拉图自己对理式论提出的批驳比后世任一位批评家——包括亚里士多德——都来得更中肯，所以，理式论是不是柏拉图的正宗学说这件大事本身还很值得一问。不过，无论海德格尔对柏拉图的解释是否得当，他自己的意思还是表达清楚了。

随着存在的意义的转变，logos 也变化了。我们已知，"logos 作为采集原是无蔽的演历"。同时，存在者的开敞原始地借语言进行，logos 就成为语言的本质规定。但我们也已知，语言可以蜕化为现成的说法甚至道听途说。这时，logos 就作为命题而成为真理的处所了。从道出命题这方面看，言说须得依存在者确立自身才能成真，这里的真也就是正确性了。紧扣在无蔽的演历处的 logos 今退出来成为关于存在者的公开情况的言谈。Logos 与存在分开了。存在者之真变成关于存在者之真,这后一种真即正确性便须在命题这样的 logos 中寻找。关于存在和存在者的言谈成了真理的处所。Logos 不仅与 physis 分离,而且还与 physis 对峙起来。无蔽境界原是 physis 和 logos 的内在联系,今还只剩下一点儿闪烁。闪烁是说:现成事物也仍然需要无蔽境界。然而这种闪烁并非、也不能成为真理本质的根据。从此,哲学家们就费尽苦思,想找到道出命题(思维)与存在之间的关系。不消说,结果只是徒劳。

海德格尔对希腊哲学的演示,我们不作哲学史上的分析辩证。只谈谈这里表现出的基本观念中的问题。

现象是存在者的现象而不是主观臆想出来的,所以首先须从存在和存在方面去理解。这没问题。

现象有所呈现,带来外观。但需有观者才谈得上外观,因此人作为观者是被需要的。这还可解。

但并非有了人才有外观。而是:存在在让存在者显现之际同时就要求人的出现。要求?上帝创造的万物都很美好,于是造出人类来欣赏这世界?

存在者的显现本身包含着掩蔽和假相,这必须首先从存在者本身的错置、伪装来理解。这些是人的认识会发生误错的根据。这虽可以理解,却有一个困难:人如何分辨假相中的存在者与如其本然显示着的存在者呢?

观,外观,doxa 有多重含义,这无疑问。但所归纳的四种是否清楚?荣誉也是一种外观,却是"至高"的存在方式。那么外观可以恰与存在相合。朴素景观是否也可以呢?荣誉和朴素外观或许其相合是一样的,不一样的只在于存在者本身的等级差别?抑或外观作为"较低的存在方式"指的是从某一侧面显现存在者?侧景与正景不同,却也不等于单纯外观。但若外观总是存在者的外观,怎会有单纯外观？正景正恰现出存在者；侧景侧面显出存在者；单纯外观则因取的角度太偏乃至完全不能显出存在者，例如在介绍拜伦的时候只讲他跛脚。就算有单纯外观，何以能从这里化出人自取自造的意见？该不是说人会故意行骗吧？从单纯外观来研究欺骗倒是一条极佳的途径。

无论什么外观，都是从它与实是正合、侧合、不合来考虑的。谈到观、外观，简直避免不了符合问题。倘若如此，我们就不得不考虑辨识合与不合的标准和方式。公开场里只要有人，就有外观和观点。取景角度引起的麻烦比假相引起的还烦难。"放回到存在"，当然最好。但怎么放？而且，是存在自己作为假相显现哪。这说法固然有助于把显象主要地归给存在本身而不是归给存在与我们这些观者的合作，但同时却使辨识真伪成了大难题。这里我也不在谈正确与错误，而在谈原始开展中的真与伪。或者，原始开展中没有真与伪，只有深与浅，只有道机深浅之别。或者，深就是真？生存得深，观看得真。深入奥秘，返得真观。人固然已绽出地平线了，固然已收览天地之间的景观，但他还回忆着奥秘。一边是相对的景观主义（perspectivism），另一面是心理主义。但人既不只流浪也不只在家沉睡。人在思乡中浪游。

最终的也是最根本的问题——

存在为什么需要人？答曰：存在的显现要求人。但存在为什么竟要显现？答曰：不是存在要显现，存在就是显现。从哪里显现？从最古老的奥秘。一切都顺理成章。只还剩一个问题：为什么偏把显现而不把最古老的奥秘唤作存在？

因为把奥秘唤作存在就把"存在为什么要显现"勾回来了。海德格尔将会这样唤，并且为勾回来的问题准备答案："玫瑰花开放——不为什么。"

第五节 科　学

在《艺术作品的本源》里，海德格尔曾列数真理发生的方式，诸如艺术、建政、哲学。此后他独独挑出科学来说："科学却不是真理的原始演历，而一向只是在已经开敞了的真理领域中的建设……一旦科学超出正确性而来就真理……它就是哲学了。"①

这与流行的意见正好相反。人们相信，事涉美、善、道德标准、人生态度、游戏娱乐，神话、宗教、常识、艺术、哲学之类尽可以十分有用，非常重要，但若说到提供真理，则非科学莫属。科学就万物的本然面目揭示它们。人生的道理是否也算科学，则很成疑问。如果这些道理确乎是真理，那么它们就必须能这样那样由科学的方法得出。当然，科学并不曾解决一切问题。但只要一个问题是有解的，我们就必须沿着科学的路子走下去才能找得到。科学，这个响亮的名称，这种无坚不摧的力量，这个与民主一道造就现时代的法宝。对科学的尊崇简直成了对科学的信仰。说到底，我们的时代就是科学的时代。

海德格尔承认，我们的时代是科学的时代。但他对我们的时代疑问重重。

海德格尔本人受过良好的科学教育。他在弗莱堡大学曾研习物理学、数学、历史学。他也粗通生物学。至于其他人文科学（Geistwissenschaft）如语言学、心理学、人类学等，他的修养就更深些。据报道，海德格尔能与海森堡、V. V. 魏茨克尔等大科学家就科学问题作高水平的讨论。在《存在与时间》、《尼采》等大部头著作里，多见关于科学的讨论。《追问物的问题》、《世界图像的时代》、《科学

---

① 《艺术作品的本源》，第49—50页。

与思考》等文著,更有一部或大部专门探索科学的本性。读了这些论述,有些人便认为海德格尔是反科学的。这意见恐怕太过。但他多方攻击科学如今享受的优越地位,却是事实。科学在真理与存在这一维不具备优越地位,但在当今时代确具无比优越的地位,这一反差恰激起海德格尔不断发掘科学的本质的努力。海德格尔的主要关切围绕着近代科学的形而上学意义,虽然他时而也涉及诸如科学方法论之类的技术问题。

海德格尔对科学的基本提法,大多已见于《存在与时间》。在那里,他首先从生存论角度来理解科学。"种种科学都是人的活动,因而都具有人的存在方式……科学研究并不是人这种存在者的唯一可能的存在方式,也不是其最切近的可能的存在方式。"[①]所以,要弄清科学的本质,就要先对此在作一番描述。从上手事物到现成事物的转变说明了科学的发生。相应于这种改变,对事物的看的方式也发生了转变。在理论态度中,"起领导作用的存在之领会的含义是对现成性的领会。"(第363页)然而,即使理论研究也不是纯观察。就像烦忙活动有自己的"理论"一样,理论研究也并非没有自己的实践。实验仪器的安装,考古挖掘,甚至也包括用纸墨来书写。这些看似琐碎的活动在存在论上绝非无关宏要。

科学理论不是揭示存在者的原始方式。"存在者向来总这样那样地照面了;对存在者的科学筹划使人明确地领会存在者的存在方式。"(第363页)这种筹划通过对事质领域的界说,对适合于存在者的概念方式的草描等等来进行。这些程序的整体被称为专题化。不同的事质,诸如历史、自然、空间、生物、此在、语言之类,在相应的科

[①] 《存在与时间》,第11页。下面四段引文也出自该书,随正文标出页码,不另立脚注。

学部门中通过专题化而为对象。所以说"专题化进行客观化"。(第363页)对存在畿域的划分本是由先于科学的存在之领会引导的,但唯通过科学才首次固定下来。从先于科学的领会到科学体系这一步中,形成了各门科学的基本概念。科学的进步主要不在于把更多的结论堆到基本概念之下,而是来自对基本概念的质疑与修正。而"这类修正或多或少带有根本性,并对它本身有所透视。"(第9页)一门科学的水准越高,它就越能承受其基本概念的危机。海德格尔很满意地看到,各种不同学科当时都在经历这种危机。要克服这种危机,就必须先行对事质领域本身作一番研究。这研究必须从存在者自身的基本状况来解释存在者。而这恰恰就是哲学的工作。哲学必须跑在实证科学前头,而且它也确能作到这一点。柏拉图和亚里士多德的工作为此提供了证据。

海德格尔后来关于科学的讨论对这里提出的主张作了不少补充发挥,但很少改变其基本立场。

在《科学与思考》一文里,海德格尔从分析"科学是关于实在或现实的理论"这一命题入手来阐述科学的本质。现实被希腊人理解为ergon,活动。而今人则把它理解为驻定的东西、对象。理论所关注的原是事物自身的过程,而现在却是使现实在其对象性中得到确定。从希腊到近代,对知(Wissen)和对科学(Wissenschaft)的理解经历了深刻的变化,而人们却认为他们对知和科学的讲法自古皆然不言自明呢。

古代科学(episteme),中世纪科学(doctrina)和近代科学是三种完全不同的东西。海德格尔所讨论的科学,限于近代科学。但另一方面,近代科学中知的方式又是从古代形而上学固有的倾向中引申和发展出来的。上述两个方面合在一起,说的是:科学的"发展"原则上不是一个进步的过程,而是基本概念体系的转换。不过这里说的不是每门科学内部的基本概念体系,而是古代科学、中世纪科学和近代科学三个整体的不同概念体系,这三大时代对存在者的基本理解不同。相应于基本理解的不同,各时代均以其特定的方式来看待自然过程,循特定的线索来追问自然之谜。亚里士多德说轻的物体落得慢些,伽利略说自由落体速度相等。两种主张没有对错之分。因为两人对物体、位置及二者的相互关系等均有本质上的不同理解。而对存在者的基本理解,谈不上哪种更正确更高级,正如谈不上莎士比亚比埃斯库罗斯更先进更高级一样。即使称近代科学比古代科学更精确也没什么意义,正如称飞禽比走兽更善飞翔。古代科学原不要求精确性。海德格尔作结论说:"人们习惯于按照进步的观念,仅仅从程度上区分较新的和较古的科学;但若我们要想把握近代科学的本质,就非先摆脱这种习惯不可。"①

海德格尔一般地否弃进步观念。相应地,他也就否认科学是向着绝对真理渐进的知识,是认识积累。在各不相同的科学体系之间,并没有一种简单的共同标准。库恩后来在《科学革命》一书表达的基本立场,在海氏的著作中已经明确地提出了。于是,人们对库恩提出的质疑,也就可以转来质问海德格尔。其中突出的问题是如何解释知识增长的明显的连续性。

固然,近代科学与从前的学问有质的不同。这一点已为很多人接受。但如何从现象上说明这不同仍是很困难的。海德格尔在《追问物的问题》中提到了三项常见的说明并加以反驳。

其一,近代科学从事实入手而从前的科学从思辨概念入手。海德格尔质疑说,从前的学者也很重视观察事实而今日的科学也十分依重于特定学科的基本概念体系。我们知道,16、17 世纪的大科学

---

① 《世界图像的时代》,第 77 页。

家也都是哲学家。他们全都明白没有"纯事实"这回事情。事实总是在对自然的基本领会的光照中显现出来的。即为当今的大科学家如玻尔、海森堡、爱因斯坦,仍充分注意到事实和理论的关系,而这也转化为他们对科学和哲学的关系的注重。相形之下,实证主义就偏于一隅而立论薄弱。所以,要弄清古今的区别,关键还得深究在各个时期人们为何不同地领会事实之为事实以及为何以不同方式建立其概念框架。

其二,近代科学注重实验,以求用经验方法来验证理论。然而,古人也做实验。不仅在科学中,而且在艺术中,实验性的操作是少不了的。其实,工具本来就是实验性的,使用工具就必须参与实验。要把握这第二层区别,关键在于说明各时期的学者为何设置实验以及用实验来完成什么目的。

其三,近代科学特别使用计算和度量。对此,海德格尔再次强调,真正的区别在于古今的计量方式的不同。

按照海德格尔的主张,要把握近代科学的本质,非得靠对形而上学的发展有所洞见。我们必须先了解近代形而上学如何筹划物的物性。从这一根本处出发,可把近代科学的三个特征概括为:精确性、实验性、专门化。由于精确性这一栏中的数理概念集中地体现着近代思想对自然的筹划方式,所以下文将以较大的篇幅讨论第一特征。

一、近代科学的第一个特征是精确性。

在《存在与时间》里海德格尔就断称数学物理是科学的范例。"科学形成的关键既不在于给'事实'的观察以更高的估价,也不在于把'数学'应用到自然过程中,而是对自然的数学筹划。"[①]这就是说,数学物理首先着眼于运动、力、处所、时间这些可以从量上加以规定

---

① 《存在与时间》,第362页。

的环节,从而数学的地位就突出出来了。康德的一句话常被引用:"我认为,在关于自然的特定学说中,哪里有多少数学,哪里才有多少真正的科学。"①据海德格尔考证:希腊文中 ta mathemata 原指"可以教授和习得的东西"②。Ta mathemata 一方面与自生自现的事物相对,另一方面与人所制造的事物相对。Ta mathemata 既不完全属于"自然"也不完全属于"我们",而是指'我们与事物打交道之时或观察事物之时事先有所识知的东西。"③例如,我们把一棵树作为植物来考察,这要求我们先就对植物性有所识知,虽然不必有明确的植物学概念。植物是某种具有植物性的东西。数是具有数学性的东西。我们看到三个苹果,说苹果是三个。"而三这个数,这个三,则是我们已经识知的。"(第 78 页)可见,数理的东西原可应用于各种辖区各自的先行观念。它之所以窄化到计数这一专门学科上,是因为数字在总已熟知的东西中最突出醒目,从而也就是最为人熟知的。海德格尔在这里并未真正回答问题,因为问题恰恰是:为什么数字格外突出醒目?

无论如何,海德格尔所要引出的是:"数理本质却绝不是由可认数的东西规定的。"(第 78 页)物理学原是关于自然中形形色色事物的学说。物理学在近代意义上的数理化所依据的基本筹划在于事先把形形色色的事物运动简化为物质的时空运动。不消说,一切物质点、一切地点、一切时间点,都被视作等值的事。经过这样的筹划,各种自然进程就都在这样设计的蓝图上得到理解。而物理研究的每一步都事先与这蓝图相符,于是又保证了对自然的这种筹划。

---

① 康德:《自然科学的形而上学基础》,纽约,1883,第 140 页。
② 《追问物的问题》,第 69 页。
③ 《世界图像的时代》,第 78 页。下面九段引文也出自该文,随正文标出页码,不另立脚注。

可是,近代自然科学之所以精确,并非因为它有精确地计算。实情倒是:近代物理学通过简化自然而设计的蓝图使得精确计算成为可能。须得注意的是:精确性与严格性并非一事。"所有的人文科学,甚至所有研究生命体的科学,若要保持其严格性就势必不是精确的。虽然有生命的东西也可以被看作一种时空中的运动量,可是这样一来它就不再是有生命的东西了。具有历史性的精神科学之不精确并非一种缺陷……"。(第79页)

主要是根据近代科学的数学性质,海德格尔得以主张近代科学的本质在于研究(Forschung)。研究是由一些紧密相关的程序组成的。首先的也是首要的一道程序是存在者在某一特定辖区中的先行开放。任何研究,包括科学研究,其中最重要的环节是先行(Vorgehen):先行领会、先行筹划、先行具有等等。本节初已指出,存在者的不同辖区就是在这一先行中开放出来的。这种先行开放中所包含的自我约束就是研究工作的严格性。当然,所谓辖区,主要不是指自然事物中的某一部分之和如鸟、鱼、金属,而是指特定学科的研究对象如鸟类学对象,植物学对象。例如,人自成一类,却可以分属生物学、动物学、心理学、人类学等不同辖区。

通过先行筹划,事物的一个特定方向成为某一门科学的独有的课题,从而这门科学本身也得到明确的界定,这包括这门科学所采用的特定方法和特定解释框架。牛顿的《自然哲学的数学原理》提供了范例。这本书从质量、动量的定义开始,附以关于绝对时空和相对时空、绝对运动和相对运动的定义。然后在第二部分提出诸条公理。设定这一框架后,才在第二卷里讨论物体的运动,在第三卷里讨论世界体系。世上的一切现象,在这部大著作中就只是从机械运动的角度得到讨论。我们甚至不能说牛顿把一切现象简化为机械运动,也不必因他从事神学研究而感惊异。他在《数学原理》一书里只从事数学物理的研究,只讨论事物的机械运动这个方面罢了。

读过《数学原理》的人都知道,牛顿力学绝不格外倚重于经验。不受外力作用的物体运动本身完完全全是一种假定的理想状态。如果坚持从直接经验出发,亚里士多德的力学倒要可信得多。我们都听说过伽利略在比萨斜塔上做落体试验的故事。其结果却是:轻重物体的下落速度确实不同。这当然给了伽利略的反对者以口实把他赶出比萨。然而伽利略却仍然坚持他的力学主张。争论双方见到了同一事实,却给予不同的解释。他们以不同的方式使同样的事情得以显明。双方都对物体和运动的本性有着方向确定的先行把握。伽利略先就确定了只有一式的运动才从本质上是运动。一切运动、一切物体、一切空间、一切时间,都事先在定义中获得了整齐划一的性质。

在这几段里,我们看到海德格尔试图从先行设计蓝图来说明近代科学的精确性,同时也说明人文科学的非精确性。这有助于我们进一步发掘精确性的意义,以及人文科学、社会科学数量化的限制与偏失。如果我们只把眼光盯在数学上而不是从先行识知的数学性着眼,植物与植物性,我们就不明白何以可计数性是一切基本先行识知中最突出醒目的。若是,我们又不明白何以古代物理学不首先致力于数理化。最后这一点促使我们怀疑究竟海德格尔是否说明了近代科学与从前科学的不同抑或他也像他所批评的人们一样只是介绍了近代科学的不同点。

二、近代科学的第二个特征是实验性。

一门特定的科学从某一特定的角度开放存在者。例如,在力学中,事物只作为运动的质点在整齐划一的时空框架中显现自身而不显现其他任何性质、品质和能力。先行筹划既决定了事物将如何显现,也就决定了事物将如何被经验。事物必须依据科学事先设置好了的条件来这样那样回答我们对自然提出的问题。经验哲学的鼻祖培根声称要"拷问自然"而后能让自然答话,就是这样的意思。于是,自然的经验(experientia)现在就依赖于实验(experimentum)了。

一方面,实验保证了法则的统治地位。"只有在规则和法则的视野内事实才作为它们所是的事实而成为清晰可见的。在自然这一范围内,对事实的研究本来就是建立和证实规则和法则",而"法则(本身)则是着眼于对象辖区的蓝图而设定的。"(第80页)说到底,起决定作用的是先行筹划。"自然的蓝图筹划得越明确,实验的可能性也就变得越明确"。(第81页)

另一方面,实验也保证了研究不至于落入空洞的设计。研究要确实成为对象的研究,就必须让所筹划的辖区展现出它的全部丰富性。实验以变动的条件使这种丰富性展现出来。面对这种丰富性,研究工作"通过某已知者去论证未知者而同时又通过那未知者来证实这已知者"。(第80页)

不过,这一类论证和证实不仅是在设立和贯彻法则之际依靠法则的指引来进行的,而且归根到底也是为了证实和证伪法则。在实验的全部范围内,法则始终是根本的东西。

海德格尔关于实验性的解说看来相当薄弱。一则,他强调说近代科学的研究性质和数理性质为实验设立了基础,从而与从前的观察方法大相径庭。然而,既然关于数理性专属于近代科学这一论题的讲解不充分,眼下这一论题所讲的近代实验的特点就更不令人信服了。我们不清楚在希腊和中古的科学中法则是否也是根本的东西。二则,关于法则和事实的讨论流于空论,或者是些老生常谈。

三、近代科学的第三个特征是专门化和企业化。

近代科学的企业性首先并不在于商业的需要,而是内在于近代科学自身的发展;因为在近代科学发展中,"各个对象辖区均被操作占领",而操作(Verfahren)从而也就把自身建立为科学的蓝图。海德格尔乃至断言:"在物理学进行原子裂变所必需的机器装置里装着迄今为止的全部物理学。"(第84页)

操作得出结果,又把这些结果当作进一步操作的手段。这种状况就是近代科学企业性的本质。恰恰由于这种内在的企业性,研究工作才必然聚集于机关,而不是相反。企业化和体制化保障了操作过程对研究对象、对存在者本身的优先地位。海德格尔引用普朗克的一句话来证实这种优先地位:"现实就是可以测量的东西。"反过来,对各门科学的特殊方法的倚重,又促进了科学的部门分化。

关于科学体制化对学者的影响,海德格尔有一段白描:"学者消失了,被从事于研究事业的研究者挤掉了。……研究工作者不再需要家里有个图书馆。其实他始终奔波在外。他在小会上同人磋商谈判,在大会上收集信息。他忙着跟出版商签合同。他必得写什么书,现在也得由出版商参与决定。……"(第85页)

以上三项特征标识着科学从认识转为研究。"筹划与严格性,操作与企业,它们交相需求,从而构成了近代科学的本质,使它成为研究活动。"(第86页)这不止于自然科学,而且同样发生在历史性的人文科学中。在这类科学中,惯常的手法是把一切一切都拿来比较,从而得出可理解的东西并把这种东西固化为历史的蓝图。偏偏历史上罕见的伟大的人事无法借这种比较得到理解,于是就干脆被放到一边当作例外。在这种历史解说中,伟大是由寻常凡庸来衡量的。

科学在当今时代的重要性迫使一切好思之士深思关于科学的种种问题。对科学哲学所关心的某些重要问题,如数量化问题、专门化问题等,海德格尔提出了独特的见解。但在如事实与法规等另外一些问题上,他的解释可说是从某些根本洞见的延伸类推,往往言大无质,缺乏根据和说服力。关于人文科学及其与自然科学的关系,海德格尔的见解要更实在些。这部分留到下节再谈。

对科学哲学常讨论的问题的关切,在海德格尔那里,始终是服务于澄清科学的形而上学本质这一宗旨的。科学已经在我们面前展开了一幅全新的世界图画。这幅图画与常识所提供的截然不同,这是显而易见的。固然,没有任何可持信的根据要求我们怀疑日常经验的整体。但日常经验又往往显得不足,需要为之设立基础。从这基础方面着眼,事物便显出日常经验没有看到的另一方面。例如,牧羊人看到日落西山,他看到的太阳并非是不真实的太阳。但科学告诉我们,"真实的太阳"几分钟以前已经落山了,而牧羊人看到的只是显象。更确切说,不是太阳落山,而是地球旋转。科学就这样一直说到银河的生灭,太阳的冷却和地球的灭亡。

爱丁顿于是说,天下万物都是双重的。例如有一个我们从小所见所知的桌子,而另一个则是由原子构成的。那么,哪个是真实的?若二者都真实,就该有第三个实在的桌子,前面两个都只是其不同的表现。但科学所见的看来可不只是某种表面景观。电视、电站、飞机场以及整个技术世界就都立在现代物理学上。科学实实在在地改变了地球和人。所在这些全都是现实,而不是某种远离生活的研究者所取的观点。近代科学一点也不远离生活,毋宁说它太近了,近得令人窒息。倒是我们的生存需要一段距离(Lebensferne),以便能勘测今天的人生到底是什么样子。

近代科学还不止于提供一幅不同的世界图像。科学的发展渐渐趋向于不再提供任何图象,因为一切都似乎满足于可计算的数理性质,而数理性质必然与观照相对立。

但是,另一方面,只要想想威尔逊雾室和盖格计数器就能明了:即使在现代科学,理论仍要求使原子达乎感性知觉,虽然其中牵涉到多重中介。海德格尔把这一要求理解为:理论无论怎样抽象,却从来绕不过在场的自然。虽然这只是对象性的自然。

> 物理学所表象的确实是自然本身。但不可否认,这只是作为对象领域的自然,而这一领域的对象性则只有通过物理学加工才得到确定。……自然的对象性……只是在场者公开自身的一种方式。①

由于物理学始终停留在自然对象化的方面,它就无法探入自然的丰满本质。同样,心理学、历史学、语言学也探不到此在、历史、语言的本质处。这种无能并非由于科学还没有达到其目标,而是由于

> 自然、人、历史、语言在其中出现的对象性其本身原则上始终只是在场的一种方式;这些在场者固可能以这种方式现象,却从不必须无条件地以这种方式现象。②

那么,科学是否能越出对象性的局限呢?不能。根据海德格尔,要越出这一局限就必须把科学自身的本性摆出来。然而

> 物理学作为物理学无法对物理学有所道说。物理学的一切道说总已是以物理学方式来说了。……这一点对所有科学都一样。③

历史学似乎可以反转过来考虑自己的历史,但它却不能把捉住

---

① 《科学与思考》,第54页。
② 《艺术作品的本源》,第56页。
③ 同上书,第57页。

自己作为历史科学的本质。同样,"绝不可能通过数学计算弄清楚数学本身是什么。"①

几个世纪以来,人们一直在寻求科学的本质,但并没什么成效。喊什么"科学的危机"更不着边际。所说的危机只涉于某些特定科学的基本概念,而科学总体正兴旺发达得很。科学本质中那谜一样不肯显露的事质远不止于科学基础概念的不稳定。"近代科学的本质仍裹在一团迷雾之中。"②

但我们无论如何却还知道,这事质掩蔽于诸科学中,却不似苹果藏在篮子里。倒该说,科学之兴盛依于这一事质,有如河流赖于源头。人们寻此事质久而不得,并非因为人的眼力不佳,而是它自己还未呈现。在第八章,我们将看到,科学所源的本质,即是当代技术的天命。我们将在那里再回到科学这一题目上来。

第六节　解释学

海德格尔对自然科学尤其对其方法论是有些研究的。但它对人文科学及其方法论的思考则更具体些;这集中表现在他对解释学(Hermeneutik)的发展上。

Hermeneutik 这个词与希腊信使之神 Hermes 有关。赫墨斯在希腊诸神中专司传达神旨的工作,这项工作也可说是把超乎人智的言语转变为人智可能领会的词句。希腊人认为赫墨斯发明了语言和书写,从而人类有了把捉和传达意义的工具。希腊名词 hermeios 指德尔菲神殿中解释神谕的法师。

---

① 《科学与思考》,第 57 页。
② 同上书,第 59 页。

希腊动词 hermenenein 有几层意思,如说、陈述、翻译。但其主义是"解释、说明"。亚里士多德的著作 *Hermeneias* 中文就译为《解释篇》。亚里士多德区分解释和逻辑,前者通过命题的分合显明意义,后者则研究命题之间的推理关系。我们现在则倾向于把亚里士多德所讲的解释归在逻辑学中,而通常所知的解释学则来自《圣经》解释。19 世纪中叶,丹豪尔就用 hermeneuica 来称解释《圣经》的原则。显然,解释学一出世就有方法论的意味。新教兴起以后,新教牧师不再从罗马教廷领受对《圣经》的权威解释,而要自己来解释,解释学就变得更有用了。紧接着,启蒙之光隐隐在欧洲出现,《圣经》解释本身也渗入了理性的因素。斯宾诺莎说:"能对《圣经》注释提供规范的只有对一切人都一样的理性之光。"①随着理性的主宰,历史也就进入了解释学。因为《圣经》虽然提供真理,这些真理却是在特定历史条件下提出的,是隐藏在不同历史时期的传说和语汇之下的,因此通过一切人一切时代都具有的自然理性来解释《圣经》文句和挖掘真理就更成为理解神谕的不可或缺的一部分了。正如《圣经》文句中早已提出的:"文字是死的,精神是活的"。到了这一步,《圣经》解释就与对其他文献的解释没有多少区别了。解释学本身也就发展为更普遍的解释学。

近代解释学的创始人施莱尔马赫自 19 世纪就致力于发展一门具有普遍意义的解释学。这种解释学不再是解释规则的集合,而是描述一切文本解释所必须依从的诸条件的一门科学。19 世纪下半叶,施莱尔马赫的传记作家狄尔泰更其扩大了解释学的范围。狄尔泰也是从神学开始了解解释学的。但他后来发现,解释学不仅可以超出《圣经》解释来指导一般文本解释而且可以成为一切人文科学的

---

① 参照温锡增的译文,见斯宾诺莎:《神学政治论》,商务印书馆,1963,第 128 页。

理论基础。与康德的纯粹理性批判相应，应当有一种历史理性批判。但心理学本身却是一门非历史的科学，所以他的努力一开始就受到阻碍。在晚年，他转用解释学来表述人文科学方法论的基础。

狄尔泰是海德格尔最敬重的思想家之一。在《存在与时间》里，海德格尔把自己的历史研究看作促进现时代掌握狄尔泰遗产的一项准备工作。据海德格尔自述，他是通过其早期神学学习熟悉"解释学"这个词的。而后，他又从狄尔泰那里接触到近代解释学，并且极深刻地受到狄尔泰解释学的影响。他于1923写《存在与时间》初稿时开始使用这个词：他既不用以指解释理论也非解释本身，而用以指解释的本质，即传达和宣告。当然，所宣告的是存在的消息。

海德格尔解释学与传统解释学的根本区别可以这样讲：他更进一步扩大了解释学的范围，加深和加重了解释学的地位。解释学不仅涉及具有历史学性质的文本，而且扩展到了且首要地就是对具有历史性的存在者即此在的解释。《存在与时间》的任务就是从现象学出发的此在解释。因为，海德格尔当时也把他所理解的现象学称为解释学现象学。后来变得很清楚，解释学现象学不是胡塞尔总体现象学的一个分支，而是一种本质上不同的现象学。胡塞尔本人不认为自己的哲学具有解释学性质。他所强调的是科学性，更确切地说，是自然科学所具有的那种"严格科学性"。而海德格尔强调的则是人文性质、精神性质、历史性质。伽达默尔所称的"哲学解释学"在这点上与海德格尔一脉相承。

海德格尔是这样表述其解释学现象学的：

> 现象学描述的方法论意义就是解释。此在现象学的 logos 具有 hermeneuein 的性质。通过解释，生存的本质意义与此在本已生存的基本结构就向属于此在本身的生存之领悟宣告出来

了。此在的现象学就是解释学。……但只要发现了生存的意义与此在基本结构的意义,也就为进一步对非此在式的存在者进行种种存在论研究提供了地平线,如果确实如此,解释学还是另外一种意义上的解释学——整理出一切存在论探索之所以可能的条件。最后,此在比一切其他存在者在存在论上都更为优先……解释学作为此在的生存解释因而就具有特殊的第三重意义,即作为历史学在存在状态上之所以可能的条件。……这重意义是首要的意义……只可在派生方式上称为"解释学"的那种东西,亦即具有历史学性质的人文科学的方法论,就植根于这第三重意义上的解释学。①

解释学被理解得这样广泛,乃至海德格尔常常把自然科学也认作自然的解释。

不消说,坚持解释学的语言学意义的人认为这样把解释学和存在论缠在一起近乎胡闹。其实,海德格尔也不过在施莱尔马赫和狄尔泰所取的方向上又迈进了一步。

当然,真正要紧的是弄清楚解释本身的性质。否则,关于解释的以及解释学的地位问题就会流于空洞原则的争论。我们已知,海德格尔把领会和理解始终放在生存在世的大框架中来考察。这在他看来是克服解释中主客观对峙的关键。人类理解不是与其他活动相割断的某种纯智力活动。生存活动中融浸着领会,明确的领会则从人生存于其中的因缘整体中突出出来。由于生存活动的因缘联络,任何领会都包含有"作为结构",即把某物作为某一特定物来领会。在

---

① 《存在与时间》,第37—38页。下面五段引文也出自该书,随正文标出页码,不另立脚注。

这一意义上，任何领会和理解也就必然是一种解释，即把某种不确定的东西解释为确定的东西。认识论中常见一种说法，认为直观和"素朴知觉"直达某物本身，不转借于他物，所以不包含任何作为结构。海德格尔争辩说，不包含作为结构，这只是一种缺失。这种缺失恰恰说明人们所爱讲的素朴知觉不够素朴；它是从真正素朴的看法派生出来的。我们或可以单纯凝视一物，但这种不包含作为结构的单纯凝视恰恰不再有所领会。

这样看来，领会或理解和解释简直就是一回事了。"对上手事物的一切先于命题式的朴素的看，其本身就已经是领会着的，解释着的。"（第149页）但海德格尔有时又强调解释从领会派生。此在篇第3节曾提到这种讲法似乎与他的一般叙述相矛盾。由于没有展开对深层存在者的探讨，"作为"两端的存在者往往被说成是同等原始的，同时也就是说其明确突出的程度是相同的。相应地，领会和解释就应当一样原始。我们可以认为海德格尔是从整体和个别的角度来强调领会对解释的原始性的。把某物看作为某物，把某种不确定者解释为确定者，是以因缘整体为背景的。而因缘整体本身则不可能被全盘解释。海德格尔说："即使有这样一种解释已经贯穿了因缘整体性，后者还将隐退到不突出的领会中去。"（第150页）据我看，这"即使"是不该出现的让步。因缘整体不是若干事物的总和，因此原则上不属于解释的范围。无论如何，海德格尔的基本思路是强调领会的原始性，解释则在一定意义上分有这种原始性。命题则明确地是从这二者派生出来的。一方面是明确性的增加，另一方面是原始性的丧失。既然任何解释都活动于在世的隐绰未彰的背景上，都对所需解释之事有了某种在先的领会，那么解释就不会是没有前提的。海德格尔把这种在先的领会称为 Vorhaben，即先行具有。这个词与 Vorhabe（意图）相近。实际上，先行具有也标明解释活动所必然先行具有的意图和方向。如果我们记得海德格尔所讲的领会从来不专指智力活动而泛指亲处于事的能在，那就可以对解释活动的先行具有领会得更贴切些。

没有不怀先见的解释。解释活动从来不只面对自明的赤裸裸的材料而别无前提。经典释义"固然喜欢援引'有典可借'的东西，然而最先的'有典可借'的东西原不过是解释者的不言自明无待争议的先主之见。"（第150页）甚至自明的素材本身也总是从未经明言的前提条件方向提供出来的。例如，选出某一特定的文本来解释，这本身就含有解释者的立场、爱好和倾向。

这样强烈的主张很容易被人认为将导向主观主义。无论学理方面的结论如何，海德格尔所欲求的方向是导向在世的生存而不是主观主义。近代主观主义海德格尔一直竭力反对。至于生存论本身是否真的摆脱了主观主义的局限，我们曾在生存论的大范围内做过讨论。具体到解释问题，海德格尔的基本辩护则是：人从其特定的历史环境来领会其存在，这是生存的实情，既不主观也无所谓客观。解释的公正客观恰恰在于解释者须得承认并主动地认清他所依据的前提，从而能在解释时正当地依据这些前提和所待解释的事质本身。解释的不公正不客观是发生在这一层次上的，因为解释可以从"存在者自身汲取属于这个存在者的概念，但是也可以迫使这个存在者进入另一些与这个存在者的存在方式相反对的概念。"（第150页）有时我们辩不过某些如簧之舌或持刀的辩士，会说："随你怎样解释，事情还是那么一回事情。"海德格尔指的也应包括这类现实。

在海德格尔的解释学里，再三强调的是原始领会或先行具有。解释则往往被说成只是把被领会的东西"上升为概念"。然而，原始领会这种奠定一切的作用是否还给解释活动留下任何余地呢？换句话问：解释活动是否只是一个被决定好了的自动过程呢？至于究竟是什么促使解释者选择属于特定存在者的概念或反之,至于究竟以何种标准来判明一概念是否属于特定存在者,我们都不得而知。要解除困难澄清问题,显然还需对概念的形成与性质以及概念与事质的关系作细致的探讨。

单从逻辑上看,海德格尔似乎在主张一种循环论证,因为解释所得的结论实已包含在原始领会到的东西里了。我们早在学初等逻辑时已受教懂得循环论证是无效的论证,作论文时应予避免。但也有人证明对任何演绎系统前提的论证必定是循环论证。海德格尔则更进一步,提出其著名的"解释学循环"。他不仅承认循环不可避免,而且说:

> 在一循环中看到恶性循环,找寻避免它的途径,或即使只把它当作无可避免的不完善性"接受"下来,都是对领会的彻头彻尾的误解。……决定性的事情不是从循环中脱身,而是依照正确的方式进入这个循环……(因为)在这一循环中包藏着最原始的认识的一种积极的可能性。(第153页)

在《艺术作品的本源》里,循环问题是这样提出的:艺术是什么这个问题得从艺术作品中汲取答案,然而我们又只能从艺术的本质来确定艺术作品;把艺术作品收集到一处而后从中把共同特点提取出来,用这种办法来追索艺术本质是无济于事的,因为要收集艺术作品就得决定什么是什么不是艺术作品。结果,要想了解艺术的本质就得去体会艺术作品,要想找到艺术作品就得对艺术的本质先有领会。这样一种循环是避免不了的。但这非由于思的无能。相反,"踏上这条(循环)道路,是思的力量;坚持走在这条道路上,是思的欢宴"。①

　　循环论证本来是逻辑形式上的一种提法。海德格尔对这种逻辑根本不感兴趣。证明、正确性等等,原都不是真理的本来意义。何况,"所有证明(Beweisen)总不过是基于前提的后补之事。前提一设定,自然一切都好证明了"。② 说到底,生活不证明什么,思也不想证明什么。在宇宙中循环,在生活中循环,思得更深,体察得更真切,如此而已。

　　海德格尔对解释学的贡献,不仅在于他提出了一套新理论,而且在于他的解释实践。与西方多数大哲学家不同,他的见解多半是借对经典作品的解释提出的。这在中晚期著作中更突出。他的解释原则上仍是对存在本身的解释,不过在这里不再是通过此在的生存而是通过哲学和诗的文献进行,以图说明存在如何在哲学和诗的历史中通过本质的语言展开自身。海德格尔曾拿自己的解释方法与黑格尔对照,鲜明地道出了自己的解释方法的特点。他断定,对黑格尔来说,思想家们的力量是在他们已思及的东西中,而一位思想家既以其所思为思想大厦作出贡献,又都作为一个阶段而扬弃于绝对思想。而海德格尔本人则"不在已经思及的东西里,而是在某种尚未思及之处寻求思想的力量。思及者原是从未思处受取其存在空间(Wesensraum)的"。③ 关于这一点,海德格尔有一段奇特而有力的阐发:

　　　　他最深具有的东西本身,思想家从来说不出,它必定总是未得言出的。……他至深的东西,却不是由他占有的,而属于存在。……他的见解永远必然被他的时代误解……思想家的历史

---

① 《艺术作品的本源》,第 3 页。
② 《人诗性地栖居……》,第 190 页。
③ 《同一与差异》,第 44 页。

性由他对自己的内在界限的原始忠诚为度。思想家由于如此邻近未经言出的不言者,而不识其内在界限,存在把这"不识"作为掩盖着的礼物遗赠于那被唤上思之途程的少数几人。①

这种据其所思求其所未思的解释学要求把严谨和新意结合起来。它把有所思看作未有所思的准备,而未有所思则又"一再重新回转到已有所思的滥觞去"。② 可以说,黑格尔主张扬弃,海德格尔则强调回步(der Schritt zurück)。他不同意把前人的思想括入某种更高的超越前人的体系中去,相反却主张把传递下来的思想解放出来,让它们回到自己的曾在之中去。前人的思想是后来思想的源头,我们不能脱离这种本源性质来理解前人的思想,而必须明确地把它作为源头来领受。

在《走向语言之途》里,有一段讲法更具体些。海德格尔在那里提出,我们不仅要思希腊之所思,而且要思得比希腊人更希腊式。但这又不是说比希腊人更深入地理解希腊哲学,因为一切伟大思想的自我理解都比后人的理解来得更适当。不过,这只是指在这种思想的限度之内。我们则要超出这一限度。例如,希腊人把真理理解为去蔽或公开场,但是他们不去思公开场本身。我们则要更原始地追寻到希腊的伟大思想的源头处去。这也就是:我们以希腊的方式运思,但所见却已非希腊人所见。在一篇赫拉克利特的解释结尾处,海德格尔自问:这一大篇解释,是赫拉克利特所说的吗?他自答道:"这残篇确在言此,虽未将此说出。"③

然而,这样的解释学思想,是否在提倡把原作者不曾说不曾想的

---

① 《尼采》,第 484—485 页。
② 《同一与差异》,第 44 页。
③ 《去蔽(赫拉克利特残篇第十六)》,第 271 页。

东西强加到原作者头上呢？不仅海德格尔的理论，尤其他的解释实践，颇令人生疑。很多专家曾抗议说海德格尔让他所解释的所有哲人和诗人都宣扬海德格尔自己的见解了。针对这类抗议，他辩解说，要从原作者所曾言，深入到其所未曾言未曾思，是难免要有些强行硬施的。在较晚的时期，海德格尔语气有些变化。他转而更强调倾听的一面。例如在论及哲学与诗的对话时，他警告哲学家不要把哲学思想强加到诗上，而要让诗用自己的声音说出自己的真理。实则，他后来一般地把思规定为倾听与回应——对存在在其本质历史中的声音的倾听与回应。

不过，无论是主张强行硬施或主张倾听与回应，海德格尔的主导思想是一贯的：作为解释的思的目的不是诠注文本，而是深入事质本身。历来思想家所思的事质其实为一，在这意义上，只要深入事质本身，就是严格遵奉前人的思想。局限于前人所说的，猜测前人所要说的是什么，皆不属于存在解释的鹄的。所以，海德格尔解释学中的所谓"回步"，也不是要回到西方最早的哲学家那里。真正的源头不是早期哲学家的论著，而是存在本身。古希腊哲学是对存在的自由回应，今人之思亦如是。思想发展的必然性不在于体系之间的承袭，而在于思之事质的一致性。回应是严格的，却不是为前人思想所决定的。回步回到何处，这根本还有待这一回步的行止本身来指导。

这样的主张，无论其本身具多少分量，总是离解释学的初衷相当远了。思的事质无论是否为一，思的形态是繁复的。展现和确定丰富的形态，是思的欢宴。海德格尔对诸大家做解释的时候，往往提出自己的深刻洞见，但同时却牺牲了被解释者的特质。这时我们难免觉得，"先行具有"、"解释学循环"、"言其所未言"这些提法，像黑格尔的辩证法一样，虽非没道理，但太容易被廉价使用了。解释的理论与方法，尤其是文本与原作者的关系问题，文本在何处及在何种意义上具有固定不移的意义问题,都有待进一步探究。海德格尔本人,在他晚期著述中则不再使用解释学这个术语。其关键则是放弃了原来对解释学循环的提法,因为这个提法据自称还太肤浅,不足以原始地经验解释关联。无论新的提法应当怎样表述,海德格尔表示反正他将断然避免原来的表述。

第七节　感、知、思

　　海德格尔的真理论,在他自己讲来,完全是希腊式的,或竟比希腊还希腊式。反正近代认识论的提法,他一概避免使用。中心提法是公开场,存在、存在者和人三者都活动在其中。单从人这方面讲,主要的提法是 Vernehmen,用来对应希腊词 noein。由于 Vernehmen 长期被哲学、心理学解作主体对客体的知觉,所以一开始海德格尔并不经常使用这个词。我译之为感知,但这个词在海德格尔那里既不是感性的也不是理性的。Vernehmen 指人的开敞,接受存在的指令,而不是通常所讲的感性知觉。至于说我们先感觉到感觉材料,然后综合为知觉这种立论,则更不能接受了。他一贯强调我们总是先感知到烟囱里的风味,噼啪作响的火焰,先感知到事物;要感觉纯粹的感觉材料,则需要训练和抽象。我相信海德格尔的基本思路是对头的。不过,我们首先感知的或许不是事物而是某种比事物更原始的事物联络。而且,即使经过抽象,我们恐怕也不能感觉到纯粹的感觉材料。换言之,感觉材料只是一种知性构造。但这些问题海德格尔没有再细致对待。

　　感知是虔心的聆听,细心的采集。所以也不同于常识。常识只要现成好使的尺规。如果什么学说不像手杖量尺,不能抓来使用,必遭常识否弃。"常"本来就遭海德格尔讨厌,只要看看他对"众人"的描述就知道。虽然他在《真理的本质》、《追问物的问题》等专门论及常识时总还是给常识留一席地位。不过，海德格尔举出来作为常识的，常是哲学里的流行观念，不是学院里的人恐怕闻所未闻。真正应叫作常识的恐怕是某种未经分化的领会，真知从其中汲取养料，不真在其中寻求掩护。真知在表面上倒不一定与常识合拍，即使它本来是对常识的总结。因为良好的总结总带有挖掘性质，挖掘出来的东西可能常识自己倒不认识了。例如，有几个人承受得了对自己的心理的挖掘呢？

感知是以所感来为自己定调的，于是它就是 Gestimmtheit 即被调定的状态。在中文里，"感"恰好提示出感知和感情原本合一的所在。海德格尔倒是也用 Stimmung 这个词把这一切都连起来。一方面，他在 Stimmung 题下列举出很平常的情绪，例如兴高采烈、心平气和、百无聊赖，另一方面，他又把 Stimmung 用于民族的性向，即一个民族在超越存在者整体时的取向。然而，Stimmung 一词这样用来就难免有点生加的概念化了，不如"感"来得有内容。把各种内容扯到一起并不就内容丰富。日常情绪究竟如何揭示着存在者整体，海德格尔到底也讲不出。他说"我们实际上必须把对世界的揭示留归'单纯情绪'"。这恐怕只是故作惊人之语罢了。有各式各样的定调，有的准确协调，有的呕哑嘈杂，调到准确协调，就入乎理了，而不会是单纯情绪。海德格尔用词，往往宽泛而又宽泛，仿佛这样就能把我们带回兼容并蓄的原始境界。他固然很崇尚诗，但诗的艺术不是他的禀赋之一。他的用词，多半停留在概念的包容和联系上，不常见因生动而广阔的。

如何从平平常常的情绪联到知的深处，这正是海德格尔最不擅长的。所以他必得举出畏这类绝无仅有的情态来对付存在者整体的超越。寻常生活是太寻常无奇了，不足负立识大道的重责。海德格尔动辄就要揭示存在者整体，但这揭示是借特定存在者发生的。这一存在者通常是我们对之无知无觉的怪异之事。下章将表明，艺术作品是这类事物的典型。

感知不是感性的，更不是理性的。Vernunft 来源于 Vernehmen。对海德格尔来说，词源上的派生多半提示着现象上的派生。除了讨论其他德国哲学家的场合，海德格尔自己是不使用 Vernunft 一词的。他也一贯厌对理性主义。不过，他再三申明并不是要主张非理性主义。非理性主义和反理性主义不是欲为理性而无能为之就是不费力气地站到理性主义的对立面上去。他所谓"克服理性主义"是要深入到理性由之而来的根源中去，这根源处恰恰是最富理性的所在，去离根基的理性倒只是理性的空壳罢了。"我们称之为情感或性情（Gefühl oder Stimmung）的东西，倒比理性更富理性些（vernunftiger），这就是说，更富感知，因为它对存在更加开放"。① 康德说："理性为自然立法。"那么海德格尔说的 Vernehmen 就刚好相反了：人开放自身而由存在来调理。

Vernunft 在德国古典哲学里是个很崇高的字眼，指对整体的领悟，神性的昭示，与有限的知性认识不同。海德格尔却不大区分理性知性。他把近代哲学的认识方式一概称作表象思维，也就是说，把存在者弄成对象来思。其实，德国古典哲学所讲的理性，恰恰指融会贯通于整体而不像知性那样站在对象对面来认识。

对象不是存在者的原始现象。要把存在者作为对象来对待，人自己就得有个立足之地，而对象则必须"作为常驻者显示自身"。这就需要有一片公开场。对象就是穿过人、物在其中面面相觑的敞开境界（die Offenheit eines Entgegen）来显象的。所以，还不能说对象

---

① 《艺术作品的本源》，第9页。

化是表象思维的结果。对象化和表象思维都是事物的这一去蔽方式造成的。形而上学,特别的近代思维,不得不是对象化的表象思维。但在对象化之前人就必须已经与事物打交道了。二者已经有所交关。在这种交关中事物得以如其所是的那样来去并成为可言说的。表象认识和命题都是从这种原始交关领取指示的。

在对象化之前必已有对事物的熟悉和亲知,这是个有分量的见解。不过,感知就是让升腾的 physis 驻停,那么任何现象就都具有在敞开境界中面面相觑的性质。表象为什么只属于人类认识的一个特定阶段呢?对象化恐怕必然地属于绽出地平线的凡人的知,尽管人不一定只呆定在对象化上。澄清近代认识何以恰恰固着在对象化上是更烦难却也更有希望的工作。追问何以形而上学会对象化则不会有结果,因为对象化不单单属于某一种思的方式。打井汲水,可以从很深处汲上水来。堵住井的上半,并不就邻近深处。

哲学和形而上学,起初是很好的名称。人之为人,就在于人是形而上学的。哲学之思,不同于科学和表象方式。在这个意义上,海德格尔说"哲学根本没有对象"。像胡塞尔那样要把哲学变成一门科学,真可谓本末倒置——"一切科学思维都只是哲学运思的派生形式,且又作为派生形式凝固起来。"① 不过,科学的数理计算方式,毕竟早在哲学的表象思维里就埋下了根。所以后来海德格尔要连哲学形而上学一道予以克服。虽如此说,科学是哲学的派生形式,从而在思的坠落阶梯上更其坠落。这坠落已如此之甚,单凭科学自己的力量已回不到源头。"从科学到思,没有桥梁,只有跳跃"。②

为了与哲学形而上学划清界限,海德格尔愈来愈少把自己的事

---

① 《形而上学导论》,第 20 页。
② 《什么唤叫思?》,第 128 页。

业称为哲学,而干脆就唤作思。不过,即使在最晚的著述里,哲学这个词不仅仍然使用,而且始终在运思的正面含义上使用。可与哲学运思比肩的,只有诗——"只有诗享有与哲学及其运思的同等地位"。① 不再运思的,是科学,"科学不思"。② 固然,科学也是一种去蔽的方式,是在场者公开的一种方式,如本章第五节所言,科学甚至是存在在当代的基本去蔽方式,但它是较晚出也即较不原始的一种去蔽方式。科学不是把世界连同此在一道来思考,而是努力把世界对象化。

我们不难从海德格尔的多种阐论整理出一条主线:哲学已开始从原始的思坠落,科学是这一坠落过程的结果,科学不再是思想。但海德格尔却又申明:"科学之不思,不是缺陷,反是优点"。③ 因为不思,科学才可能以研究的方式进入对象的领域并安居其中。从而,海德格尔又申明自己不是反对而是拥护科学的。这类申明颇为可疑,好像说:我是拥护瞎眼的,因为瞎了眼,他才会去学盲文弄盲文,再说,瞎子确实存在着呀。至于我自己,当然不瞎也不愿瞎的。

如科学之不思的还有逻辑。在海德格尔的书里,几乎每过几页都要停下来贬斥或挖苦几句逻辑。海德格尔的早期文著多以逻辑为题,他的第一篇出版物即是1912年的《逻辑新探》,两年后又出版了《批判的实证的逻辑论文》(即《心理主义的判断学说》)。关于同一律、充足理由律等,后来也有专文专著。不过,这些文著探讨的并不是通常所称的逻辑学,也不宜视作元逻辑。他的早期研究是胡塞尔风格的,中晚期则主要是讨论 logos 以及 logos 如何蜕变为后世逻辑学的。第 4 节已经介绍了他怎样理解 logos 及其与存在分离的过

---

① 《形而上学导论》,第 20 页。
② 《什么唤叫思?》,第 127 页。
③ 同上。

程。第 2 节则讨论了命题怎样从原始领会派生而僭位而称真理的处所。语言篇还要讨论言说如何转变为关于某事的表达。用表达的法则来代替思想的法则就是逻辑的出生证——"逻辑是教书匠而不是哲学家发明的"。① 海德格尔还举出莱布尼茨、康德和黑格尔这三位最伟大的思想家为例来说明哲学家如何努力克服传统。不幸,他们自己也常沦为逻辑的牺牲品,连黑格尔的辩证法也不例外,在那里,思想依旧由命题得到规定。马克思的现实的辩证法也并不更好些。当代逻辑更完全装入了技术框架之中。"元语言和人造卫星,元语言学和火箭技术都是一丘之貉"。② 到了唯逻辑论者,思想已坠落到了最低点。

不过,"克服传统逻辑又不是要铲除思而让单纯感情来统治"。③ 看来克服传统逻辑又不是要铲除思而让单纯感情来统治。对世界的揭示还是不能"留归单纯情绪"。还是要思。不是思这样那样东西,而是要思存在。对于那自行现象而彰明者,证明功夫是无用武之地的。只有去看,只有以单纯的方式去看去思。但这只有少数人能为之,而这少数人也鲜有为者。这里的思大概就是从前的畏了,虽然不是单纯的情绪。"抽身而去者在场"。无论我们记得它还是全然忘了它,它总是在吸引我们。我们之为我们,人之为人,就在于受这吸引,并通过吸引而指向抽身而去者。"这一指是我们的本质。……人是指点者,指向抽身而去者"。④ 人是指向存在的符号。

科学技术已经统治了当代,并久已遮蔽了原始真理的光辉。要

---

① 《形而上学导论》,第 92 页。
② 《语言的本质》,第 160 页。
③ 《形而上学导论》,第 94 页。
④ 《什么唤叫思?》,第 129 页。下面两段引文也出自该文,随正文标出页码,不另立脚注。

重新赢得真理,发明新机器、建立新科学、激扬思潮,这些都无济于事。"数世纪以来,人们也许一直已经运动得太多而思得太少"。(第124页)我们的时代是亟须思考的时代。而"我们今天最需思考的东西显现于:我们尚不思"。(第124页)无人在思;海德格尔明言,包括他自己在内。这委实是一种很奇怪的自责。

不是自责。因为我们之不思,并非由于人的疏忽怠惰,实因有待思者从一开始就徜徉远遁。而有待思者抽身之际,恰令人思。所以我们虽不思而思,虽思而犹不思。

这些奇奇怪怪的讲法,希望到第八章讨论当代技术社会和思想的任务时会多多少少有所澄清。

第六章 艺 术

> 一旦窥见自然是活动和力量的秘密,用传统的语言来表达这种远离寻常人事的对象就不够了。
>
> 《歌德谈话录》

第一节 物

本章我们将介绍和讨论海德格尔关于艺术和诗的探讨。不过我们却从物这个课题入手。这是因为在海德格尔那里,艺术作品是与物联在一起讨论的。说到底,艺术作品也是一种物。下一章我们还将看到,语言常被认为首先是物的命名。从海德格尔著述的顺序上摸索,还可以看出,他先是对此在的生存论分析特别感兴趣,而自20世纪30年代则渐渐转向艺术作品、诗、语言这些课题。对物的探究辅导着这一转变。

在20世纪20年代的海德格尔,"物"是一个不幸的字眼。据说,一旦把存在者叫成"物",前现象的基地就可能已交臂失之。按原始性说,我们得到的顺序大致是:上手用具,现成事物,物。那时候,海德格尔一般只对照阐述上手用具和现成事物,"物"则最多被提到而已。

自30年代起,物这个概念得到不同的而且也远为细致的对待。

这本是应当的;诚如海德格尔所知,"对物之物性的解释始终领导着西方思想的历程"。①

"物"在德文里是 das Ding。海德格尔曾一方面就这个词的字源作一番考证,一方面就其外延讲了不少。字源考证我们留到第 5 节再作介绍。

Das Ding 和中文词"物"一样,有广狭不同的用法。海德格尔有时把"物"这一概念的广延分为三层。1)按最广的用法,"凡非子虚乌有,都叫物"。② 相当于荀子《正名篇》中所说:"物也者,大共名也。"数字、文辞、计划、信仰、死亡、上帝,都称为 Ding,都是某种东西,相当于德文 etwas,英文 something。2)但在多数情况,我们不情愿把富有精神和生命的东西叫作"物"。上帝、人、动物就被排除到物的范围之外,而只剩无生命的自然物和器具。3)更狭窄的用法则把器具也排除在外,而只把无生命的自然物称作"物",因为这些是纯粹的物,仅仅是物而已。在《追问物的问题》里,海德格尔采用第二种外延进行讨论。在《艺术作品的本源》里,他则以另一方式把物分成三类:艺术作品、器具和纯粹的物。很明显,这两种三分法是互相联系着的。为方便起见,我们的讨论始终依据《艺术作品的本源》所做的区分。

一说到物的研究,人们很容易想到科学。科学是研究物的,有物理学、化学,还有动物学、植物学,分别研究动物、植物。海德格尔自问:而今科学昌明,为何不满足于科学对物的研究而非要对物做哲学上的玄思? 即使不从哲学上追问物的本性,花还是花,猫还是猫,有轨电车照样跑。

---

① 《艺术作品的本源》,第 6 页。
② 《追问物的问题》,第 5 页。

但是,在科学对物的研究中,缺欠着什么东西。据海德格尔归纳,当代科学明确地把一切都理解为运动中的物质点。于是,科学一上手就可能已经取消了各种不同的物的不同,就可能已经把活生生的动物植物都弄成了机械。这种质料物(Stoffdinge)的统治甚至还延伸到"精神事物"如语言、历史、艺术的领域。我们知道,这类批评自近代科学产生以来就一直听得到。歌德和席勒在魏玛第一次重逢就是从这类批评开始了两人的友谊和了解的。

那么,哲学对物的探究是否要改造甚或取代科学呢?不。哲学所提的物这一问题与科学问题"完全不同"。"我们所寻求的是那使物之为物的东西。"[①]使物成为物的是物的 Bedingung。Bedingung 通译为"条件",但海德格尔注意到这个词的根义 be-dingen,即:使某某变为物。这样理解的话,条件就是使某某成为一个物体的东西。而这条件本身,据海德格尔看,不可能是一个物体,一个物体化的或有条件的东西。"物性必是某种 Unbedingtes(非物体化的,无条件的,绝对的东西。)"[②] 仿佛海德格尔要超出星空,直达乎无条件的绝对,"在那里,不再有任何物体提供根据和基地。"但若说得简单些,哲学对物的探究无非要寻求物的本质,即那使物成之为物的因素。

海德格尔把历来哲学对物的解释归纳为三种。一是把物当作埋藏在众属性之下的承担者,主体、实体、自体、质料;二是把物当作感觉与料的总和或整体;三是把物看作质料与形式的结合。

海德格尔指出,第一种解释是与西方语言构造相适应的。物:实体——偶性;句子:主词——谓词。外语何尝不然?然而,从这种对应关系推导不出这种物之理解的正确性。有些其它语言中的句子构

---

① 《追问物的问题》,第8页。
② 同上。

造就不是这种主词加谓词的关系。无法保证恰恰是西方语言正确地反映着物的结构。另一方面,也不能简单认为西方哲学仅仅把自己的句子结构投射到物上面从而得出了这种理解。"如果物不曾先已昭显,句子结构如何可能建到物上面去呢?"①对物的结构的流俗理解和句子结构都不是第一性的尺度,两者都来自更深的本源。

第二种关于物的解释大概与感觉实在论相当。这种理论把实体、物的内核这类概念当作形而上学假设尽行抛弃而主张感知即是对物本身的感知。海德格尔认为,这种理论虽貌似与第一种相反,实同出一辙。这种理论同样提供不出我们所寻求的物成其为物的东西。与其说我们直接感觉到的是感觉与料,不如说我们直接感觉到事物。"事物本身远比感觉更接近我们。我们在房间里听见门关上了;我们却从来听不见声音感觉甚或音响本身。为了去听纯粹的音响,我们必须从事物转开去听,把耳朵从事物那里移开,即抽象地去听。"(第 10 页)如果说第一种理论把物推得离我们过远的话,第二种则把物带得太接近了,乃至物压迫我们。为了发现物之为物,必须避免这两种夸张。于是他转向第三种解释。

第三种解释认物为形式与质料的统一,从而它可以被看作是前两种概念的统一,虽然它的来源一样古老,甚或比前两者还更古老。我们知道,物的这一解释在亚里士多德那里得到过最充分的讨论。

我们来看一看形式质料这组概念应用到海德格尔所分的三种物上情形各是怎样的。一是纯粹自然的物,自成自足。用形式质料相结合的概念来套,自然物的形式是由其质料自己塑造的。二是用具。用具是人做的,它不完全是自足的,因为用具根据它的有用性而存

---

① 《艺术作品的本源》,第 8 页。下面三段引文也出自该文,随正文标出页码,不另立脚注。

在。人从用途或形式着眼来选取质料,正与自然物相反。三是艺术作品。虽也是人做的,它却不像用具那样为有用而存在,倒像自然物那样独立自足。如果硬加排列,用具可说处在自然物和艺术作品之间。而且,用具由于缺乏独立性而显得离人特别近。由于这些原因,人们自然而然从用具入手来探讨物并提出了质料形式这组概念。形质结合这套概念虽最初是从用具着眼提出并且在分析用具结构上最有效,但由于用具处在纯粹物与作品之间,分有另二者的特点,所以这套概念也被应用来解释一切物体结构。这一倾向始自希腊,又在中世纪得到加强,因为中世纪把一切物体都理解为上帝制造出来的东西。近代哲学不加反省接过了这套概念而想当然地使用下去。结果,这套概念延伸到一切领域,同时也垄断着历来对艺术作品的讨论。理性与非理性,逻辑与非逻辑,主体与客体,万事都被套在形式质料的机轴上打转。

海德格尔对形式质料的物体解释是不以为然的。这组概念即使可以规定用具和艺术作品,它们是否能规定纯粹的物仍大可怀疑。当然,我们可以把形式质料硬套到纯粹的物上面。例如,一块花岗石有它的形式——石质的分布与排列,整块石头的轮廓。但这与用具的情况却完全不同。用具的形式决定着质料的分布。形式甚至决定着质料的选择,例如制鞋的质料必须是柔软而结实的。在这里,形式与质料互相渗透,所依据的是有用性。所以,形质规定性的真正处所是在器具中。它们从不是纯粹的物的原初规定。我们后面将看到,它们也不适用于艺术作品。

首先从用具着眼固然有它的道理。用具在近处包围我们,是我们参与制造的,分有其它物体的某些特点;另外两种物的结构却很难把捉。然而,从用具出发,即使剥除了用具的用具性,恐怕仍达不到自然物。把形质结构扩展开来去解释一切物体结构,结果倒可能把自然物的物性，用具的用具性，尤其艺术作品的作品性都蒙蔽了。海德格尔在这里似乎暗示没有一种共通的物性，三种物必须分别探究。无论如何，由于从用具着手的种种便利，海氏还是选择了先来探究用具性。不过其条件是避开诸种哲学的偏见。避开的最好办法是直截了当地描述一件用具。

在《艺术作品的本源》里，海德格尔以农妇穿的一双鞋为例来描写用具。不过，我们也注意到，这里的例子实际上是梵高所画的一双鞋。鞋是用具。用具在使用中是它本身。农妇不想也不看她穿的鞋，而正是这时鞋愈发显示它的用具性。农妇日暮归来，疲惫但健康，脱掉这双鞋。晨意还朦胧，她又起身套上这双鞋。她穿着这双鞋踏上漫长单调的田垄，鞋子沾上土壤的潮湿和丰沃。在这双鞋上颤动着土地的无言召唤。这双鞋"属于土地，而在农妇的世界里得到保护。正是在这种受到保护的归属中，器具本身才得以自栖自安"。（第19页）

用具之为用具的确在于它有效用。但效用本身却依栖于信赖及其包含的充实。由于这种可靠和信赖，农妇始得自任于土地的召唤，始得安知自己的世界。于是，世界和土地便与她、与她的人们同在。

    只有器具的牢靠可信才保障这单一的世界的安稳和大地不断蓬勃的自由。信赖按每一物自有的方式和范围把诸物保持于一身。效用在信赖中发扬发挥；没有信赖，效用就什么都不是。（第20页）

当用具用损报废，效用失掉了，信赖消失了。但信赖的消失恰恰使效用赤裸裸地突入眼帘。用具报废后诚然不再有用，但恰在这时它显得曾是赤裸裸的物和赤裸裸的效用的结合。

比较这里对物的提法和《存在与时间》里的提法，转变是明显的。首先，在《存在与时间》里，用具是事物首先照面的形式。所以，海德格尔只谈用具而不问艺术作品和自然物。把万物之根追到用具上，委实不妥当。那种提法的起因之一是海德格尔急于从万物兜回到它们的为谁之故，即此在。一旦把万物规定为用具，那圈子兜得好顺溜。与此相应，1920年代的海德格尔只谈世界，不谈土地。现在，用具的唯一优先性被取消了。在《艺术作品的本源》里，用具的举例甚至也从一件艺术品取材。虽然用具、纯粹的物和艺术作品三者的关系眼下还不清楚。

其次，海德格尔在讲明"用具之为用具的存在在于有用"之后立刻加上说："但有用本身则依栖于用具的一种本质存在的充实。我们称之为牢靠可信。"下文他干脆把用具之为用具的存在等同于牢靠可信，而有用倒成了"牢靠可信的本质后果"。牢靠可信甚至保障着世界的安全和大地的自由。

Zeug（用具）是 Zeugnis（见证）和 der Zeuge（证人）的词根，所以 Zeug 与可信赖性在语义上是连得上的。

把万物首先规定为用具原是一种很偏颇的主张。然而，单就用具论，"用具"这个名称不表明"有用"就是它的定义吗？Zeug 泛指一切器具、用具。任何器具都有一定用途。但使用器具的方式比器具的种类还要宽广。例如敬神的器皿，其有用的方式与平日吃饭用的碗就很不同。即如日常的器具工具，使用者也未见得只着眼于赤裸裸的用途。战马之于骑士、老师之于学生、朋友之于朋友，也都是有用的。但这是什么样的"用"法呢？有用这个观念太值得好生考究一番了。海德格尔今把有用与信赖联系起来，眼界就比局囿于赤裸裸的使用宽阔多了。

不过，牢靠可信和有用的关系绝不是已经澄清了的。器具的存在一时被说成是有用,一时则是牢靠可信。或者我们可以这样理解:当器具得到信赖时,它的存在丰满厚实,其中也必然包容着有用。但在使用过程中,器具被磨损着,尤其是使用本身也磨疲了。工作原是生活的内容,充溢着生趣。但它可以蜕化为寻常无趣的单纯作业。对器具的亲信也随之消磨。器具于是只剩下有用——一件用具而已。这种"干巴巴的有用性",离开了信赖,便"什么都不是"。器物不再作为充实的存在者而显耀了。

物的所是,物的存在,就在于它显耀自身并使它物显耀。这层意思把我们引向了艺术作品。

第二节 艺术作品

在决定艺术作品是什么之前,让我们先弄清艺术作品不是什么。

艺术作品不是对现成事物的摹仿。梵高所画的一双鞋并不是因为把一双现实的鞋描摹得真而成为艺术品的。这评论涉及到亚里士多德。亚里士多德在他的《诗学》里提出艺术的摹仿说,从此以后始终不乏应和者。

艺术作品不是事物的普遍本质的再现。"这普遍本质在哪里?又如何存在?艺术作品又如何与它符合一致?一座希腊神殿究竟与什么东西的什么本质相符?谁敢荒诞不经地主张神殿的理念在这建筑上得到表现?"[①]这质问是冲着黑格尔的。

艺术作品不是附加在物的底基之上的审美价值或美感上层建筑。"艺术作品绝不是器具加上美学价值,正如纯粹的物绝不是器具

---

① 《艺术作品的本源》,第 22 页。本节出自该文的引文随正文标出页码,不再另立脚注。

减去有用和制作。"(第 24 页)诚然,艺术作品也是物体。即使训练有素的美学体验也仍不能对艺术作品的物性视而不见——从建筑所用的石头到文学中的词汇。所以,如上节所示,海德格尔在讨论艺术作品之前先就用具把物性捉摸一番,然而,考察的结果却是流传下来的物之概念根本错失了物的物性,更不触及作品的作品性。作品中的物性须从完全不同的途径去接近。

艺术品不是一种文化现象。艺术品不是用来供鉴赏的,供人陶冶性情的东西,更不是供人消遣娱乐的。艺术之变为文化的一部分是艺术的堕落。对本世纪的艺术海德格尔一般都说成是堕落的甚至是具有破坏性的。

最后,从艺术作品之外寻找解释也定是徒劳。在伟大的艺术中,艺术家与艺术品相比无足轻重。艺术家有如一条通道,作品通过艺术家而进入独立存在,而通道却自行消亡了。艺术商、鉴定家和批评家对作品的关系当然更疏远了。搜集、保存、售卖这些活动统称为艺术事业或艺术企业。艺术企业把艺术作品当作对象而不是作品来处理。其所以如此的最根本原因在于:一件作品,无论雕塑还是诗篇,都属于一个特定的世界。而任何收藏,无论多么细心备至,却总已把作品从它的世界,从它自己的本质空间剥离开来。甚至当我们到实地去寻访一座神殿、一座教堂,作品所属的世界也总已沦失了。

> 世界之剥离和世界之沦失无可挽回。作品再不是它们曾经所是的。作品本身变成了曾在的东西。作为曾在的东西,它们在传承与保存的范围内与我们相对而立。从此它们只还保持其为这样一些对象。这样相对而立固然仍是曾经自立的后果,然而它们再不是这种自立本身了。……作品之为对象的存在不构成作品之为作品的存在。(第 26 页)

这一段里提出许多问题。眼下我们只澄清一点。上一章已述明，对象这个词用来标识的是事物的蜕变形式，原始的真理不在对象上演历。可以说，对象是真理之光掩遁后留下的事物的躯壳。这里，对象与作品对称。德文词 Werk 解为作品、工作、作用。这几层意思交叉在海德格尔对 Werk 的使用里。作品主要不是摆在眼前的物件，而是某种正在起作用的东西。

有了这一着重点，我们就可以从艺术作品不是什么转到它是什么来了。在《艺术作品的本源》里，海德格尔仍然是从描述一件具体的艺术作品入手的。他选的是一座希腊神殿。原因之一是：为了防止"摹仿说"跑出来捣乱，最好在非表现式的艺术中选例。这段描述难于概括，不如转录。

一座希腊神殿，它不摹画任何东西。它只是矗立于此，矗立于嶙峋岩谷之中。这座建筑环封着神的形象，而在此掩蔽之际，却又一任这形象通过开敞的柱廊伸延而出，通达于神圣之域。神借此殿宇而在这殿宇临现。神的这一临场本身就是神圣之域的扩展延伸。……神殿这一作品首次把种种路径与关联勾连聚拢，使成一统；而在这些路径与关联之中，生与死，祸与福，凯旋与耻辱，坚久与衰败，乃以命运的形态展现在人类面前。这些开敞的关联御制之疆，即是这一历史民族的世界。

殿宇栖立于岩基之上。岩石支承着殿宇，笨拙却无所迫求。高高矗立的作品从矸岩中从这支承中掬捧起一团晦秘。风暴肆虐在殿宇上；殿宇在风暴中屹立，才反显出风暴的肆虐。山石闪着辉光；这辉光本虽来自太阳的恩惠，却反过来让白昼的光芒、天空的广阔和夜幕的昏黑得以显明。殿宇稳稳腾空，看不见的空远落入眼界。殿宇俨然屹立，与拍岸的海涛恰成对照；它的安稳更衬托出大海的喧腾。树木和青草,鹰和野牛,蛇和蟋蟀,于是始获其各自有别的形态,从而如它们所是的那样显相。(第27—28页)

这种如其本然的显相希腊人称之为 physis。通过 physis,人就在这土地上把奠其居所的地基廓清。万物生长于土地,复归隐于土地,各自作为其所是者回返土地的护掩。土地荫蔽万物。

"屹立于此的神殿这一作品开启一个世界,同时又返置这世界于土地之上,而土地也因此才始作为家乡的根基出现。"(第29页)从这句总结中,可以引申出作品的两个基本特征:作品开启一个世界;作品推出土地。

作品的第一个本质特征是:"作品把世界的公开场保持在其敞开中。"(第31页)神殿敞开一个世界。这个世界现出尚未决断尚无规度的东西,从而也就公开了规度与决断的必要性。这个新升的世界把胜利和失败、祐掖和诅咒、统治和奴役交给具有历史性的人类去裁决。

我们对海德格尔的世界观念已有所了解。建立一个世界不是指把某种新的现成事物添到一些已经现成的事物中间。相反,万物由于世界的开启才始获得自己的形象。在这一基本提法上,我们注意到两个新的特征。1)《存在与时间》和《根据的本质》是就此在的超越来谈世界威临的,那时还根本没有提到艺术作品。而现在则强调世界是通过艺术作品建立的。2)《存在与时间》和《根据的本质》也没有提到土地。而这里以及下文展示出世界与土地现在相反相成,不可或缺。这就来到作品的第二个特征。在建立(aufstellen)世界的同时,作品推出(herstellen)土地。由于"土地"是一新的提法,我将更详细地介绍其内容。

据海德格尔,只由于作品敞开了世界,作品才使物质材料第一次现出,亦即,第一次进入作品世界的公开场。用具制造固然也使用质料,但质料消失在效用里。相反,作品让自己的质料在作品中闪耀。"岩石唯在有所承载支撑之际才始成其为岩石;金属得以闪烁,颜料得以斑斓,音响得以歌鸣,言词得以诉说。所有这一切的出现,原有系于作品回归于石料的厚实凝重,回归于木材的坚固强韧,回归于金属的钢硬与光泽,回归于颜料的明与暗,音节的铿锵,言词的命名力量。"(第32页)土地所称的,就是作品回归之处,及在这种自我回归之际呈上前来的东西。这就好像是作品退入它的质料以便让质料本身呈上前来。

作品把土地作为土地呈上前来。"作品让土地作为土地存在。"(第32页)具有历史性的人民居住在世界中,而他们的居处不仅建在土地上,而且奠在土地之中。作品诚然把土地推入一个世界的公开场并把它保持在那里,但它并不曾把土地的内部公开出来。土地是钻透不了的。我们砸碎岩石,欲看透岩石内部。岩石却立刻收身,仍然只把碎片的表面呈给我们,而它的内部仍然裹在这表面里。我们把色彩分析成光谱,然而色彩立刻失去了其为色彩的闪耀。只有当它保持不被揭示不被澄清,土地才显现。所以,"呈现土地就意味着把土地作为自我封闭者带入公开场。"土地是不展开的。"它回避一切开展,亦即,始终保持其为封锁"。(第33页)我们注意到,这很类似对奥秘和存在本身的描述了。

"土地既显现自身又有所荫庇。土地者,自适其适,无功自功,蓬勃不倦。"(第33页)而土地所属的万物,土地整体,融会交流,相应谐响。但这合流并不泯灭封畛;土地在互相沟通中分流。土地的分流使每一临场之物分出界限。土地的自我封闭以无穷无尽的单纯形态铺展开来。所以,严格说来,雕像的石头,图画的色彩,诗的文字,不是质料,因为它们不消灭在形式(效用)中。它们借自我封闭保持其自身,并作为自身闪耀。画家使用颜料却不是耗用颜料。相反,他恰恰是使颜料本有的色彩焕发出来。用具制造却使原料服从于效用。不过,即使就用具论,组成用具的东西是否该被理解为质料也仍是大可存疑的。

我在此在篇提出,海德格尔早期的一些提法暗示着某种层次深于用具的存在者。他也涉及到守身自在之物等。这些都可以看作是土地提法的先声。不过,土地的明确提出及对它的思考是在《艺术作品的本源》里首次出现的。这里土地与世界相对提出。此后在《荷尔德林诗释》里土地就经常被讲到了。从那以后,土地成了海德格尔心爱的题目;它有时独独与天相对,有时则与天、人、神一道构成"四大"要素。

土地在所有文化传统中都有极丰厚的意义。单提起犹太基督教传统,我们马上就会想到:"开始,上帝造天设地。"又会想到,我们人类是上帝按他自己的形象制造的,但我们毕竟不是神明,因为我们"从泥土中来,并将回到泥土中去。"在中国传统里,天地从来并提。

然而,西方哲学传统却从未使土地形成独特的课题。大概因为天尊地卑吧。土地,劳作,母亲,她们养育人类,她们这样不可或缺,乃至她们的存在反被视若无睹,文化哲学去寻觅更加玄妙的东西去了。但有什么比土地,比女人,比劳作与伦常更玄妙的呢?

在海德格尔哲学中,土地的提出是极为重要的。伽达默尔甚至认为,海德格尔把土地当作哲学思考的课题这件事不仅是他本人思想发展的重大突破,而且也是近代哲学的里程碑之一。

上节讨论海德格尔哲学中物这一概念的变化及其意义。土地承担着这一变化。因为有土地与世界抗衡,物才不至于完全消散于开放的明光中,不至于归于此在的掌握。物由于土地保持其独立性,因而也增强了其地位与力量。土地抵抗世界的威力,而只有在这种不屈不挠的抵抗面前,世界才充实地具有威力,不至于须臾扫空一切而自己也风消云散,更不至于一旦超越而一了百了。无论怎样超越,只要还存在,就得在土地上存在。由于土地的提出,对世界、物、此在、超越以及存在本身都得重新思考。这样的思考有意趣得多,也困难得多。我们马上就要看到关于艺术作品的讨论所遇到的困难。如果取消土地,把艺术作品也当作《存在与时间》里所讨论的上手事物,通过"为谁之故"把艺术作品的存在一顺溜推送给此在,这些困难会消失的。不过我们很高兴海德格尔没有回避这些困难,哪怕他无力解决。

土地这一提法概括着丰富的内容。但若究其主征,则首先要说"土地是本质上幽闭自身者"。"幽闭自身者"立刻让人想起"物自身"来。以海德格尔对康德的厚爱而论,"土地"概念从"物自身"有所挪借也未可知。两者确多相同相似处。但有一点根本的不同。康德的关切主要囿于传统哲学的、尤其是在他之前的英国哲学的关切,即关注于实体与现象的关系。而海德格尔所取的角度,则是存在的意义。我们看见一匹马就是看见一匹马,这是海德格尔不想去争辩更不会去否认的;他不会主张在看见的马后面还有马自身或任何一种物自身。土地和世界的双生所表达的是:任何事物都在一定的意义系统中显现出来。世界被规定为意义整体。那么,土地也就可以说是:世界是其意义整体的那个东西。意义整体并不是一个现成的算数和。世界具有时间性因而是有限的。所以土地总是在这样或那样的意义系统中作为这样或那样东西显现。例如,土地,大地,或地球(die Erde)作为太阳系的一个行星在天文学的意义体系中显现。即使把土地当作一切物体的总体,它也是在形而上学的意义体系中显现。所以海德格尔说土地总凸入在一个世界中。

不过,这一凸入却不是敞开。土地在这凸入中仍保持其幽闭。

很明显,这与世界的开放性对峙。"世界虽奠立于土地,却努力超乎土地之上。世界自行敞开,不容忍任何被封闭者。而土地作为庇护者始终倾向于收纳世界于自身之中。"(第 35 页)世界与土地冲突不已。但这冲突却不是互相扰乱互相毁销。固然,双方在冲突中各自确认自身的本质,但不是去确认某种偶然状态,而是不断深入自身的本源。在这一深化的每一步中,冲突的一方都提高着对方的自我确认。当然,冲突也因此愈演愈烈,愈本真地成其为冲突。在本真的冲突中,每一方都愈加固执地要求对方,从而进入亲密的互属关系中。

作品同时建起世界推出土地,这不啻说,作品挑起了世界土地之争。不仅挑起,而且维持、成全这冲突。不过,如前所述,这场冲突的高潮臻于互赖的亲密,而这也正是艺术作品常为人称道的统一性。统一来自它的宁静。在位移运动中,静与动是判然对立的,这是运动的极限情况。然而在艺术中,"宁静包孕着运动……是运动的内在聚集,即最高的动势。"(第 34 页)

这里所讲的冲突,立刻让人想起真理篇中开辟公开场与掩蔽之间的原始争夺。不过,世界和土地与公开场和掩蔽以及诸者与作品的关系还很难从上文的描述理出头绪来。为此我们必得作一点儿学究式的考证。让我先引译一段本文。

真理的本质从其本身来看是(疏明与掩蔽之间的)元冲突,在这场冲突中赢得了开敞的中心,而存在者则进入这一开敞中心并从那里回归自身。属于这一公开场的有世界与土地。但世界并非简单地等同于与疏明相应的公开场,土地也并非简单地等同于与掩蔽相应的封闭者。毋宁说,世界是一切决断活动皆听顺的那些本质指示所指向的途程的疏明。然而,一切决断都基于某种未被驾驭隐绰不彰迷茫不确的东西,否则,它就称不上决断了。土地不简简单单等同于封闭者,而且也是作为自我封闭者凸现出来的东西。世界和土地各依自己的本性就冲突着并喜好冲突。它们唯作为它们自身才进入疏明与掩蔽的冲突。

真理以某些本质方式演历。方式之一就是作品之为作品的存在。建起世界,推出土地,作品于是就是这场冲突的鏖战,这场鏖战赢得了存在者整体的去蔽,即真理。(第42页)

这里还有两个相关的疑问。其一,海德格尔这里反对在世界与公开场,在土地与封闭者之间画等号。但他提供的理由含混而薄弱。世界固然建于隐绰不彰之上,土地固然也凸现,但公开场与封闭者也是互相需要的,这在真理篇中已大为强调。其二,一方面,真理被认作元冲突,世界与土地进入真理的元冲突,另一方面,作品建起世界推出土地并在世界与土地的冲突中赢得真理。那么,到底是作品中的冲突在先还是真理的冲突在先?也许,世界与土地的斗争主要着眼于人类历史,与真理或去蔽的原始演历相比是第二位的。

从20世纪30年代起,世界的开启通常都与人类纪元的开启并论。上面这段引文也特说"一个"世界。但问题是:真理能在没有任何一个世界的情况下演历吗?还有什么比世界的开启更原始呢?还有什么比土地更原始?或许,还有不曾"凸现出来"的幽闭自身者?这使我们回想起此在篇提到的深层存在者。也许,真理的演历和世界的开启同样原始,像海德格尔通常所主张的那样。那么,世界却就又等同于公开场而土地又等同于幽闭者了。其实,宣称这类等同的句子比比皆是。

我们已多次寻问过究竟此在就是公开场抑或此在进入公开场。今作品被定为真理演历之所,作品论所引起的疑点正与此在论相同。我们今又不知是作品开启公开场抑或它进入公开场,不知作品开启世界抑或保持并非由它开启的世界。

上面这些咬文嚼字所欲指示的基本困境是：当我们要对最原始的存在状态有所言说时，极难分出层次来，甚至于一分出层次就结束了原始混沌的局面。但若把世界、开敞、疏明、真理统统等同起来，哲学就单薄得无可言说了。

海德格尔所思的，一向是存在与真理：存在的真理，真理的存在。20世纪30年代后，对真理演历的探究往往是从艺术作品入手的。真理和作品的德文关系式是："Das Werk ist das Ins-Werk Setzen der Wahrheit"，既是说真理置入作品又是说真理开始起作用。作品作为作品存在与真理通过作品起作用是一回事。无论前面提出的那些问题多么恼人，海德格尔的基本主张是清楚的：作品与真理密切相关。作品之真不在于它摹仿得真，而在于存在者整体通过作品——例如通过希腊神殿或梵高所画的鞋——进入并保持在无遮无蔽状态即真理中。

真理就是这样在作品之中起作用的。而且就因为这样起作用，真又引向美：作品使无蔽状态演历。作品所涉及的东西愈是单纯地就它们自己的本性浮现，"全体存在者也就愈直接地愈迷人地随着它们更真切地存在(seiender)。掩蔽自身的存在就这样得以疏明。为此朗照的光把它的闪耀注入作品。注入作品的这一闪耀就是美的东西。美是真理之为无蔽而本在的一种方式。"《艺术作品的本源》，第43页。

关于艺术的美，《艺术作品的本源》里就这几句话：说得肤皮潦草，仿佛是说来自天庭某处的圣光投到某件事物上于是它便容光焕发。类似的思路，黑格尔早有所表述，且其表述要充实得多。在大致同期的《形而上学导论》一文中，谈到美的倒有一段较长的文字，现摘引于此：

存在者全体的存在乃是至显至耀者,亦即至美者,常驻于自身之中者。希腊人所谓"美",即是约束,最高的相互排斥的拢集……对我们今人来说,美的倒反过来是轻松安适的因而是为享受规定的。于是艺术就归属于糕点师傅的辖区了。艺术享受到底是为满足鉴赏家与审美家的敏感还是为了提高心灵的道德境界,在本质上没有差别。在希腊人心目中 on 和 Kalon(美者)说的是一回事(在场就是纯净的显耀)。……对美学来说,艺术就是对美的东西的表现,而美的则指令人喜欢讨人喜爱的。然而艺术却是存在者之存在的开敞。[①]

存在者整体,对于海德格尔来说,从来不是一个累积结果,而是拢集,是向一个特定的开敞中心的拢集。依这条思路想下去,应能说:愈深入一个个别事物的本性,事物整体也就愈本真地去其掩蔽。其他事物并非因为与中心存在者相似而被一同揭示;而是在这个已经呈明的存在者的光线中呈现自己各个不同的面目。与此相对的是磨疲了的物体。物还在,存在的内容却流失了。孤零零一件死物,不再显耀。不再拢集,因为它不再照耀他物的个性。这样理解的拢集,吸引,对不同个性的澄照,或许会为人的美、美德、自然的美和艺术品的美提供一条通向理解的通道。海德格尔或许应当在这些见地停留片刻。可是他却又急着跳跃,一下跳到柏拉图的至美者那里。可柏拉图倒是真懂得美——我们还记得他的名言:"美令人难解。"光注入作品,虽是滥调,却也有不少难点呢。到底是作品开启光明还是光明注入作品?事物又如何"就其本性浮现"而迎领光明呢?一座神殿,并不表现什么,也不先在理念中存在,它怎么"就其本性浮现"呢?反

---

① 《形而上学导论》,第140页。

过来，农妇穿的鞋，是件用具，但它不也"就其本性浮现"并敞开一整个世界？或许，海德格尔已努力在艺术的真理性上迈了几步而未能走到美呢。或许，给定他艺术论的框架，或给定他整个哲学的框架，美不美根本不是什么要紧事情。

第三节　作品的创造

艺术品即使不以美为特征，终归得有个特征。否则，艺术作品与用具等等的区别何在？作品的独特之处在于它是创作出来的。于是，被创作、创作、创作者、鉴赏者就一一进入了讨论范围。然而，谁要是期待海德格尔会从我们熟知的创作过程着手分析，他就对海德格尔还缺乏基本了解。

作品已被理解为"真理自置于作品起作用"。创作问题须从这一基本理解起步探究。

真理是疏明与掩蔽的元冲突。这一冲突本身开放出冲突的空间。"这一公开场的公开性（即真理），只有当它设立自己于它的公开场，才能成为它自己所是的东西，即这一公开性。因而，在这一公开场中，必有一存在者存在；公开性即借这一存在者获其驻足处和常驻性。公开性占据公开场之际，就敞开这一存在者并保持它。"[①]于是可见，"真理自置于存在者而始成其为真理这回事属于真理的本质。"（第50页）

这段本文既要紧又奇怪。要紧：若没有类似的讲法，确乎很难了解真理与具体存在者到底怎样发生关系。我们知道，只有存在者才

[①]《艺术作品的本源》，第48页。本节引文均出自该文，引文随正文标出页码，不另立脚注。

存在,而真理像存在、世界、超越一样,不是存在者。所以真理若要存在,就非落实到特定的存在者上。奇怪:这话似乎暗示真理先荡游于星云之际,然后投胎到某个存在者;为此投胎,还"必有一存在者存在"。金风玉露一相逢,创造出艺术作品来。

海德格尔当然急于否认他所讲的真理像圣灵运行在水上,或像世界精神周游于民族上空,或干脆就是中世纪讲的共相个体化。因为,无论说真理先游荡在什么地方,都忘记了只有当存在者敞开之际亦即真理演历之际才可能谈得上有这么个"什么地方",才可能有东西占据这个地方。当问到,上帝在创世前干些什么?奥古斯丁回答:时间及其先后在创世之际得以创生,所以"创世之前"这话不合逻辑。要探入创造,探入元始,探入奥秘莫测的时间的更其奥秘的端源,谈何容易。海德格尔同意:在这里"思触及到一个这里还无法备析的领域。"(第48—49页)

然而,即使真理就其本质而言就要落实到具体的存在者,这仍不说明真理一定要落实到艺术作品上来。关于这一点,海德格尔没有费神辩证,他只是告诉我们,真理有数种基本的演历方式,诸如奠立国体、本真生活、宗教、哲学。艺术也包括在内。"因为真理自置于存在者而始成其为真理这回事属于真理的本质;所以,在真理的本质中有着一种冲行——冲向作品,冲向真理的这种高标特立的可能性,从而可能使本身在存在者中间以存在者的方式存在。"(第50页)这个过程,就是作品的创作。而如此这般产生出来的作品,"从前不曾有过,今后也不会再有。"(第50页)

真理的本性中有一种"冲行",而不是在存在者的本性中有,我承认这是很难解的。不过,这里倒用一种特殊的方式把真理和艺术理论中常谈的艺术创造的一次性问题联系起来:如果一件事物的呈供照亮了一个或大或小的事物世界,或说为一个或大或小的世界提供了意义,这种呈供就是艺术创造活动。作品使世内事物顿时处于一种全新的光线之下,这也就是创造活动的一次性和不可重复性。

作品第一次开辟出公开场,而这公开场也就是世界与土地的战场。那么,作品不仅仅包含这一冲突的本质特点。作品首先发动这场冲突。世界与土地的斗争造成一种 Riss。这个德文词兼指撕扯、裂隙和草图。海德格尔同时指用这几种含义,所以中译在此几乎无可为。但文义却并不格外怪僻。斗争当然和撕扯连得上,撕扯造成裂隙。裂隙却并不断然使世界与土地鸿沟相隔,而恰恰表征出二者吻接之处,表征出二者不能分离互相联属的事实。裂隙勾勒出世界土地相争相赖的实况,而有所勾勒的粗线条建立起形态,成为一幅概览图。

可见,冲突并没有消解在作品中,而是作为统一体保存在作品中。这一统一来源于世界和土地的同一根据。这同一根据何在? 海德格尔没有直接的答案。他所强调的看起来是土地:作品"必须把自己信托给在公开场中凸起的自身幽闭者",(第51页)如石的沉重,木的愚顽,色彩的昏晕。只有当土地把这一冲突收回自身,这一冲突才进入并固置在公开场中。这一固置也就表明真理获得了形态。从冲突到撕扯,到裂隙,到吻接,到草图,到统一即冲突固置于形态之中,都是由 Riss 这一名目勾连的。"作品之被创作就叫:真理被固置到形态中去。形态是裂隙吻接而成的形构(das Gefuge)。"(第51页)

"固置在形态中"这话引起了不少诘难,因为听来与真理之为演历很难协调。海德格尔后来专门写了几页补充解释自己的立场,说他所讲的"固置"绝没有僵死不动的意思。我们记得上节所讲的那种宁静:"运动的内在聚集,因而是最高的动势。"这话倒不是不能体会的。比如在我们认识的人里有的怠惰,有的则沉稳;有的麻木,有的则坚忍。看上去都"静",但静得不同。我们也都体会得到艺术品的固定、宁静和统一有别于僵定。但如何从理论上说明这种差别却十分艰难。

单就海德格尔的艺术论来说,如果我们通过解析开放土地,就毁坏了土地幽闭自身的性格,使土地松懈了,实际上我们也就离开了土地之为土地。所以海德格尔再三强调既要在世界的开放场中容纳土地,又要允许土地保留其自依自存。但仅仅容纳恐怕还不够。要揭示出作品中冲突统一的奥秘,恐怕非要看到一种扭曲。土地不是舒舒服服地躺在世界里,而是扭曲在世界里。这种扭曲所包含的张力或弹性才是"运动的内在聚集和最高的动势"。但这一方向上的构想恐怕已超出海氏的本文了。土地还刚刚提出来。恐怕他虽极力强调土地却还未思透土地的性格。他识到土地的重量,却还没识到土地的力量。

回想节首提的问题,我们得到的第一步回答是:

真理若要存在,就要落实到一个特殊的存在者上。真理借着一股冲力冲到一个存在者上,并把由这冲行造成的冲突固置为形态。如此这般固置冲突于形态,就是创作。那么,艺术品的创造和用具的制造有什么不同呢?

众所周知,艺术创作与工艺制作有很多相同相似处。陶工与雕塑家的工艺相同。艺术创作需精熟手艺,所以大艺术家无不盛赞手艺。两者如此接近,乃至希腊人用 techne 同称手艺和艺术。

然而,据海德格尔考究,"techne 一词指的既非手艺,也非艺术,更不是今天所讲的技术;它从来不意指实践活动。"(第 46 页)它倒是指一种知,这种广义的知识指的又是去蔽,即把存在者从其掩蔽中带出来而使之被看见。为此把存在者的外观带入无蔽,也就是一种"产出";而在这种"产出"的意义上,techne 才渐生"制作技术"这类含义。

他的训诂是否正确不关我们的事。我们明白他的意思。不过,即使这里他训诂得对,也只说明 techne 的用法不足证明艺术与手艺之同,而不涉及二者之不同。二者不同之关键,仍要从"真理自置于作品起作用"这一线索去寻找。如果在作品中始终是真理在起作用,那么这一点就必须能在作品上显现出来。确实,作品所显现的就是这样一件单纯事实:在这里,存在者第一次去其掩蔽;这件作品存在了,存在着。"迄今为止的事物乃是唯一的现实性这回事被作品的存在驳掉了"。固然,自然物也存在着,但是在自然物上,通常不会注意到"这一特定的存在者存在着"如此简单的事实,因为"存在者存在着"太寻常了。而艺术品就不同了,"非同寻常之处就在于作品竟作为作品存在。"(第 53 页)器具当然也存在着,然而"它存在着"这一事实却不显豁自身,而是消失于有用性。实际上,器具制作得越好,越凑手,它独特的存在就越不触目。例如一把锤子正被用得顺手,谁会注意手里这样一把独一无二的锤子存在着呢?

一件用具制造好了,这件用具就脱离了创作;而这一脱离不标志着它的独立性,因为它脱离创作正是要投入使用。相反,艺术品一旦被创造出来,就获得了自己的独立性。这种自存自足更接近于纯粹的物而非用具。然而,被创造这回事却仍然包括在作品中。我们记得,艺术创造不要让质料服务于形式。实际上,一般被理解为质料的东西,若从艺术品方面来体会,乃是作品的土地。艺术品不令土地消磨于世界;相反,它在土地的顽梗处呈现土地。敞开状态在这里遇到最顽强的抵抗因而固置在这顽梗处。于是,作品恰恰通过形态,通过世界与土地的吻接形状使土地映入眼帘。在这吻接形状上铸着创造的痕迹。正由于被创造这回事明白地铸在作品中并独独属于艺术作品,所以我们可以明确地在作品中经验被创造这回事。这当然不是说,我们可以从作品猜出作者或看出属名。相反,在伟大的艺术品中,创作过程与环境都不露面,都无足轻重。"正是艺术家、作品产生

的过程与环境无人知晓的时候,这一冲撞、作品被创造的这一'它独独存在着',才最纯粹地从作品现出"。(第53页)

在作品中不断冲出它的被创造性,令人惊异于作品的存在。可见,创造的本质不能从技艺入手去寻找,而须从真理的演历、从存在去找。虽然艺术创作也像手艺似的处理质料,虽然艺术品和用具都是被造出来的,艺术却绝不是一门手艺,艺术品与用具也绝不是一回事。在艺术创造中,质料、技艺制作始终都围绕着真理如何固置于形态而活动。而"器具制作则从不直接是真理演历在发生影响和作用"。(第52页)

第四节　作品的葆真

当我们面对一部作品,我们惊异于它竟作为作品存在。"它竟作为作品存在,这就是不寻常之事。"[①]然而,还不仅仅是作品本身不寻常。在作品开辟的疏明中,存在者整体也变得不寻常了。

作品的这种不寻常使我们这些寻常人转变我们对待世界和土地的习惯方式,使我们收束流行的行为方式、评价、识知与眼界,以便延留于在作品中演历的真理。一句话,就是越出寻常而进入真理借作品初辟的新境。

这种转变、收束和延留并不是外在于作品,附加到一个已经现成存在的作品上去的。这种进入和延留"才始让被创造之物作为作品所是的东西存在。"(第54页)只要记起作品必须起作用才是作品,这话并不很令人奇怪。就作品之为作品而言,它既不能没有创造者也

[①] 《艺术作品的本源》,第53页。下面九段引文也出自该文,随正文标出页码,不另立脚注。

不能没有葆真者而存在。"只有在葆真中才有真正的赠与。"

我们曾预告本节将讨论作品的鉴赏。现在必须把"鉴赏"改为葆真了,因为海德格尔所讲的葆真与一般所谓欣赏鉴赏几乎相反。鉴赏依赖于我们对作品的熟悉和已有的知识来评价作品,葆真却要求我们把这些已有的东西尽行抛弃以便进入作品敞开的新境界。"葆真这种方式的知与那种对作品的形式因素及作品本身的质地和魅力的鉴赏有天壤之别。"(第 54 页)艺术欣赏并不表明作品在起作用。而葆真则是共同创作。葆真者与创作者对作品具有相同的地位。实际上,海德格尔在这里所用的 Bewahren 一词从字面上可以看成:使某事物成其真,保持其真,"葆真"。

> 让作品作为作品存在,我们称之为作品的葆真。这同时又是说:保存作品的独立性。是葆真者站到作品所敞开的真理中去,而不是作品为某一或某些主体服务。所以不可把葆真降低为单纯体验而同时把作品降低为体验的激发器。使作品葆真这回事不把人们个别化到他们各自的体验中去,而是把人们一道推入到对……真理的归属中去,从而奠定了一种互为相共的存在。(第 55 页)

维修工、版本批评家、注释家、艺术品商人、博物馆长都和作品的葆真没有关系。他们所作的是为作品提供场所:从而作品能出去参与形成历史。而海德格尔所说的葆真则是"站到在作品里演历的存在者之公开状态之内","把自己带入法则,""清醒地站在异常之内"。

看来,这里的"葆真"倒与此在篇里的"畏"相近。在讨论葆真的段落中,我们确实常见到出神、迷狂、决断、异常这类曾与畏的描述相系的词汇。不过,两者的本质接近之处则在于:它们都使世界现形;

就是说,它们都始自无而终乎有。海德格尔明言,作品的"真理的确生于无。真理绝不可能从寻常现成事物那里收集到。……一向如此司空见惯之事物均由于作品变成了非存在者(Unseiendes)。"(第59页)作品从无中来,却从不落到空无和不确定之中。"真理在作品中总被抛向到来的葆真者,抛向具有历史性的人类。"(第62页)作品中所敞开的是历史的此在已被抛入其中的所在,即具有历史性的人民的土地。在这片土地上依栖着这一民族,以及他们所是的一切,虽然他们究竟是什么,对他们自己还掩而未露。他们必得从这片土地上掘取他们的一切,并在这片土地上安置他们的一切。于是土地才成为承担这一民族的根据。艺术是历史的,这话的本质意义是:艺术奠定历史,艺术作品的真正葆真者必须摆脱一切寻常琐务,站上新涌入世界的土地。

这里不重复畏的描述来做比较。我们只提两点根本的区别。一是土地的提出。真理不是在天上游荡的灵气。真理的力量不在于它翱翔,而在于它负重翱翔。有勇气求真的,必要回到土地上来。诚然,土地是开辟疏明之际的最大阻力,但也只有在土地上开辟出来的才是真理的园地。天使们早在澄洁的天空欣享光明。我们凡人以劳作开辟地上的光明。

二是作品的历史性。《存在与时间》有论历史性的专章。但整体看来,历史性远不够突出。畏的基本结果是使此在个别化。而这里,个别化、至少个别化的体验被否定了。Miteinander曾在"杂然共处"的贬义上描述"众人"的品质,如今则被当作作品带来的积极结果。艺术品的本质被理解为把历史性的人们聚到一起。一般说来,海德格尔在其艺术论中乃至在其自20世纪30年代以后的所有著作中所强调的都是历史民族而不是个别此在。艺术参与形成历史,艺术奠定历史。海德格尔把西方历史分成三大阶段:希腊、中世纪、近代。

"每次都有存在者的无蔽演历。无蔽自置于作品而艺术完成此一置。"(第64页)如此强调艺术开创历史纪元的作用,就令我们愈发想知道艺术与政治的关系了。一方面,立国开邦也是真理演历的一种方式;一方面,艺术仿佛独独已开辟了世界。

在《艺术作品的本源》里,海德格尔是这样说的:

> 一个世界开启了,于是这个世界把胜利与失败、祝福与诅咒,统治与奴役交给历史的人们去决断。初升的世界呈现出尚未决断尚无尺度的东西,从而也就揭开了决断与尺度的隐蔽的必要性。(第56页)

在《人诗性地栖居……》一文中,海德格尔的讲法似有不同,因为那里他断称"为诗即是为度(messen)。"①不过我们得看看诗是怎样为度的。无论度量什么,先要承接尺度。诗即承接尺度之事。从何处?从神显现之处。神性是人的尺度。"人之为人,向来总以神性自度。"(第191页)但神不可知,何以为度?"神恰作为不可知者而为诗人的尺度。"(第191页)这尺度不是神本身,而是神作为不可知者公开的方式。这尺度确实太异陌玄秘了。它竟"能成为人度量自身的尺度,全靠诗人把异陌之物纳入熟悉的景观。"(第192页)

可见,诗人之为度,并不是把现成的尺规交给民众。诗人把无状之状化为有形之象。而此形象之中,就隐藏着尺度。诗所创造的形象为设立明确的尺度提供了可能性,也提供了必要性。因为尺度只用于衡量有象之物。如果把政治理解为设立明确的尺度,那么,艺术

---

① 《人诗性地栖居……》,第190页。下面三段引文也出自该文,随正文标出页码,不另立脚注。

和政治就在非常不同却又必须联系着的意义上都属人类社会生活中最重要的元勋。不过,这层联系海德格尔从未专题讨论过。

"站到作品开启的真理"这种葆真与畏相区别的这两个方面固然重要,却也含着困难。1) 畏过分强调了个别化;葆真则只涉历史性民族性。把艺术创造、艺术经验的个体性质统统当作非本质的东西扫除干净,毋宁太过? 而且,葆真者被摆到与创作者同样的高度;那么,每当葆真者踏入作品中的无蔽,就有一个历史纪元开启吗? 问题提得天真,却是希望把个体与历史的关系重新思考一番。2) 畏只与世界相关;而作品的葆真特别强调土地,作品由于土地而实在。畏无所面对而畏;葆真却面临着具体的作品。我们即将看到,作品的具体性迫使我们检验自己的眼光是否够具体,结果会发现作品的具体性加重了畏这一提法曾面临的困难。

无论如何,海德格尔的"葆真"这一提法是有相当力量的。我们常听好事者问:诗有什么用? 艺术有什么用? 艺术带来了意义,从而使某些东西变得有用,有些没用。如果没有意义,有用又有什么用? 如果有人毫无意义而仍然追究有用没用,海德格尔恐怕干脆承认:艺术没用。

> 通过作品,一切向来如此司空见惯之事都变成了非存在者。这种非存在者已不再有能力把存在作为尺度来供奉。希奇的是:作品绝不通过因果作用的联系对向来存在的事物发生作用……作品的作用在于:自作品中演历出存在者的无蔽状态的转变,亦即,存在者的存在的转换。①

---

① 《艺术作品的本源》,第 59 页。下面两段引文也出自该文,随正文标出页码,不另立脚注。

把万物活生生的种种联系都简化为因果关系—如把人与人及自然的一切联系都简化为有用和利用,原是低劣不足凭的。然而这类低劣的哲学观点确乎到处招摇,这一事实增加了海德格尔的葆真这一提法的意义和力量。

即使退入艺术经验的范围,葆真这一提法仍是有意义的。我们都知道对待艺术品有种种不同的态度。且不说那些热心的艺术品商人和冷感的官僚。在"爱艺术"的人群里,有的人热衷于收集关于艺术品的种种情报,以便在博物馆或音乐厅里领导议论;有的品味艺术品的每一细节,陶醉于其奇巧神妙;有的人听音乐特别勾起心底的情曲,曲未终而泪先流;有的买一幅画挂在墙头,出入欣赏;有时涌进一个难得的展览,一饱眼福。但也有时,山深林僻之处,突然闪出一座古寺,其态也拙,其势也雄,使人愕然而立,悚然忘机;尘世中小小悲欢顿失意趣,恍然空荡之中,却充满了意义,虽然这意义觅之不见,捕之无踪。这种种经验方式,不是比肩并列的。有些来得真切,更具根本性。同时,它们又常常互相提携或互相反对。精通一门艺术的技术细节,麻木了某些人的艺术感受力,却使有些人的艺术感觉格外敏锐深入。无论如何,这种种经验不可能以欣赏或鉴赏来概括。而偏偏无论在教科书里还是在日常生活中,听来听去总是欣赏鉴赏。不知不觉中,对艺术品的最有分量的经验倒被摈除不论。康德在优美外提崇高,已有感于此不公。海德格尔今提出葆真与审美趣味相对,若从这一角度去理解,我想必有助于扩大我们看待艺术经验的眼光,加深我们对种种不同经验的本质以及它们之间的错综联系的理解。无论这样摸索下去是否会得丰收,海德格尔却并未涉及艺术经验的种种繁杂。像对待艺术创作一样,他一下子把艺术品的葆真提到与畏、与超越一样的存在论极限上。这就使得艺术论像他的生存论一样陷入难以排解的悖论之中。不过,由于作品的现实性,这一悖论倒也变得更具体了。

这困境在于如何描述从创造到葆真之间的空间。海德格尔一般地反对在现成状态中理解事物,更不用说艺术作品了。他一般地把真理理解为发生和演历。现在的问题是:当作品被创作出来以后而未遇到知音,比如当它藏在博物馆为它所提供的场所中等着去参与形成历史,它是否隐没而暂化为现成事物,而等着葆真者出来给它带来再创造?海德格尔这样回答:"甚至当,其实尤其当作品仍只在等待葆真者的时候,仍只在吁请葆真者进入其真理的时候,它仍然并恰恰才与葆真者联系着。甚至作品可能会落入其中的遗忘也非空无;遗忘仍是一种葆真。"(第54页)这可是有点儿自说自话了。我们马上要问:这类葆真与"站到在作品里演历的存在者的公开性内"是一样的吗?如果不一样,那么这一类又在何种意义上是葆真呢?何况,"站到公开性内"本身也引起疑问。作品所敞开的世界是哪个世界呢?第二节说到,作品独独属于它所敞开的世界。例如荷马史诗和帕特农神殿独独属于希腊,而希腊这个沦失的世界是无可挽回的。那么,当我们站进作品所敞开的公开性,我们站进了哪个世界呢?

在《艺术作品的本源》里有一段海德格尔与丢勒的争执。丢勒有句名言:"艺术就藏在自然里,谁能把它揪出来谁就占有它。"海德格尔承认,自然里的确隐藏着尺度和界限;然而他争辩说:"这一隐藏着的艺术只有通过作品才会公开出来,却因为它原始地藏在作品(劳作)中。"(第58页)海德格尔实实在在不愿离开真理及其演历来规定存在。然而,画家丢勒对艺术品的由来、本源自有贴切的体会。我们曾奇怪一件艺术品,例如一座希腊神殿,如何"就其本性浮现"。丢勒就是在回答我们。艺术创作并不全是无中生有。需要自然。也需要艺术家。没有入乎晦暗者,何来敞开,何来光明?靠真理自己"冲行"只怕还不够。海德格尔还是太过概念化,结果反把真理弄得像是"存在者"。活生生的创作一瞬间,捕之不易,欲述尤难。把真理的演历与寻常世道截然分开,把艺术品与自然、自然物和器具截然划开,就使永远是一次性的真理演历失去了互相联系的可能。不仅要使真理一次性地演历,而且要让真理驻定,作品这一现实的存在者把这一两难摆到我们面前。面临这一困境,首先浮起来的救助之方准是潜能和现实这组范畴。亚里士多德的这对范畴是与质料形式紧密勾挂的,而质料形式正是海德格尔力欲克服的物之理论。真理与作品的问题果然与物何以为物的问题缠在一起。我们现在不仅明白为什么海德格尔在讨论艺术品之前先探究物性,而且也觉得到此为止物性之为物性仍不是澄清了的。借助于前四节供献的各种线索,让我们再一次回到物性探索上来。

第五节　物性讨论

对艺术品的讨论把我们又逼回到物性上来。海德格尔自己在1950年也回到物这个课题上。那年六月他在巴伐利亚艺术院以《物》为题讲演,翌年发表在《形态与思想》第一卷上。

在《物》这篇文章里,海德格尔对物这个词的词源作了一番考证。据他的考证,"物"的古德语对应词是 thing,意指召集,特别是召来会商迫切的事务以及其他纷纷杂杂的事务。从而它又指称因涉乎人而入乎言谈的东西。这也就是希腊词 eiro(rhetos)和拉丁词 res 所指称的东西。Res 体现了罗马人对物的经验,即把物经验为切身攸关之事。"但是,罗马人从不曾从本质上深思过他们如此经验到的东西。"[①]他们反倒从希腊词 on 来理解 res,而把它与 on 的拉丁化 ens

---

① 《物》,第48页。下面十段引文也出自该文,随正文标出页码,不另立脚注。

等量齐观。而后来，尤其到中世纪，res 这个词干脆用来指随便什么在现场的东西，甚至包括表象，ens rationis。相应地，古德语 thing 一词一开始就受到中世纪对物的理解的侵害。Thing 也指无论以什么方式存在着的东西，即存在者。"物"的意义就这样随着对存在者的解释而变化。到康德那里，存在着的东西又被解释为自我意识中的表象对象。自在之物的存在则与人的表象无关。虽说严格地按康德的路子想下去，自在之物对于我们就什么都不是，因为它没有作为对象的"对"。

这番考证的目的之一，是指明现代科学的物质观如何植根于传统。现代科学及其所由的传统是否把握了物性呢？我们以一个缶为例。它是一个独立的东西。如果把它摆到我们面前与我们面面相对，它就是对象。独立之物却不一定非是对象；对象性抓不住物之为物的特性（das Dinghafte）。眼睁睁看着这个缶的外观、它的 idea，也看不出它的物性。由此可知柏拉图实在不懂得物的本性。

那么，我们试着把缶的物性定在它是个容器这一"类本质"上。缶容水容酒，但严格说来容水容酒的不是缶壁缶底，而是它们所围的虚空。但虚空也不是缶特有的虚空，而是空间的一部分。水和酒则也归入其"类本质"而被理解为液体，液体复被理解为物质的状态之一。科学就这样抽象、规定、推演，把一个实实在在的缶解析得虽有若无。近代科学并不比柏拉图更懂物的本性。科学只从类的角度来理解事物，个体事物始终只是样品而已。"物作为物始终微不足道，虽有若无。物的物性（Dingheit）始终被掩藏着，被遗忘了。物的本质存在从不显相；即，从不达乎语言。"（第 42 页）不允许个体物作为提供准绳的现实者存在，这就叫物的否定。而人们还在奢谈科学认识现实的优越性呢。殊不知，从古至今，"物还根本没有能够作为物向思想现相过。"（第 46 页）

这论断真够惊人了。但海德格尔接着申明,物性之不为人知,非人之过也。物性之未得言说,是由于形而上学但求普遍适用于一切物的概念框架而偏偏因此错过了物之物性。这是西方哲学的命运而非某位哲人的愚钝。

然而,当物的意义最后硬结为对象,松动传统的时机就成熟了,好像栗子干硬了就容易剥开一样。我们记得,回溯到 Ding 这个词的源头,它原指召集。于是海德格尔出奇语曰:"Das Ding dingt; Das Dingen versammelt。"(第 46 页)如果借用"君君臣臣父父子子"这一格式,"Das dingt"就可以译成"物物",意思是让物牢守其物的身份。但"物物"这译法未免古怪,不如把上两句全文译为"物自成其为物而于是拢集"。J.考克曼斯告诉我搜寻古辞典可得 dingen 之义为"吁请"。海德格尔的本文也为这层含义提供了佐证。归纳下来,海德格尔对 dingen 的使用大致是:使成为物,使成为起眼的东西,使发生,使实实在在地存在;于是:吁请,吁请出现,现形,呈现其存在,到场。这种存在又总是受吁请制约的,具时间性和有限性。于是 dingen 又与 bedingen 联到一起:使成为物,但成为有条件的存在。不过咬文嚼字地译洋文,实在让我们的中文受委屈了。而且西文的字源考究,给我们的教益实在有限。若把中文词"物"的源流注释一番,看看它如何联系于"有"、"我"、"人"、"事"、"东西"、"物质",收获怕会大得多呢。好了,且放开字词上的考究,看看物自成其为物到底有什么内容。

缶用来盛水盛酒盛水。盛来酒盛来水为了倾斟,为了给赠(schenken)。缶的本质存在在于倾斟赠品(das Geschenk)。赠品或是井水或是泉酿。泉水里居着溪石,溪石上有土地轻眠,土地欣领天上的雨露。"在泉水中居有天地之姻……水之赠,酒之斟,中有天地居留……在缶之本质存在中,有天地居留。"(第 45 页)水和酒赠与有死的凡人饮用。息渴,爽神,成宴。但缶中琼浆也祭祀不朽的神明。据海德格尔考证,德文 Guss(倾斟)原义即为祭祀。猜度起来,古之时,一举一措莫不虔敬,岂如而今 Guss 的意义伤败到不过是灌进去倒出来。

"斟赠的礼品挽留天地人神,礼品因之而是礼品。"(第 46 页)看来,天地人神都因这礼品而延留。它们因这一赠而留,却不为占有这礼品而来。不为占取而纷争,故得共享这一礼品而相亲信。"礼品拢集与礼品相属者,……这一多重的朴一的拢集就是缶之为缶的本质。"(第 46 页)

于是,"天地人神齐居于这一斟赠之中。"这四者(die Vier)称为四大(das Geviert)。① 四大朴一,先乎万有。"斟赠的礼品挽留四大。挽留并非强留暴阻。挽留令各自归本相生(ereignen)。它把四大各携入其自有的明光之中。"(第 46 页)

土地生养着山河草树虫兽。"但凡说到土地,我们也已经从四大朴一想到其他三大。"天空上,日月周章,群星灿烂,昼明夜昏,四季相追。"但凡说到天空,我们已经从四大朴一想到其他三大。"众具神性者传喻神性的消息,于是,神就其本质存在现相。而凡人呢?凡人有死,所以称为凡人。"死是虚无的神龛。"虚无是存在的秘密。所以,"死是……存在的掩庇",而凡人就生存在这掩庇之中。凡我们说到神性者,或说到凡人,我们也就在一道思着其他三大。(第 51 页)

这四大者,动之徐生,蔽而新成;各携其它,交相辉映。照耀它方而复映于本身;与它者嬉游而不失本真;各容它者自在而又统归于相向相映的单纯朴一。"天地人神四大朴一的这种令各自归本相生的镜映游戏(Spiegel-Spiel),我们称为世界。"而"物挽留四大。物吁请

---

① 《老子》章二十五:"故道大,天大,地大,人亦大。域中有四大。"

世界。"我们人也受物的吁请而来。"我们是受物吁请而来的有条件者(die Be-dingten)。我们已把一切无条件者的要求抛到脑后。"(第53页)

由此可知,物自到来,不靠人来制造。不过,没有人的警醒,物也不会到来。这种警醒首先要求我们的就是从表象思维退步抽身。但说到底,我们转变态度并不就能让物到来。"只有当——想必是陡然间——世界作为世界威临",物才悄然临现:"缶与座椅,小桥与耕犁。但溪塘丘树也是物,各依其自有的方式是物。"牛与马,书与画,王冠与十字架也是物。然而,与纷纷客体芸芸众生相比,物却为数寥寥。"唯连环出自世界的,才有一朝成为物。"(第55页)

很明显,《物》里对物的提法,与《艺术作品的本源》大不相同。我们以土地为线索来摸索这区别。

在《艺术作品的本源》里,土地是与世界相对出现的。而在《物》里,它属于四大。四大这个提法是从荷尔德林那里受到启发的。荷尔德林的诗常以人神对称,天地对称。在一篇题为"荷尔德林的地与天"的讲演中,海德格尔借用荷尔德林的"希腊"一诗来解释天与地的关系。首先,天与地是相互依存的,一道掩庇和支撑着神的畿域。不过,天与地的地位似乎不完全等同。天周行而歌,其歌为云之阴晴,电之闪耀,雨之倾泻。大地是另一种声音,但这种声音回响着天歌。天、地,甚至包括神本身,则又共同存在在更原始的 physis 之内,并通过这 physis 互相关联。[①]

有些研究者提出,土地和天空的关系与土地和世界的关系是相当不同的,因此提出:海德格尔实际上有两个相当不同的土地概念。一个与世界相对,世界作为其意义整体的那个东西。另一个则是处

---

① 《荷尔德林诗释》,第 166—168 页。

于世界之内标识世界一维的概念。当然,如果再细些分,还可以再分出一层:《艺术作品的本源》中的土地,有时指的是与世界的开敞相对的一切存在者的总称,有时则特指艺术作品中的"质料"。这些讲法,据我看,都很容易成立。读一读《艺术作品的本源》里对土地的描述,再读一读《物》里的,马上就了解。不过,更要紧的当然不是指出这些明显的区别,而是指出这些区别如何发展出来,如何在这发展中联系,以及这一发展的哲学意义何在。

无论如何理解海德格尔的土地,有一点是清楚的:土地不是某些事物的集体名词,不是一切存在者这个总类下的某个亚类。天地人神都不是类名词,倒类似世界的四极,四方,四层,同时这四极也就集在任一物上。这样看来,世界就不再是一个单质的公开场,而是具有其内部结构的。无论在何种世界,无论在何种意义体系里,总有着这四大组建着这世界。我们甚至可以说,在世界历史进程中,这四者的地位常发生变化。例如,海德格尔多次声称当今的世界是众神遁去的世界。有时是神主导着,有时是人,有时是土地或天空。

然而,世界如何由这四大构成,却还不清楚。固然我们被告知,四大镜映游戏。但为什么偏偏是四大游戏而不是五大六大呢?或三大?理查森指出,在四大中,天和地接近于我们称作自然的东西;若把天地合归为自然,我们就有了神、人、自然的结构,而这一结构恰恰是传统神学和形而上学中常见的等级结构。用传统形而上学来解释他提出的四大,海德格尔当然会忿忿不然。或许,他提出四大,并无意于从理论上构造一种宇宙论,而意在提供一种神话式的世界结构?海德格尔哲学中确实有一定的神话因素。我们不妨把他所讲的天地联姻、人神互照与柏拉图在《高尔吉亚篇》里讲的天地人神通过友爱自制与公正得以成其世界比较一下。柏拉图借他所讲的神话来解释宇宙之为 kosmos(秩序井然的整体)而不是一片混沌。海德格尔以诸神对凡人的要求,凡人对神圣声音的倾听、对神圣踪迹的寻觅来解释历史的发展。其实,他本人明确承认他所讲的四大受启发于荷尔德林对神话的领会。

海德格尔根本就不以为神话是一种应当抛弃的较低级的思维方式。据他考证,在巴门尼德和赫拉克利特那里,mythos 和 logos 是在同一意义上使用的。直到近代理性主义兴起,才把神话贬为初民的胡思乱想。即使如此,神话的衰落也并非理性和逻辑的功劳。海德格尔断言,宗教性的东西从来不是被逻辑摧毁的,它只会由于神的隐遁而毁败。果若如是,神明重新临现之时,是否会有神话的复兴呢?有一点是肯定的,思的新方式不会简单地等同于往古的神话。理性主义与科学不是偶然插到人类历史中来的,我们不可能假装不知道它们的成果来编造宇宙的神话结构。所以,按照海德格尔自己的解释学原则来理解,他所作的是重温神话而不是重复神话故事。

如果海德格尔确实无意于重讲神话故事而他的方式又不似传统哲学,那么,他是不是想要创出一种诗化哲学来呢?想想他对农妇所踏的鞋所作的那番描述,与人们通常作物性分析时一本正经地从概念推演到概念的风格确乎大异其趣。从一只缶说到四大者,若不是神话,必是诗化哲学了。然而,如我们下一章第四节将要看到,海德格尔虽然强调诗思比邻,却绝不主张哲学的"诗化"。

海德格尔讨论物性,其议论的风格委实与众不同。"风格"却不是说:一样的议论,配上不同的文藻。风格是艺术的生命,这我们都知道。于哲学又焉不然?不过是外行人还没有参入哲学的风格而已。所有哲学教科书都用同一风格写成,或不如说,都用同一没风格写成。从而我们就笃定知道新教科书里仍不含有新内容。自《存在与时间》后,海德格尔渐渐发展出一种新的,往往近乎诗语的文体,可想知,其所图盖非张扬文藻。在他看来,西方的哲学语言越来越趋向于科学语言,这倾向也浸漫到日常语言之中,而这种语言同时也越来越不足以对待哲学原本提出的问题。所以,海德格尔尽量避免用积满了形而上学内容的语词和概念而力求以新语词新风格重温哲学的原始问题。即以物性讨论来说,一谈到物的本质,哲学家就立刻滑到适用于一切物体的某种普遍概念上去。海德格尔虽也寻求物的本质,却绝无意找出一种"符合一切物体的物体概念"。他称他所列举的那三种物体解释都各符合一切物体。但这种符合有什么相关呢?"两足无翅的动物"普遍适用于人这种动物,却不达乎人性。要畅晓物的本质,非另辟蹊径不可。

Das Wesen 这个词,在哲学文献中通常译作"本质";而它在德语日常用法中,往往就是指一样东西本身,指这样东西的实实在在的存在和内容。所以我有时也把它译为"本质存在"。海德格尔区分非本质的本质和本质的本质。前者指的是把存在者一字排开从各个中抽取出共性来。他所关心的,则是本质的本质:某物的本质内容,它的具有本质性的存在。寻求这一本质,不在于借助于抽象共性以得出普遍适用的概念,反倒在于牢守于所追究之物,具体入微地经验此物,由近及远,触类旁通。思的途程不以普遍性为归宿。本质性内容自然也具有普遍性,但这种普遍性不是均匀无限的,而是有明暗有层次有起伏的。这是因为,揭示一存在者的本质内容在于把这一存在者携入公开场,而这一初辟的公开场又拢集其他事物,勾心斗角,使它们在这一已经呈明的存在者的同一光线中各自呈现自己的面目。无论讨论的是真理的本质还是艺术的本质,物的本质还是诗的本质或语言的本质,海德格尔都不厌其烦地申明和解释他对本质的一词的这种特定的理解。

但若这样不拘于从概念到概念的推演而专注于特定存在者的特定本质内容,哲学不就诗化了吗?海德格尔的哲学是不是诗化哲学?

或问得更一般一些,哲学该不该能不能诗化?这是异常复杂的问题。我们将把它留到下一章第四节再讨论。眼下我们要做的,是检验一下海德格尔是否以及在何种程度上通过他特有的寻求本质的途径回答了他一开始提出的关于物体本性的疑问。

海德格尔断言,形式质料这组范畴源自用具分析,这种形式质料辩证法充其量只能说明用具结构而不能推及自然物和艺术作品。由于人们始终通过形式质料这一类概念来解释物,物的物性还从来未被深思过。海氏自己则试从对艺术作品的探讨打开缺口。他不愿把用具和作品当作在自然物上有所附加而成的物体。这与他对存在的理解有关。存在不是物质或物质状态,而是一种开放过程,本身幽闭的东西通过这一开放成为存在者。自然物也是开放出来的。幽闭自身的东西叫作土地。自然物性属于土地,但自然物并不就是土地。艺术作品是直接从土地而不是假道自然物开放出来的。当海德格尔主张分别追索自然物性、用具性和作品性的时候,他似乎认为它们是截然不同的三种物,即:它们在各自不同的开放方式中照面。但偏好源头的海德格尔不再提用具的优先性而特地选出艺术品来追究,暗示着艺术作品更具原始性。他确实或明白或含混地主张自然物和用具都须通过艺术作品才能敞开:"虽然物体性不能规定作品性,但对作品的作品因素的认识却能把对物的物体因素的追问引上正轨。"[①]一种解释是:我们只有通过劳作才能接触土地,而自然物性是属于土地的。我们曾提到,德文词 Werk 包括劳作一义。通过作品而知自然物,可以意味着劳动在土地上而后得其自然。海德格尔与丢勒的争执也可以放在这一背景中来看。海德格尔又说,"我们对物之因素

---

① 《艺术作品的本源》,第57页。下面两段引文也出自该文,随正文标出页码,不另立脚注。

从来不直接有所知,即使有知也不确定并因而需要 Werk。"(第 57 页)

这种解释把海德格尔带近马克思对劳动的理解。尽管这很可能是一种更富内容的解释,却未见得合于海德格尔的主思路。因为他已断论用具也要通过作品才经验得到,尽管用具也包含一般意义上的劳作。

本章第一节曾介绍,海德格尔借梵高画的一双鞋来描述器具。描述议论一番后,他作结论说:通过作品,而且只有在作品中,器具之为器具的存在才显露真相。"(第 21 页)这话却只能算断言,而不具论证的说服力。首先我们就不知道,他本要描述用具却为什么非要以画中的用具作例?他没有表明若不借梵高的画就无法对一双农鞋有相类的描述议论。再则,如果梵高画的是一纯粹自然物呢?物作为物的存在就显露真相了吗?实则,艺术作品和用具的分野整个地都十分可疑。在拿艺术作品与用具做比较时,艺术作品的独立性得到强调。这一独立性是双重的。1. 艺术品本身不消失在用途中,而兀自守着自己孤独的存在。2. 土地不消失在艺术品的统一中,而是通过艺术品顽强地显现封闭着的自身。相应地,用具的不独立性也是双重的;质料之服从于形式与用具本身服从于其用途连在一起。当然,效用现在被用来表达用具的较低级的存在论地位了,因为物的独立性得到了强调。

但用具的这两重非独立性都可疑。其一,海德格尔自己也不能确定质料与形式这组范畴是否真正适合用具。从他对传统物体概念所持的激烈反对态度判断,答案是否定的。否则,他就不必别觅新路来追究农妇所踏的鞋和缶的物性了。其二,用具之为用具虽仍由有用规定,但有用却在于信赖。这标志海德格尔对用具的理解迈出了决定性一步。然而,为了反衬作品的独立性,海德格尔却不断重新把用具简化为形式质料范畴桎梏下的有用性。

强调艺术品含有"它存在着"这一事实也补益不多。用具和自然物也存在着。只说它们的存在不大被注意,不管合乎事实否,终归不能算艺术品与其它事物的本质区别。再说,把农妇带进土地与世界的,毕竟是她踏的那双鞋,而不是梵高画上的鞋。

海德格尔在力图区分艺术品与用具和自然物的时候捉襟见肘,甚至不惜歪曲自己的灼见,这表明了虽然他对物、对用具的理解大大深化了,但仍处于转变摸索之中,表明了他对艺术品的独特性与物之物性仍把捉不住。道之为物,唯恍唯惚。三种物究竟哪个具有优先性?我们已经看到,在《物》里,缶——一件器具——挽留住天地人神,吁请来一个世界,也就是说,吁请真理得以演历。看起来,先是《艺术作品的本源》取消了《存在与时间》中用具的优先性,继而《物》又取消了《艺术作品的本源》中艺术品的优先性。或许,不仅三种物之上没有一个更高的类,而且三种物的分野本身也站不住脚,虽然他们并不是回复到那个已经被抛弃的类共名"物"之下,而是回归到融通朴一。确实,我们读到,溪塘丘树,鹿与马,缶与耕犁,书与画,都可以是物。确实,一副耕犁,一次日出,在适当的时辰适当的所在,怎能不为敞开的心灵敞开一个世界呢?

第六节 诗

在《艺术作品的本源》接近尾声处,海德格尔断称"一切艺术本质上都是诗"。艺术的本质是真理;而"真理之作为存在者的疏明和掩蔽得以演历,在于它以诗构成"。[①]

[①]《艺术作品的本源》,第61页。

这断语够出奇。艺术的本质怎能由艺术的一个品类规定呢？即使能，为什么非要由诗，而不是由画，或音乐？海德格尔解释说，他并不主张把一切艺术还原为狭义的诗歌或把一切艺术都理解为诗歌的变体。他区分 Dichtung 和 Poesie。两词本都指诗歌；在德文里，前一词是本生的，后一词是外来的。他所说的 Poesie 与我们通常所说的诗歌大致涵盖。他在使用 Dichtung 时则着意于德文 dichten 所含的"构造"这一意义，从而也就与筹划、设计、撕扯出线条而成草图、构造成形这些提法联到一起了。这样看来，Dichtung 就泛指每一艺术作品中使真理固置于某一个别存在者并通过该存在者而起作用的过程。于是，艺术的本质是诗这一定义也就顺理成章了。不过，这只是事情的一方面。另一方面，一切艺术根底下都是语言，而诗是直接凭借语言的艺术方式。这一点使诗歌也确实在各种艺术方式中高标特立。根据这些看法，Dichtung 就在广义上和狭义上都具有突出地位。海德格尔于是在广义和狭义上一般都使用 Dichtung，而 Poesie 一词则偶然才被用到。

把上面所讲的变成教条，可以说，一方面 Dichtung 就其广义作为一切艺术均有的共性从形式上规定着每一艺术方式；另一方面就狭义揭示出一切艺术中最原始的奥秘而从本质上规定着每一艺术方式。第二层意义若要成立，显然必须能表明一切艺术方式都根源在语言中。于是海德格尔明称："要看到这一点，所需的无非是正确的语言概念。"[①] 不过，探索语言本质的工作，我们将留到下一章才尝试。

艺术的典型究竟是诗、音乐、画、舞蹈？海德格尔首推诗，这确实是由他的语言观从而也是他的整个哲学观决定的。但诗以外，他最

---

① 《艺术作品的本源》，第 60 页。

重视画。除了学理的根由,还可指出海德格尔在诸种艺术中的确主要地通于诗,也略懂一点儿绘画。不过,无论把何种艺术取作典型,哲学家难免有种以一概全的倾向。在海德格尔那里"诗"无所不包,有时真会让人头疼。

Poesie 译为诗歌没什么问题。却很难找到中文词包括和联系 Dichtung 的诸重意义。我们大概只好仍译它为"诗",同时记着海德格尔赋予诗的较广较深的含义。Dicend 相应译为"为诗的"。Dichterisch 不宜译为"诗意的",不如译为"诗性的"。

紧接着《艺术作品的本源》,海德格尔开始了以荷尔德林诗为题授课,《荷尔德林和诗的本质》发其先声。荷尔德林是他最喜爱的诗人。他承认,荷马、索福克勒斯、维吉尔、但丁、莎士比亚、歌德像荷尔德林一样伟大甚至比他更伟大。但他自有偏爱荷尔德林的理由。首先,在他看来,荷尔德林明确地就诗的本质写作,所以他称他为"诗人的诗人"。其次,荷尔德林与海德格尔同属一个时代,同属一个"贫瘠的时代"。

这个时代之所以贫瘠,因为众神离开了这个世界。基督教徒仍然上教堂礼拜,但上帝却缺席。不仅诸神遁走,上帝缺席,而且,神性的光辉也从世界历史消失。时代已贫瘠到无力辨明上帝缺席的事实了。

然而,诸神遁走,却并非丝毫不留踪迹。贫瘠时代的诗人,就有一种使命,引导我们寻求这些踪迹。所以,荷尔德林还不是一般地为诗,他以诗寻索诗的本质存在。荷尔德林之受钟爱的两点理由,实在是连在一起的。也可见荷尔德林的诗篇最宜于选用来探寻诗的本质。

不过,要从这篇论文或其它论诗的文章中,寻找一套关于诗的严格定义,注定是件徒劳无益之事。海德格尔所说的本质,原是那在诗中起本质性作用的东西,使诗作为诗存在的东西,而不是一切诗歌的普遍共相。那种漂浮在每一个别诗作之上的平均共相不仅对每一诗作无关痛痒,而且在理论上也必堕入空洞的循环:要抽象一切诗作的共同点就要确定哪些属于诗作哪些不属于,而这非得在对诗的本质已有掌握之后才能进行。论诗,必得先进入诗之诗性,从外部掇零拾碎先就把要论的主旨丢了。

海德格尔实际所取的手法,往往是特选某篇诗作,从一点解释起,逐渐展开,旁涉别出,深浅互彰。而各篇注释连环嬗递,每论多有重复,却又推出新见。读之固各有其意趣,要概论却颇令人踌躇。不仅因概论难作,更因一作概论,便失去海德格尔论诗的一个主要旨趣:哲学与诗的对话。好在读者尽知,读二手的文论,无论它写得精当与否,总不能代替读原著的。

笔者计划在本节先介绍海德格尔在论诗时反复强调的一些讲法。下章第二节则介绍他对一篇具体诗作的讨论。希望这样的办法不仅可以供读者了解海德格尔的观点,并且也瞥见他在实际运用中的解释学方法。

首先,诗活动在语言中,因而诗的本质要通过语言的本质来理解。然而,诗并不是把语言当作某种质料加以运用;倒不如说首先是诗才使语言成为可能。"本真的诗绝不是日常语言的某种较高品类;毋宁说日常言谈是被遗忘了的因而是精华尽损的诗。"[①]日常语言,及日常议论的一切,都首先是由诗敞开的。因此又可以反过来说,语言的本质必须通过诗来理解。诗和语言的这种互相归属互相规定,我们下一章还要细加讨论。

其次,诗是一场对话。对话并非种种说话方式中的一种,毋宁说,语言只有作为对话才成其本质。对话不仅要求能说,而且要求

---

① 《艺术作品的本源》,第 28 页。

能听。

但若要能交谈,必然有某种统一的因素结合着交谈者。可见,"在本质的言词中,自—自同者(das Eine und selbst)向来已显豁了。"[①]我们由于与这自—自同者相联系而结合在一起而能交谈。这自—自同者支持着我们,而"我们的此在支撑着交谈及其统一性。"(第39页)

任何交谈都必恒定地交涉到这自-自同者。但这自-自同者只有在长驻者之光照中才能显豁。但长驻者何以能得驻立而赠其光照?这就联到诗的本质的第三点。

其三,诗在言词中让长驻者驻定。"诗是通过言词并在言词中建树的活动。"(第41页)

然而,长驻者何用建树呢? 如果不总摆在那里,何以称长驻者呢?"不然!恰恰是长留者,须得谨防劫夺才能使之驻立。单纯必得从混乱中争来。尺度必在无度面前设置。那支撑支配存在者整体的东西必须进入公开场。"(第41页)要使存在者显现,存在必须开敞;在这一意义上,存在当然是长留者。"然而,恰恰这一长留者才是病逝者。"长留者是否驻留,就是诗人所关切的,也是诗人的业绩。诗人说出本质性的言词而为诸神为存在命名。"存在者通过这一命名而始得任它所是的存在者,并从而作为存在者而被知晓。"所以,"诗就是以言词建树存在。因此,长留者绝不能从消失者中汲取。单纯也不能径直从混乱得来。尺度并不躺在无度之中。我们在无据深渊中从来找不出根据。存在绝不是存在者。"(第41页)这一切都有待争得与建树。这一建树是无法通过对现成事物的计算推导来完成的。

[①] 《荷尔德林诗释》,第39页。下面四段引文也出自该书,随正文标出页码,不另立脚注。

只能通过诗。一方面,诗人截取诸神的无声之音,把它们变为有声之言传给他自己的人民。另一方面,诗人从民族的古老传说中听取对存在者整体的原始领会。这种领会多半却是在流传过程中磨得愚钝了,所以必须由诗人重新予以解释,使之重新显耀。诗把这相向又相离的两方面结合在一起。在这两方面,为诗都既是听取又是自由创造、设立和赠与。

诗的建树就是这种自由的创造、设立和赠予。通过存在的建树,诗人的言说也就为此在设定了基础。这一"奠定根据"是建树的第二层意思。于是我们有了诗的本质的第四点,诗使人栖居于这片土地上。这一点,应得细致对待。因为诗与栖居的奇特关系集中反映了海德格尔论诗的主旨而使诗之本质的其他诸点较易得到理解。

海德格尔有一篇文章,题目是引荷尔德林的一句诗《人诗性地栖居……》。另一篇题为《筑、居、思》的文章专论诗性的栖居。据海德格尔考证,栖居与存在从词源上同根,在意义上相亲。诗既被理解为首先使存在者进入存在者,诗与栖居的形式关系就不难得出了:"为诗(das Dichten)始令栖居成为栖居。……为诗既让人栖居,便是一种筑居。"①

这里译为"筑居"的德文词 Bauen 也可指播种耕耘,制造器物。播种耕耘自然也属于乐业安居。但仅仅养育那些从土地中滋长出来的稼禾是不够的。Bauen 更窄些的意思是指建树那些不会自己滋生繁衍的东西,包括制造器物。播种耕耘制造器物固可成绩斐然,但它们加在一起也仍不能穷尽栖居的全部本质内容。"相反,若把它们当作目的而营求获取,它们反会阻止栖居进入自己的本质。"②(第65

---

① 《人诗性地栖居……》,第 63 页。
② 同上书,第 65 页。

页)非诗性不足以成人之栖居。而"是人,这唤作:在土地上作为有死的凡人栖居。"①

人固然须汗流满面才得糊口。但人之为人,却特受神恩,得允在劳作中并因其劳作借其劳作仰望天界。此仰望固然直抵天穹,却不因此弃绝大地。是诗性使人得以仰望天界。同时也正是诗性把人引向大地,携入其栖居。诗的仰望涵跨天地之间。而"这个'之间'是量出以赐人栖居的"。在这涵跨的维度中,天地转而相望。凡人居住在土地上,天空下,神圣者面前。人之所以能升乎天界而复归大地,能栖居于天地之间,由于人以神性衡量自己。"人之为人,总已经以某种天界之物度量自己了。……神性是尺度,人依此尺度量出自己的栖居,量出他在大地上在天穹下的羁旅。"②

栖居在于这度量,度量在诗性中求其尺度。这一尺规绝非以某种已知之量度去测某种未知但现成的长度。"每到我们听说尺度就会马上想到数,并把尺度和数都表象为某种定量的东西。然则度之本质犹如数之本质,并不是一个量,我们可用数来计算,却不可能用数的本质来计算。"(第73页)

但诗人的尺度又是何种尺度呢?诗人以神性衡量人生。而神明者却不可遽知。前面曾几次触及到诗与尺度,现用一段译文把这个题目总结起来:

天穹诸景观,陌异于神明,亲熟于人。但这又是什么呢?——凡在天穹中,在天穹之下也即在大地之上闪烁、繁生、发声、吐芳、飞升、惠临之物,却也还有那些消失、跌倒、悲吟、缄默、苍白、黑

---

① 《筑、居、思》,第21页。
② 《人诗性地栖居……》,第69页。下面四段引文也出自该文,随正文标出页码,不另立脚注。

暗之物。未知者自遣于陌异于神明而亲熟于人的种种之中,以便得其守护而长留为未知者。然而诗人却把天空诸景观之光华、天之运行与和风之声息唤入歌鸣之言,以使之昭明振响。不过诗人之为诗人并不仅仅描述天地的外貌。……借亲熟的外貌,诗人叮请陌异者,那不可见者就自遣于这陌异者之中以长留为其本身,长留为其不可知。……我们现在通行用"形象"(Bild)一词来称某物的景观和外貌。形象的本质是:让人看。形象作为景观使不可见者得以见,从而把它构入(einbilden,通常之义为想象)陌异于它的东西。反之,临摹摹仿不过是这真正的形象的变种。因为为诗承取了那神秘莫测的尺度,且这承取凭天穹见证,所以诗在"形象"中说话。从而,诗的构入或想象……绝非纯粹的幻想臆说,而是以有目可睹的方式把陌异者纳入亲熟的景观。……透过这些景观,神令人惊异。在此惊异中神昭示其不间断的近临。……不见者在陌异者中看护其本性,而为诗所承取的尺度就作为这陌异者自遣于天穹诸景观的亲熟之中。……这天穹即是尺度。因而,诗人荷尔德林必问:"大地之上可有尺度?"且必答曰"没有"。为什么?因为,只有当人使大地之上有人栖居并因栖居而让大地成其为大地,才会有"大地之上"这种说法。然而,只有当为诗……为一切度量承取尺度,才发生栖居这回事。……为诗乃肇始之筑居。……为诗原始地让人栖居。(第74—76页)

但若事实证明人的栖居其实不具诗性呢?"栖居之所以可能不具诗性,恰因为它本质上具有诗性。如果人能成为盲人,依其本性他必是有目能视者。"(第77页)唯当我们知诗性为何物,才会知道我们的栖居何等远离诗性。要改变这种不具诗性的栖居,全在我们对诗性的关注。而人之为诗,则又取决于在何种程度上顺合于"那喜爱人因而需要人者。"(第77页)这种顺合之度也决定着诗作的真赝之度。

但又何时有此顺合呢?海德格尔引荷尔德林的诗曰:

> 只要友爱,这纯真者仍与人心同在,
> 人便不会不愿
> 用神性度测自身。

只要友爱与人心同在,只要仁爱持其惠临,人就有幸以神性度测自身;如此度测,人便得以为诗;有此诗性,人便得人性地栖居在这大地上。到那时,人生就成为安居的生存。诗生长在如此根本之处,建树如此根本之业,为诗就绝不可能是件轻而易举的事了。于是便有诗之本质的第五点。

其五,诗是一切事业中最危险的事业。且以贫瘠时代的诗为例。在贫瘠的时代,众神隐遁了。众神不再昭示支撑着时代的根据;世界变成了无据深渊(Abgrund)。若这个贫瘠的时代竟还可能转变,那就非要待世界有了根基。而在这世界黑夜的时代里,必得有人探入深渊,经验它并承受它,因为一切既藏匿在深渊里,神性的踪迹也必标明在那里。而谁探入深渊?诗人。"在这贫瘠的时代作一个诗人意味着:以为诗的方式寻索诸神遁走留下的踪迹……诗人在世界暗夜的时代里道说神祇。"[①]但诸神的踪迹并非存在好了现成地印在不变的地基上。没有地基也没有明确的印记。诗才始把存在者带入存在,而"存在者的存在就是冒险"。进入存在首先就是鼓起勇气投入深渊。诗把人抛入存在,即抛入风险。而为诗则是存在之冒险的第

---

① 《诗人何为》,第272页。

一步。

从本质上揭示了为诗的危险以后,海德格尔更以荷尔德林晚期陷入精神病状态这一实例佐证这一危险。关于这种精神病状态,海德格尔说是"诗人暴露在神明的闪电中。……过度的明亮把诗人驱入黑暗"。① 这种极度的危险又引到诗的又一本质特点。

其六,诗是一切事业中最纯真无邪的。"纯真无邪"却并不是说诗是单纯的兴味娱乐。诗不是生存的装饰,不是倏忽即逝的热情,不单单是一种文化现象,更不是有教养的灵魂的一种表达。

为诗这件事之纯真无邪,是用以保护诗与诗人的。为诗实在太危险,不能没有保护。"假如诗人不被逐出日常生活之外,假如没有为诗无关利害这层表面来保护诗人不受日常生活之害,这种最危险的事业如何能生效如何能保存?"(第44—45页)诗之纯真无邪是诗的本质性的向外一面,而非指其不具现实性。"相反,诗人所言说的,诗人所承担起去是的东西,才是现实。"(第45页)而我们其他人才是他们的梦影呢。

诗是现实,是首要的现实。"诗看似游戏而实不然。"不过,在更深入的意义上,诗确实是一种游戏,如果我们不是把游戏理解为消遣,而是一种自己为自己设立目标的自由活动的话。这层想法海德格尔晚期曾加以发展。

从用具到艺术作品,从艺术作品到诗,而下一章即将从诗到语言;这一环扣一环构成了海德格尔从20世纪20年代到50年代的一条课题链。与这一链并行的是对传统形而上学的克服。这将在第八章讨论。

---

① 《荷尔德林诗释》,第44页。下面两段引文也出自该文,随正文标出页码,不另立脚注。

第七章 语　　言

> 语言是至高者且处处是第一者。
>
> 海德格尔：《荷尔德林诗释》

第一节　海德格尔语言观的发展

历来哲学家无不对语言格外关注。这也难怪。人自来就被定义为会说话的动物。希腊词 logos 像中文的"道"一样，既指说话，又指逻辑、道理、理性。语言、逻辑、思想，几乎永远纠缠在一起。早在古希腊，语言问题就被当作一个独立的课题。其实，关于语词语义的讨论渗透在一切"纯哲学"的讨论中。这只要回想一下亚里士多德《形而上学》里讨论语词的篇幅就知道了。

海德格尔对语言的关心也非偶然。据他自述，存在和语言的联系一开始就抓住了他。他的博士论文题为《邓·司各脱的范畴与意义学说》。范畴学说通常是讨论存在的，意义理论则就语言对存在的关系进行反省。不过，他承认那时他对二者的联系其实还全不清楚。

在他的就职论文中，海德格尔对中世纪的思辨语法作了详细的研究。他的目的是想发展一种先验的思辨语法，从而把胡塞尔的纯逻辑语法和自然语言的经验语法结合起来。不过，后来他明确地反对他那时提出的理论，因为他那时的理论仍建立在传统形而上学对实质和偶性的区分上。

在《存在与时间》里，海德格尔的主要思想之一，即语言直接与存在相关这一思想,已趋成熟。不过,一方面语言和存在的关系始终作为背景起作用;另一方面,专论语言的只有一节即第 34 节,与语言问题直接相关的则还有第 32、33、35 诸节,分别讨论解释、命题、闲谈。据他自己说,他当时还不敢冒险议论语言。当然,他在那里议论存在恐怕也太早,这"也许是《存在与时间》这本书的基本缺点。"①在博士论文之后约 20 年,他才敢尝试专题讨论语言。从另一个角度说,1934 年开始的语言讨论一开始就是海德格尔较成熟的见解。尽管如此,又过了十年他才觉得开始说出他久已想要说的。

在《存在与时间》里,引导语言讨论的基本词是"言谈"(das Rede),相应于希腊文中的 logos。言谈与情绪、领会并列而为此在之此借以开展自身的三种基本方式之一。

聆听和沉默是言谈的组成部分。发音根源于言谈,对语音的听觉则源于聆听。"每一个此在都随身带着一个朋友;当此在听这个朋友的声音之际,这个听还构成此在对它最本己能在的首要和本真的敞开状态。此在听,因为它领会。"②先得能听,才能聆听。我们从不首先听到音响与料;首先听到的是事件,听到行军,北风,笃笃的啄木鸟,噼啪作响的火焰。相反,要听到纯粹音响则需要非常复杂的训练。听说话时,我们首先听到的是言谈所及之事,而非首先听到发音。甚至在听外国话听不懂时,首先听到的仍然是理解不了的语词,而不是各色各样的音素。一句话,"言与听皆奠基于领会。领会既不来自喋喋不休也不来自东打听西打听。唯已有所领会者能审听。"(第 164 页)

---

① 《一次来自关于语言的谈话》,第 88—89 页。
② 《存在与时间》,第 163 页。下面六段引文也出自该书,随正文标出页码,不另立脚注。

言谈的另一本质构成部分是沉默。沉默不等于黯哑。哑巴往往格外爱"说"。"哑巴不仅不曾证明他能够沉默,他甚至全无证明此点的可能性。"(第165页)天生寡言从不发话的人也不可能在适当的时刻沉默。"为了能沉默,此在必须有东西可说"。(第165页)口若悬河既不保证言者的领悟更阔达,也不保证听者更易领会。"相反,漫无边际的清谈起着遮盖作用,把所领会的东西带入虚假的清澄。"(第164页)这真可谓"语言是银,沉默是金"了。

言谈与现身和领会一道组建此在的在世。无论"看"多么重要,希腊人还是把人定义为 zoon logon exon(能言谈的动物)。后世把这短语译为理性的动物,实在是失之毫厘,谬之千里。希腊人没有相应于"语言"的词,他们首先把语言理解为 logos,言谈。而后来人们却把 logos 整理为关于现成事物的逻辑。为了真正了解语言,就必须把语法从逻辑中解放出来,把语言科学移置到更原始的存在论基础上来。这样我们就不得不问:"语言是世内的手头的用具吗?抑或它具有此在的存在方式?抑或二者都不是?"(第166页)然而,海德格尔承认,不仅答案阙如,甚至提问的地平线本身还隐绰未彰。现在所能确定的只是一个基本提示,即"语言现象的存在论'处所'是在此在的生存状态之内。"(第166页)

《存在与时间》的基本思想方式决定了海德格尔不可能把语言的本质理解为以某种现成的言谈方式,用以表达或传达与现成事物相应的现成观念。于是他提出一套新见解,其中不乏有趣之点,而且今后的很多重要主张在这里有了雏形。例如,这里考究"言"的意义之一是"让(人)看见"、揭示、解放。这一点今后得到强调,并把语言和真理直接连到一起。但就理论结构来说,这里表述的语言观仍非常薄弱。我们知道,解释生于领会,道出命题生自解释。那么言谈似乎该是一种派生现象,既然"必须先有可以被道出的东西,道出才是可能的。"然而,言谈,Rede,是 logos 的译名。希腊词 logos 类于老子所谓的道,是话语,也是道理之理或道本身。海德格尔要抓住 logos 的这一深层内容,遂把言谈规定为"交流的勾连"。而甚至在解释之前,所欲加以解释的理解已经是分成环节相互勾连着的了。从而言谈得以被称为"解释和命题的根据"。从而又得以与情绪领会同样原始地列为此在之此开展自身的基本方式。这样规定言谈实在勉强,而且这一规定还把言谈的内容划归到领会的范围之内去了。所以,在《存在与时间》的其他处所,海德格尔在提到此在之此的原始开展方式时,经常忘掉言谈而只提现身和领会。

且不论这样规定言谈是否合宜,一旦作出此规定,言谈和语言的关系又变得暧昧不明了。可以提到,虽然语言及其本质这些词汇自 30 年中起成为海德格尔语汇表的头牌,他却申明他一直不喜欢"语言"(Sprache)这个词。在《存在与时间》里他用 Rede(言谈);自 1950 年代,他则强调语言中的言说(Sagen)说,所说的,要得说的。说的基本意义被理解为:显现和让显现,其中包括倾听、沉默、提示、示意(winken)。偏爱哪个词汇我们不问。要问的是:究竟"语言"与"言谈"两个词的内涵外延相同呢,抑或语言只是言谈的一种派生方式?这不是字词之讼。我们今后将看到,语言将被理解为存在之建树。但若语言必会道出而一旦道出就成了现成事物,那么,存在之真理如何在现成事物内保持其演历呢?极简单地问:如何区别本真之言和学舌之言呢?

由于海德格尔自己对这些基本线条还不清楚,所以他虽抨击传统的表达说、传达说,却不能提供有力的批评性分析。至于言谈与语言的具体结构,更没有任何明确的提法。乃至于在每一场合都力图捍卫海德格尔的考克曼斯也认为,讨论语言的一节恐怕是《存在与时间》全书"最不令人满意"的一节。①

在《形而上学导论》里,语言的重要性更加得到强调。人或此在今已彻头彻尾由语言规定:

> 是人,就叫作:是言说者。人是能说出是与否的言说者,而这只因为人归根到底就是一个言说者,是唯一的言说者。这是人的殊荣又是人的困境。这一困境才把人和木石和动物区别开来,同时却也和诸神区别开来。即使我们生了千眼、千耳、千手以及其他众多感官、器官,只要我们的本质不植根于言语的力量,一切存在者就仍然对我们封闭着:我们自己所是的存在者之封闭殊不亚于我们自己所不是的存在者。②

海德格尔提出:要追问存在问题,就是要把存在带入言词。于是,言词、语言立即与存在直接勾挂起来。语言干脆就是入乎言词的存在。要体会这一点,仅仅指出 logos 有着"让人看见"这一层含义还不够。他进一步考证,logos 的原始含义是拢集。在言词中被拢集的就是存在者的存在本身。此在以言词就存在者之存在为存在者命名。于是,命名就不是把一个约定的符号加到一个已知的物体上去;相反,命名才始令一存在者就其存在显现出来。命名不仅敞开存在者,而且始令事物成其所是。

如果这样来理解命名、言说,言说者就必先领受存在者的存在才能真正地言说。本真地言说乃在于回应"存在的无言的声音"。结果,在语言中,存在与此在相较就具有更重要的地位。本真的语言是

---

① 考克曼斯[J. J. Kockelmans]:《论真在之为存在的基本规定》,载《存在与时间》导读》,Washington,1986,第 148 页。
② 《形而上学导论》,第 88 页。

存在在言说。看似人发明了语言利用着语言,实则是人在语言中发现自己。语言不再属于此在的生存论状态,而是首先属于存在的真理。

同一时期的《艺术作品的本源》说:"哪里没有语言,哪里就没有存在者的敞开,从而也就没有不存在者与空无的敞开。语言第一次为存在者命名,于是名称把存在者首次携入语词,携入显现。名称根据其存在并指向其存在为存在者命名:宣告(Ansagen)出存在者为什么进入公开场……取缔(Absage)存在者藏掩退逃于其中的一切混沌迷乱。"①

海德格尔在《形而上学导论》里已为其成熟的语言观定下基调。九年后,在《逻各斯》一文里,他对 logos 一词作了系统的考究。他断言,声音、发声、符号、表征这些线索都不能引向语言的本质。在希腊早期,logos 及其动词形式 logein 是从一个完全不同的角度意指"说"的。Logos 既意指"说",又意指"让某种东西现出。"这两个含义又完全混而为一。就原初情形考虑,任何言说都是让某种东西现出,而任何让某种东西现出的活动也都在自身中包含了言说。何以 logos 这个词后来单单标识说话,这实是一奥妙无穷之事。《逻各斯》,第210—212页。

在这番考究之后,海德格尔以较为系统的方式重复了《形而上学导论》中提出的语言观,强调人的本真言说在于顺从存在本身的言说,因而本真的人类语言就是与存在的原始言说共振合说。在《诗人何为》里,他第一次提出"语言是存在的家"。这个命题不久就通过《关于人道主义的信》变得人所周知。这句话在《关于人道主义的信》是这样出现的:

---

① 《艺术作品的本源》,第61页。

> 行动的本质是完成。完成就是：把某种东西展开直至展出其本质的丰满……因此，真正说来只有已经存在的东西才可完成。然而首先"存在"的东西就是存在。思完成存在对人的本质的关联。思并不制造与导致这一关联。思只是把这一关联作为存在交托给它自己的东西向存在供奉出来。这一供奉在于：存在在思中形成语言。语言是存在的家。人栖居在语言所筑之家中。思者与诗人是这一家宅的看家人。他们通过自己的言说使存在的开敞形诸语言并保持在语言中；就此而论，他们的看守就是存在的开敞的完成。……当思思着，思也就行动着。①

关于这一命题有多种多样的解释。这句生动的话此外还引出不少发挥，各基于自己特有的想象。有一点却是无论何种解释何种发挥都须同意的：语言，即存在的家，不是人随心所欲构筑的。诗人和思者奉领存在本身的指示使这一家园完成，并从而守护这家园。这完成，这守护就是行动。因为，当存在开敞，是一个世界开敞了；这是行动中最富意义的行动，是其他一切行动所赖的本质行动。

人们若有兴趣深入体会"语言是存在的家"这一命题，看一看它如何出现在《诗人何为》中也许会找到清晰些的提示。海德格尔在那里说：

> 存在亲自遍测自己的畿域。它现身在言词中，于是这畿域得以划分成畿域（bezirkt, temnein, 切割；tempus），语言是存在的畿域（templum）即，存在的家（Haus）。……因为语言是存在的家，所以我们能够随时随刻从这家宅穿来穿去，以这种方式达乎存在

---

① 《关于人道主义的信》，第313页。

者。我们走向井台,我们穿过树林,我们也就穿过了"井"这个词,"树林"这个词,哪怕我们没有说出这些词,哪怕我们想也没有去想语言这样的东西。从存在的殿宇(Tempel)方面来想……①

我们回想起,在《存在与时间》里,言谈甚至在获得解释以前就是分成环节的;划分环节似乎不是此在后来做出的。这里,语言是存在的畿域,这畿域不是由人测量划分的,而是存在自身测量划分的。两种讲法的共通之处在于:语言总是与某种分段分节有关。越来越清楚的思想是:存在本身是分段分节的,虽然远不至于段落分明。诗人和思者根据他们领会到的存在本身的旋律歌唱言说。存在就像巡游的王者,语言就像王者的行宫。但这些殿宇也容人居住,问题只在于这些宫舍不是砖瓦筑成;人必须先学知存在在自己划分的畿域如何分布,了解存在的"拓扑学",才不至于投宿投错,才能牢守于存在的家一如安居于自己的家园。

从1930年代中到1940年代末,海德格尔在任何讲演中几乎都会讲到语言问题。然而直到1950年代,他才系统地铺展这一课题。1950年代的六篇文稿收集在《走向语言之途》这个集子里。本书篇幅不容尽述。而且诸篇内容多有重复,各个述来反生烦厌。下一节我们只以《语言的本质》为主体,博采其他诸篇的议论,来介绍海德格尔成熟的语言观。

第二节 语言的本质

1957年底至1958年初,海德格尔以"语言的本质"为题在弗赖

---

① 《诗人何为》,第310页。

堡大学作了三次讲演,这篇讲演后以同名收入《走向语言之途》。

开讲之初,海德格尔提出要经验语言。

先说语言。人说话。即使一言不发,即使一人默默劳动或自娱,人仍在说话。实则,人之所以能使用工具而劳动,人之所以能脱却利害而游戏,都借助于语言。语言可以使最亲近的变成对象,也可以使远在天边的到眼前现场。语言不能只被看作人的能力之一,语言是人的天性。语言与每一个人也与人的社会命运攸关。讲到存在,就离不开语言。这是海德格尔的一贯思想:"语言的命运奠基于一个民族对存在的当下牵连之中,所以,存在问题将把我们最内在地牵引到语言问题中去。"①

再说经验。经验不是制造出来的,而是要让所经验的事物冲击我们,改变我们,而我们则承受它,接纳它。按照上面的说法,对语言的经验将触动我们最内在的此在,因为人在语言中有他最本真的居处。语言学,语源学,语言心理学,语义分析,外语知识,这些虽各有其重要性,同经验语言却不是一回事,因为经验语言根本不是要收集关于语言的知识。

经验语言是要让语言自己说话。我们平常说:人讲话;人用语言讲话。海德格尔却说:"语言自己说话(Die Sprache spricht)。"只因语言自己说话,人才学得会说话。不过,在日常喋喋不休之际,语言自己却退缩不语。倒是有时候,有某种东西使我们身不由己而我们却无能为之辞,这时倒是语言在说话了。深思熟虑的言谈不是由语词的通常意义指导的,而是由语言深藏着的丰富性指导的。语言在某种从未被说出的东西中说话。"只有当事关把从未被说出的东西

---

① 《形而上学导论》,第55页。

付诸语言,这才全要看语言是否馈赠或拒绝适当的言词。"①言此未曾言者,诗人。

于是海德格尔举出史蒂凡·格奥尔格(Stefan George)的一首诗以助听众经验语言。

言　词

远方的幻梦宝藏
我曾带往家乡的边壤

我静静等候直到黎明女神
在她的泉池里找到名称——

从此我能够把它们紧紧掌握
让它们娇艳的光彩四下闪烁……

有一次我愉快地返回家园
怀藏一样珍奇,精美绚烂

黎明女神在泉水里苦苦搜寻:
"泉池虽深,无可得而为名"

那珍奇倏忽从我手中消隐
我再不能向家乡把它奉赠……

---

① 《语言的本质》,第151—152页。

> 于是我学会了割舍，充满悲哀：
> 言词破碎处，无物存在。

海德格尔从最后一行起论，因为这一行明白提出言词。什么是言词？回看第4行，可以认为言词说的是名称。那么最后一行说的可能是：我们先有一件现成的但是还没有名称的东西，我们为了方便起见给它起个名字。顺便说一句，这里译作"珍奇"的 Kleinod 在德文里泛指一切珍贵的物件，故近乎"无名"。

然而，这里的命名者是一位女神，而她寻找名称的所在是她的神圣泉池，从而我们不愿贸然把名称理解为通常所讲的"名字"。名称确实常有神圣的含蕴，这时我们说"名义"。例如说："以国王的名义"，"以革命的名义"。这里，名称是一种命令或吩咐。诗人似乎是在这种神圣的意义上理解名称的。如果没有这神圣的名称，珍奇之物就会消隐。

那么最后一行就可以翻译成：没有名称，事物就不存在。从正面说，只有一个适当的词把事物命名为存在者，这样事物才存在。所有存在者的存在都居留在言词里。所以可以说："语言是存在的家。"

然而，这种解释法无异于把诗降为仆役，仿佛它只是为我们的思想提供佐证。我们切不可削足适履，贸然把诗之言塞进平板一律的命题。这样作摧毁了诗，同时就忘记了我们的本来任务：经验语言。让我们再回过来仔细倾听诗人的言说：

> 于是我学会了割舍，充满悲哀：
> 言词破碎处，无物存在。

诗人通过割舍进入物与言的关系。但割舍并不单是丧失。诗人通过割舍而得到经验。同样,悲哀也不是为失掉的东西悲哀,而恰恰是为他学会割舍而悲哀。悲哀不同于沮丧,真悲哀与大欢喜相谐。悲哀教人泰然自任于被割舍之物的邻近处。

诗人割舍了以前的看法而得到了新的经验。于是,最后一句不应被理解为条件虚拟语气而应看作祈使句:在言词破碎处不要承认任何事物是存在者。

按照海德格尔的见解,名称从来不是在物之外的,命名并非把诸词系到熟悉的对象上去。在《存在与时间》里,命名已与解释的"作为结构"联系在一起:通过命名,某种东西被作为某一特定的事物得到领会。这一点海德格尔后来说得更明确:"命名不是贴标签,不是使用语词,而是唤入言词。命名呼唤。"①不是把一件现成东西唤到一堆已经在场的事物之中让它们拥挤在一起。命名把前所未唤者的在场唤向近处。而被呼唤者却恰恰在这一临近和到场之际保持其遥远。因为,命名才始引出距离,从而被呼唤者才可能保持其距离,而成其为独立的物。在一篇讲特拉克尔诗的讲演中海德格尔对听众说:"雪絮飘飞,晚钟悠扬,它们此时此地在诗中向我们说话。它们在呼唤中到场。但它们绝非落到此时此地在这个讲堂上在场的东西中间来。"②命名在呼唤到场的同时使物作为物而停留于远处而不在场。

"言词"一诗最后一节所说的就是这一割舍:在言词破碎处不要承认任何事物是存在者。诗人学会了割舍。他有所经验。经验了什么?物及其与言词的关系。"事物只在言词中在语言中才生成和存在。也因此,在纯粹闲谈中、在口号和习惯中的语言误用使我们失去

---

① 《语言》,第18页。
② 同上。

了与事物的真实联系。"①

然而,这首诗的题名只见"言词"。看来并非一端有物另一端有言词而二者联系在一种关系里。我们在使用"联系"、"关系"之时必须小心。"言词本身即是关联;因为它把物拥入存在,并保持在存在中。物由于言词而'是'其物。"②若没有这起关联作用的言词,事物整体,"世界"连同诗人的"我"将一道沉入晦暗之中。

最后一节是以"于是"开始的,这个"于是"把我们引回前面六节。扼要地说,前三节描写诗人在经验之前,后三节描写诗人的经验。诗人曾相信的幻梦宝藏本身足以保障其存在,所需的无非是找到适当的语词来表达它们。这信念有道理,部分地可以用诗人格奥尔格一向写得出好诗为证。这一次诗人带着珍奇之物来到黎明女神的领域。这里是家乡的边壤,名称的源泉。家乡毗邻本源。我们可以猜测,诗人这次所带的珍奇不同于诗人早期所把捉的幻梦宝藏,而是诗人晚期特别珍爱的单纯。这珍奇之品就在手头。但黎明女神未能找到言词,于是这精美绚烂的奇品没有达于物的存在。它没有变成家乡的财富,却提供给诗人以经验语言的机会。这珍奇始终无名。"那作为最高的恩宠临近诗人的总全无名号。"无名,却非保密。我们只能对所知的事保密。诗人却不知其名。格奥尔格有诗云:"君系于何所君其不知"。诗人的经验入乎晦暗不辨之中。恰恰当诗人要为他的珍奇命名之际,言词与物的联系这一奥秘绽露其自身实为奥秘。

至上者无名,这是海德格尔常爱讲的。诗人通过为诸神命名而使存在者显豁,但寓居在神圣中的至高无上者是无名的。歌者的灵性上游苍穹,"但歌者看不见高居者本身。所以歌者是盲的"。预言

---

① 《形而上学导论》,第 16 页。
② 《语言的本质》,第 166 页。

家和歌诗者古今中外常以盲者形象出现。西方第一位大诗人荷马据传是个盲人。海德格尔这里巧作发挥。但有时他似乎又把"无名"看作某种时代的特征:"神圣名称之阙如是由于上帝缺席的缘故。"

我们不要以为思可以一下子揭开诗作为奥秘供呈出来的奥秘。它是否供呈甚至也不是我们能保证的。我们努力经验语言,进入语言的领域,"至于在这个领域之内语言是否许我们以它的本质存在,则要看我们运气如何。"无论如何,思能够有何成就皆有赖于它是否以及如何听取语言的本质在本质的语言中言说。"语言从言说得到规定"。我们在讲到语言的本质时已经在用语言讲,就好像我们总赶不上要讲清楚的东西,即语言。一味讲下去是讲不清的。首先必须聆听。"首先需要的是,语言本身对我们有所赠说。于是,语言的本质就成为其本质的赠言亦即本质的语言。"[1]这就是从语言的本质到本质的语言的过渡和联系。我们已经解释过,海德格尔用 Wesen 一词共指本质,本质存在,曾已现场存在。要弄清楚语言的本质,必须先聆听存在的声音。"本质和存在却都在语言中说话。"

然而,语言的本质自身似乎从不形诸言词,从来拒绝在我们关于语言的议论中形成本质的语言。这种守身自在恰恰是语言的本质存在。所以,所要作的恰恰不是关于语言有所议论,而是要经验语言。"关于语言的议论几乎不可避免地会把语言弄成对象。"[2]

那么,"本质的语言"中的"语言"必是某种不同的语言。这种语言在守身自在中言说。奇怪,诚然;但却是本质说话的唯一方式。为了这样经验语言,思就必须进入与诗的对话。只有在对话中才可能从语言的本质方面听取召唤而又被唤向语言的本质处去。"本真的

---

[1] 《语言的本质》,第 166 页。
[2] 《来自一次关于语言的对话》,第 141 页。

吁请即是言说的本质。"①而聆听是与言说同等原始的。

那么,让我们再一次聆听全诗的最后一句:

言词破碎处,无物存在。

细品此句,诗人似乎提示说,言词是物之外的一种东西。这里所说的"物"已经够广泛,甚至包括幻梦。但却仍不包括言词,可不可以说言词根本不是存在者?那珍奇之品会不会就是言词本身?诗人的直觉告诉他,言本身不是物,他无法为之命名,因而求诸女神。黎明女神也是命运三女神之一。今命运女神告诉他:"井泉虽深,无可得而为名。"

命运把有所命名有所树立的语言赠与存在者,从而使存在者得以闪耀繁生;但在命运赠与语言之所,却找不到为言词命名的言词。为言词命名的言词委实是一件珍宝,但它却是诗人之乡赢获不到的。那么思是否能赢获它呢?思尝试着反思诗之言,结果却显现为:言、言说并不具有存在。我们的流行观念却反对这种想法。人人都看到听到一大堆写出来的讲出来的词呀。这些词存在着。它们可以像物一样通过我们的感官把捉到。……字典里印满了词。诚然,有的是词,却没有言。……词——不是物,不是存在者。但是当物有了言词之资,我们便可以理解物了。于是物"是某某东西"。物是——物存在。……而我们哪里都找不出"是"、"存在"像一件物体那样附在某件物

---

① 《诗中的语言》,第 26 页。

体上。①

言非物,言不具存在。所以,如果我们足够慎思,就不会说"言词是某某东西"或"言存在"。我们只会说:有言词,兹予言词。这里的德文表达式 es gibt,相当于英文的 there is,意思就是"有"。但海德格尔经常强调这个表达式的组成:"它给予";这里勉强从"兹予证明"这类用语中抽出"兹予"二字来应付。

有言,兹予言词;但并非有个其它叫作"兹"的什么东西"给予"言词。"而是:言词本身给予"。泰初有言,然后才谈得上有其他东西。"言词即给予者。……言词给予存在。"②在"兹予"中我们一直在寻找的就是这个始终给予而从不被给予的言词。

那么,言、言词和语言就没有来源了吗?"对语言本源问题的首要的也是决定性的回答是:这一本源始终保持其为奥秘。"

"有某种东西","兹予某种东西",这些话我们天天说而不予深思。"有"意指:"兹予;兹,即言词,给予。"现在我们也刚刚来思这个"兹予"。也许诗人已经思透。然而他毕竟丢失了他的珍奇。但珍奇并不因消隐而变成了一钱不值的东西。它返回令人惊愕的奥秘之中。诗人并未因此弃绝歌唱。眼下这首诗就是诗人继续歌唱的例子。不过在这里,他思得更深沉而把奥秘作为奥秘唱出。

诗人思索着歌唱。思者聆听着诗。诗思比邻。人们说,这无非是个比喻的说法。但什么是比喻或形象?语言是否或如何通过比喻说话?在《诗中的语言》一文里,海德格尔讲到特拉克尔"星空,这夜的池塘"一语。惯常的说法是:"夜的池塘"是星空的诗意的比喻。海

---

① 《语言的本质》,第 181—182 页。
② 同上书,第 182 页。

德格尔反驳说:"然而,夜空就其本质之真来说就是这个池塘。相反,我们习惯所说的夜倒毋宁是个图象。即对夜的本质存在的苍白空洞的摹写。"①

诗思相邻。邻近不见得是物理空间的间隔小。两家农户,相隔数里,却可以是最近的邻居。大都市里,一墙之隔,陌为路人。邻近并非不关时空,倒是如今的时空观远不够规定邻近。

相邻是由近(die Nahe)得到规定的,而不是相反。诗和思都是言说的方式。言说必充满着邻近。"近与言说是一回事"。言给予空间,言开放存在。言说的邻近指的是让天地人神四大在公开场中面面相迎。歌德喜欢"两两相迎"这个短语,不仅用于人,也用于物。在面面相迎之际,个个对个个敞开,个个在其自我掩庇中敞开,互相信赖而各持其远。于是各个达乎其他,自任于其他,而各个又如是而保持其自身。

言词破碎之处,有一个"ist"(存在)出生。

破碎在这里叫作:作响之言归返寂无声处,归返它由是得以保障之处;归返寂静之音,而这声音作为言说把世界四大的各自一方移入它们的相近相邻。

言词如此破碎,正是真正回步踏上思之途程。②

第三节 谁言说?

从艺术到诗,从诗到语言,构成了一条鲜明的路线。不难注意

---

① 《诗中的语言》,第44页。
② 《语言的本质》,第204页。

到，对语言的威能的描述与对艺术作品（包括诗）的往往一样。"哪里有语言，哪里才有世界，即才有决断与业绩的、为事与责任的不息周行，但同时也就有妄行与惊扰的、沉沦与迷乱的不息周行。……才有历史。"①

语言的威能主要是通过命名施展的。命名不是对已经存在好的东西贴标签，而是就存在者的本质所是把存在者带出晦暗而使它作为存在者显耀。这是诗人的工作："诗人就诸神和诸物的所是为它们命名。……当诗人说出本质的言词，存在者才第一次就其所是得名……于是事物才始闪出光芒，而人的此在从而才被树立在牢固的牵连之中和根基之上。"（第41页）

诸神取得了名称，世界显现了。但这并不是语言演历的后果。"所有这一切都是同时的。"诸神之能得名，在于它们对人类对诗人有此要求。"为诗是对诸神的原始命名。但唯当诸神本身把我们带向语言，诗之言才始享有其命名力量。"（第45页）诸神以示意（Winke）的方式言说，诗人则捕捉诸神的提示，通过解释而把它们传给自己的人民。这种解释既是接纳又是新鲜的给予；既是神示的宣告又是人民之声的解释。

海德格尔所关心的一直是世界的建立，或存在者如何进入其存在而显耀。追本溯源，难免进入开创之初的混沌不辨之境。于是一切都是同时的。但如第四章时间篇所示，时间概念远不是已被澄清的。从此在超越而使世界威临于存在者直到诗人为诸神命名而世界显现，时间问题一直在其中作梗。到底是诸神的要求在先还是诗人为诸神命名在先？二者如何"同时"？这个问题在本章也就是：究竟

---

① 《荷尔德林诗释》，第38页。下面两段引文也出自该书，随正文标出页码，不另立脚注。

是语言在先还是人言在先?

此在,艺术作品,诗,言,这些先后被认为是存在者借以进入存在的途径。但是其中有一个根本性的区别:此在,艺术作品和诗都是存在者,而言则根本不是存在者。兹予存在者。言给予而不被给予。只是由于流行语言结构所造成的误会我们才不得不把言的"它"和"兹"也当作某种存在者的代称。关于海德格尔思想"转折"的断续讨论已使我们了解到他早期有突出人的此在的倾向而中晚期则更强调存在的优先地位。其晚期关于语言的立论是在这个方向上作出的进一步努力,即寻求如何通过其本身不是存在者的言词来理解存在者进入其存在的过程。虽然有大量互相冲突的提法,层次大概分开了:言与诗不是同一的。言是第一位的,诗借言而得言说,而诗的言说因其具有存在者的形态而可能蜕化为不再闪耀的现成事物。但是,真正讲来,言与诗的先后关系不是通常讲的时间关系。言不是存在者,它不在时间之中。在某种奇特的意义上,如果我们硬要说的话,言与诗是同时的。

无论如何,如果把语言的言说与诗人的言说分割开来,认为语言是先行存在并在那里言说,那就有违海德格尔的本意。海德格尔所强调的是,本真的言说首先是聆听,聆听语言的言说。

然而,海德格尔告诉我们,这并不是要贬低语言的发音等等物理方面的现象而强调语义等精神方面的现象。问题是:如何理解语言的物理方面?抑扬顿挫,这些都是极关紧要的,只要别把它们都弄成物理定量就好。风土人情也在语言里。德文表示方言的词是Mundarten(字面意为:嘴的方式)。方言诉说着地方、土地,而且每一次都以不同的方式诉说着。嘴不能单被理解为有机体的一个器官;嘴,以及我们整个的机体,都属于"土地的涌动与生长",土地通过语言向天空绽出繁花。语言的物之理方面的研究,倒清楚地告诉我们:"语言比我们强大,因此也更有分量。"①

"语言即是:语言。语言自己说话。"②反对海德格尔的人认为这讲法无异于梦呓。却也有不少人觉得这讲法大有深意,虽然这深意究竟是什么,各人的理解不同。理解得稀里糊涂者也非少数。甚至有人主张这讲法的妙处就在于它神秘难解。其实,无论对或错,海德格尔的讲法反正不算太神秘罕见的。以诗人为例,几乎所有大诗人都有语言自己言说这类感觉和提法。本来诗歌始终被认为是通过诗人之口说出的神的声音。《日瓦戈医生》里有一段话值得引用在这里。在苏俄革命的混乱年代里,诗人日瓦戈有一段时间避居在瓦里基诺的旧宅中,夜里秉烛写作。夜深了,灵感降临。

> 在这样的时刻,决定艺术创作的诸种力量的关系仿佛倒转了。主导力量不再是艺术家所欲表达的心态,而是他欲借以表达心态的语言本身。语言,美和意义的乡土,自己开始思考,说话……就像巨大的河流靠自己的运动冲磨岩石带动机轮一样,语言之流在它流经之处按照自己的法则创造着韵律,创造着无数其他的联系,这些联系甚至是更重要的,然而却始终还未被探索过,未被充分认识,未被命名。③

上节曾提到,当人欲有所言而不得其词之际,有时也似语言会忽然自己说话。

流行见解认为语言由人支配表达人的内在思想感情。这种见解至少要做大幅度的调整才能说明实情。特定词句受语言体系的制约

---

① 《来自一次关于语言的对话》,第 125 页。
② 《语言》,第 12 页。
③ Boris Pasternak:*Doctor Zhivago*,New York,1958,p. 437.

更甚于受特定心态的制约。尽管根据这一点还不足以主张具体的言说主要是语言体系的自身显现,但这至少强调了在多数场合语言是给定的,而心态则一般也是习得的,并且多半是借助语言学得和发展的。结果,从心理学上预测语言反应并不比预测心态变化更困难。语言对心态的塑造作用已由本世纪的大心理学家再三强调。

但海德格尔对心理学不感兴趣。"把语言认作形声于外的表达是最风行的",但从哲学上说,"这种见解已经假设了某种外在化着自身的在内的东西。"①流行的语言观与传统认识论沆瀣一气,一上手便假定了内与外的分离并因而立即面临如何从内到外这一致命的问题。

把语言当作表达工具这种观念是很成问题的。其实一般地把语言理解为工具的见解本身就很成问题。听听人们打招呼,开玩笑,讲故事,用处在哪里?且不说"用处"这个讲法本身就颇须加以考究。从远古以来人就愿望飞行。在自由的天空上,人曾挣扎于其中的道路今可观照,立体的世界在眼底展平了。飞行将改变人的生存本身。人的这一不间歇的愿望引向飞机的发明。飞机成了不可或缺的交通工具。在相似的意义上海德格尔可以说:"把语言定义为交流信息促进理解的工具……只不过指点出了语言本质的一种效用。语言不仅仅是一种工具。"②

即使把这些考虑都接受下来,仍然可以主张:人发明出语言,既以之为游戏,也当作工具使用;随着人类发展,语言结构不断巩固从而在很多场合指定了说的方式。

这却仍不是海德格尔所愿接受的:"静之声(语言)不是人弄成

---

① 《语言》,第 12 页。
② 《荷尔德林诗释》,第 37 页。

的。相反,人是……出于语言的言说而成的。"①语言建立世界拢集事物。当世界成其为世界而事物成其为事物,人便诞生了。

但另一方面,"语言的本质存在需要凡人的言说,以形于音声而达乎凡人的聆听。"(第27—28页)如果语言能自己说话,就很难看出为什么语言还需要人的言说,因为先就看不出为什么语言非要达乎人的聆听。这里的困难与海德格尔中晚期的总体困难是一致的:他中晚期强调存在的优先性和自足性,因此很难说明为什么"存在需要人"。前面已提议,要想讲清这一点,必须先抛弃把语言和存在暗设为存在者的积习。但这是否可能却还不知道。

让我们承认语言本身的优先性和独立性,承认"凡人的言说以语言的言说为度",然而,人的言说又如何从语言的言说发生?

海德格尔回答说,人类语言的结构只能是借自己的言说使人来属于语言自己的方式。语言召唤人。所以凡人言说的首要方式是:应和(Entsprechen)。"凡人聆听几许而得言说几许。……即使他们自己不识其被召唤。"(第29页)语言的言说是事质的言说。唯遵从事质始有本真的言说。

语言自身的本源是奥秘。而人类语言则源于对语言言说的聆听和应和。而"原始的语言即是诗"。无论如何,语言只有在人的此在中才有其"真正的演历"。看起来,语言在人的此在中,首先在诗之言中,就像在艺术作品中演历着的真理一样,如今作为存在者存在了。"说存在于说出的话音中"。

然而,这一事的结果使语言经历到一种基本的危险。语言若要被听懂而变成共有的财富,就得是通用的语言。这也可说是从神的声音转变为凡人的声音。于是:

---

① 《语言》,第27页。下面两段引文也出自该文,随正文标出页码,不另立脚注。

精纯的和粗俗的,一样都是说出来的话。言词就其本身永不能直接担保它是本质之言而不是赝品。相反,本质的言词因其单纯而往往看上去像是非本质的东西。另一方面,看上去装扮得深富本质的东西,却反又是道听途说。①

语言自己危及它最内在的东西——本真的言说。人人都讲话(Sprechen),但鲜有所说(Sagen)。

对此,海德格尔提出要爱护语言和保护语言。在《存在与时间》中他就断定哲学的首要任务之一就是"保护基本词汇的力量。"这也为他考究词源,合用一词的多义,深究一词的形态等作法提供了辩护。Dasein, Stimmung, Werk, Aletheia, Ereignis 等都可提出来作为这种努力的一部分。他的哲学思想的某一方面往往集中在对某一基本术语的选择、使用和放弃上。有些词汇,如 Realität(实在)、Substanz(实体)、Ästhetik(美学)等,他从来不正面的使用。而作为他克服传统形而上学工作的一部分,他早期经常使用的词汇如 Ontologie(存在论)、Phänomenologie(现象学),Grund(根据)等也遭弃绝。他对"沉默"的钟爱,也属于爱护语言的要求。当然,这里我们同样也遇到大音希声与蠢笨喑哑的混淆。海氏本人,毕竟说了不少,写了不少。

这里讲到的危险,当不限于语言。真情性与假情性,友谊与利用,慷慨与讨好,天才与疯狂,何尝不时时混淆。要爱护和保护,我们的努力终究是凡人的努力,无能设立绝对的标准。只有在生存中才有优秀的生存,只有在人类的话语中才有卓绝的语言。

---

① 《荷尔德林诗释》,第 37 页。

第四节　诗与思

海德格尔晚期对思的阐发，通常与语言、从而也与诗歌连在一起。"诗活动在说的元素中，思也一样。当我们沉思诗，就发现自己已处在思活动于其中的元素中。"①

《形而上学导论》第一次明确地把诗和思，诗人和思者就他们对真理的关系并列起来。语言和存在的亲密联系也是在那里首次提出的。此后，以语言为中介，诗和思的关系、思与诗的对话，就不断提出。注意到诗的思想性和哲学的诗性，海德格尔绝非第一人。人所周知最早的哲人往往以诗体写作。在今科学滥觞的时代，诗与哲学同样归入高等文化品种而束之高阁，于是更显明了二者在精神性上的联姻：一样高贵，一样无用。不过，海德格尔不是从外部比较方面提出诗思关系来的，而是从存在的真理和语言的本质，诗与思必然具有内在联系。我们于是希冀海德格尔能把诗思关系的讨论推向一个新的深度。

然而从一开头，海德格尔就只多方面指出诗与思的相同处。难道诗与思竟毫无不同之处吗？在《荷尔德林诗释》里，海德格尔倒是提出诗人命名神圣而思者思考存在。但那里没有进一步解释。于是，不仅他的提法空泛而疑难丛生，而且这是否就是他的一贯主张也难肯定。"阿那克西曼德语论"中的一段话似乎勾销了上面提示的这层区别：

> 思就是为诗，虽然不仅仅是诗歌意义上的诗的一种。存在

---

① 《语言的本质》，第 177 页。

之思是为诗的原始方式,语言在思中才始成其为语言,即才始进入自己的本质存在。思受存在的真理之命而有所说。思是原始的 dictare(宣旨,听写)。思是为诗(Dichtung)。为诗先于一切诗歌。既然艺术活动在语言的辖区之内,就此而论思也先于艺术的诗性。一切为诗,就其广义而论,也就其诗性这一狭义而论,从根本上都是一种思。思的为诗的本质保藏着存在的真理的威能。①

看来,思就是诗,诗就是思。可是,思和诗总有些不同之处呀?即使是表面的不同,也得作个交待呀?海德格尔从来都并不否认诗与思的本质区别。与其说二者相同,不如说二者相邻。的确,"相邻"通常比"相同"更富内容。其实,上面这段引文并不是要抹杀作为哲学的思和作为诗歌的思二者之间的区别,所要强调的无非是哲学和诗歌都来自某种思诗混成的源泉。不过,除非能提供这种混成状态的内容,否则这种求源入深之语实在没有什么意思。因为本来讲诗思之异就是讲诗哲之异。恐怕没有人怀疑诗人需要思考,思在这种用法里是个涵盖极广的字眼。

但是在海德格尔的思想框架中,澄清诗思关系的问题本身却不是可有可无的。二者并列为存在的语言,具有开创一个世界的威能。它们究竟是在同一世界的开创中各司其职还是开创出两个不同的世界?此外,重解诗思关系也是克服形而上学的重要战场之一。海德格尔相信概念语言是随着 idea 一道诞生的,而且是贯穿着理念论的整个哲学避免不了的。克服形而上学的重要一役就是克服从柏拉图到胡塞尔的几乎所有传统哲人加到思上的概念性质和科学性质。诗

---

① 《阿那克西曼德语论》,第 328—329 页。

若非出路至少也大有启发。回溯到思的源头，而邻近源头处的希腊哲人多通过诗体运思。这一事实被黑格尔举出来以证早期思想之未寻到自身的形式因而不成熟。而对于海德格尔来说却恰恰是早期思想精纯的状态。然而问题仍然是：思有没有自己的独立的言说方式呢？

在《语言的本质》里，海德格尔仍然断称诗与思有着最不相同的言说方式。然而，诗和思地北天南而在这遥遥相隔中紧邻。它们的邻近当然不是说"互相笨手笨脚地借用词句"。诗和思是两条平行线，互相超越，又在无穷处相切。这里所说的无穷处大概就是思诗混成的源泉处。但诗和思的言说方式究竟如何是最不相同的，没有丝毫提示。

在海德格尔专题讨论诗思的文本中找不到富有内容的讲法。不过，从他关于诗的讲法和关于思的种种讲法却可以发现一些或有助益的线索。这里只举出海德格尔对荷尔德林《还乡》一诗的解释为例。

这篇解释的主旨是说明家园与天命二者的联系及其根本性。需要还乡的，即需要回到其本真命运的不仅是还乡的诗人，而更首要的是留在家乡的乡亲们。文中大段借用荷尔德林的语词勾画出海德格尔的"诸神谱系"说。概括起来是：至高者＝神圣＝疏明＝明爽者＝欢乐者；下面则有诸神＝天使：诸神并不是上帝或神圣者本身，而是宣明神圣者的问候的使者。首先迎候天使的是诗人。诗人歌唱欢乐，同时又忧心忡忡地把欢乐这至高者作为奥秘而保护在语言中。诗人的乡亲们固无为诗之忧，但绝不可解除倾听之忧。然而安居在家的乡亲们恐还未学会倾听。海德格尔接下去说：

现在先要有思者在，以期诗人之言可得而聆听。而惟此忧心者之思是……"对诗人的思念"。与还乡诗人的……亲缘就开始在这思念之中。……当忧心的思者注意诗人之言,深思而使之得到正确的解释和保存,他们就为诗人提供了帮助。①

就像天使宣示神圣者的惠临一样,人间必须有"第一人"以诗迎候。"然而,言词一经说出,就滑离了忧心的诗人的守护,因此他很难把说出的知牢牢把定在其真理之中。于是诗人转向他人求助,希望他们的思念有助于人们领会诗性的言词。"②

这段话似乎讲得挺明白:诗人直接迎听诸神的问候而以之成诗,思者则慧心于诗之所言而解释、守护诗之言。艺术篇第4节似乎也有同样的思绪:艺术作品最先公开出一个新世界,而思者与政治家们从作品照亮的新世界中汲取存在的音讯并以此建立法度。诗人命名诸神,这是原始的命名。通过思念诗人来思考存在,指的就该是思者从曾在中、从存在之为历史中解构历史而使本源重新作为本源照亮存在者。思者类于《艺术作品的本源》中的艺术作品的葆真者,因为我们须把葆真理解为解构溯源、还其真理的原始作用。若从本章语言论的角度来看,诗人把存在的寂静之音形于言响,而思者则把有声之词引回存在默默无语的聚集之处。存在的意义形诸语言,复归于意义的了悟。

这里的解释是有一定根据的。更可希望的是:这一解释的思路有助于了解诗思联系的事质。不过,笔者承认这一解释并不能与海德格尔的一切议论都协调起来。这里只简短提出两点来。1)这里的解释先从诗人解释神圣语言着眼,而没有考虑到诗同时又是人民的

---

① 《荷尔德林诗释》,第30页。
② 同上书,第30—31页。

声音的解释。不过,后一点海德格尔本人后来也不提了。2)海德格尔也说"对艺术的思考通晓虽不能迫使艺术生长,却是其能生长的先行的因而是不可或缺的准备。"①不过,从上下文看,这大概是在讲对艺术传统的思考有助于新艺术的生长。

  需要解释的细节还很多。不少专家探索过海德格尔文本中诗思的关系,结果都归失望。这一问题似乎还有一个内在困难,即问题的提出和探索都是从思的角度出发的。海德格尔虽然反复强调思诗对话的重要性,却也承认"真正的对话是诗人之间的以诗诵成的交谈。"②仿佛为了克服这重困难,海德格尔身体力行,试图打破哲学的体系化而经常采用诗语形式写作。然而,即使他的尝试是成功的,仍不说明思不可以用其它形式说话。何况,他又承认,从某种角度来看,形而上学的表象方式是避免不了的。关键恐怕不在文格如何接近,而在枝杈如何同干而分岔。弄成半吊子诗的哲学和故发哲理议论的诗最多只能抹杀诗哲的区别而无益于依据差别来择建邻近。哲学多对诗加以思索是极重要的。海德格尔强调作此思索时宜多聆听而勿把哲学议论强加于诗,亦足称良言,虽然他自己的实践仍有时给人有所强加的印象。我们也知道,哲人多谈诗或诗人多谈哲学并不等于二者的沟通。桥梁是由言的实质而不是关于什么发言建立起来的。这时候我们大概会想起中国的诗文,深深地予以思念吧。

---

① 《艺术作品的本源》,第 66 页。
② 《诗中的语言》,第 38 页。

第八章 存在之为历史

> （我们的任务是）把所有古老的问题都还原为一个问题，即发生学的问题。确信所是者也是所成就者……确信"何时"与"多久"有着同"什么"一样的深奥秘密。
>
> 斯宾格勒：《西方的没落》

第一节 克服形而上学

克服形而上学这一提法是在存在的历史这一大范围内提出的，同时它又是存在的历史在当今的关键任务。时间篇第7节讨论了此在的历史性。存在本身也具有历史性这一见解则是后来在20世纪30年代末40年代初才成熟的。① 在《忆入形而上学》一文中有一段文字简明扼要介绍了存在之为历史的含义。

存在的历史既不是人的历史也不是人性的历史，而且也不是人与存在者以及与存在相牵连的历史。存在的历史就是存在

---

① 海德格尔后来抱怨人们从《存在与时间》只看到人的历史性而不谈存在的历史性。《存在与时间》里大概找得到存在的历史性提法的萌芽。无论如何那里并没有明确的提法。

本身,而且只是存在本身。但因为存在为将其真理奠立于存在者中而对人有所要求,人始终都被牵入存在的历史。……人只在其本质由存在的要求所规定的范围内属于存在的历史,而不是因其在存在者之内的遭际、行动和成就属于存在的历史。①

存在之所以作为历史演历,因为存在就是真理;它通过公开场的疏明给出自己以供人思。这一自我给予,海德格尔通过对德文习语 es gibt 加以阐发。

存在使存在者得以存在。但不能说存在本身存在。因为说某种东西存在,即是把这种东西表象为存在者。所以我们说:有存在(Es gibt das Sein)。中文说"有",例如"桌上有本书",德文的相应说法是:"Es gibt ein Buch auf dem Tisch",直译 es gibt 就是"它给予","它"在这里是不定人称主语。中文没有这种形式主语。例如德国人说 Esregnet,中国人就只说"下雨呢。"这一德文习语结构容许海德格尔就 es gibt(有)提出这样的问题来:谁给予? 怎样给予? 给予什么? 给予谁? 这时若把 es gibt 简单地译为"有",就无法应付,译为"它给予",又全没了"有"的意思。勉为其难,我用"兹予"来对称 es gibt。像在"兹予证明"这种用语里,"兹予"的意思大概是"这里有","某人或某某给予"。当然,"兹予"的译法仍很蹩脚。不过,即使在德文中,追问"es gibt"结构中的"谁给予""怎样给予"也够僻拗了。

有存在,兹予存在。在这个"兹予存在"中是谁在"给予"存在呢? 在《关于人道主义的信》里,海德格尔写道:"在这里有所给予的'兹'是存在本身。而这个'给予'则称呼存在保障其真理的那种慷慨给予

---

① 《尼采》第 2 卷,第 489 – 490 页。

的本性。"①

在《时间与存在》里，海德格尔对此有更细致的解释：

> 存在，一切存在者之为存在者均刻有存在的印记，这一存在说的是在场。着眼于在场者来考虑，在场显现为"让在场"……"让"在带入无蔽境界之际显现自己的性质。"让在场"唤作：去蔽，带入公开场。在去蔽过程中充满着给予，这给予给予在场，亦即：它在让在场之际给予存在。……所有形而上学都只从存在者方面来解释存在，把存在奠立为存在者的根据。要特地思存在本身就要求我们对形而上学所理解的存在掉头不顾。要特地思存在，这要求我们不再把存在作为存在者的根据，而特地来思考在去蔽过程中以掩蔽方式起作用的给予，亦即"兹予"。作为赠品（Gabe），存在并不从给予中被抛弃。存在，在场有所演变有所形变而已。作为"允许在场"，存在属于去蔽过程；作为去蔽活动的赠品，存在持留在给予中。存在不在。兹予存在——存在把"兹"作为在场之去蔽给赠。②

给予即是遗赠（schicken）。存在在其遗赠中让存在者存在，而存在本身则在这遗赠之际抽身而去。所以"兹予"之"兹"并无其物。存在不是存在者。

Schicken 的集合名词 Geschick 又解作"天命"。命运被理解为存在的遗赠，天命。存在有所遗赠而供人思。思就是思存在。"存在遗赠思。存在就作为思的遗赠、思的天命而存在。遗赠即天命却本

---

① 《关于人道主义的信》，第334页。
② 《时间与存在》，第5-6页。

来是有历史性的。其历史已在思者的言说中来到语言了。"①

把存在作为天命来思就是存在的历史。存在的历史不同于人类史：

> 这个"兹予"，作为存在的天命威行。存在的历史在诸本质性思想家的言中形于语言。因而思入存在的真理之中的思是有历史性的。……历史的演历作为存在之真理的天命来自存在的遗赠。存在来到天命，因为兹、存在，给予自己。（第335页）

兹予存在。希腊最早的思者就开始思存在，但不曾深思兹予。此后的哲学家们更是不思赠予只思赠品。哲学思存在，就存在者来思存在。赠予赠品而赠予本身却隐退，这才是遗赠。"存在同时给予自己又拒绝给予自己。"（第335页）但遗赠也不是可以作为存在者来思的。在存在的历史上，遗赠与兹二者都隐而不现。

存在之为历史是由兹予存在的方式、是由怎样给予的方式来规定的。存在之为历史不同于某一民族有历史。不过，我们或可认为存在的历史大致相当于通常所说的思想史。无论如何，海德格尔强调，若要以今日流行的历史学观念来建构存在的历史，那只会助长存在之天命的遗忘。

从存在的遗赠和天命来考虑，历史的各阶段应被称为"存在之天命的诸时代。"据海德格尔考察，希腊词 epoche（时代）指的就是执而不发，在天命的显现之际收身不现。

> 一个时代不是指某些事情发生在其中的一段时间，而是指赠

---

① 《关于人道主义的信》，第363页。下面两段引文也出自该文，随正文标出页码，不另立脚注。

予的基础特征,这赠予本身向来收身不现,以便使遗赠的礼品能够得到识认。而这礼品就是为存在者奠定根据的存在。在存在的天命中,时代的接续不是偶然的,但也不能被计算为必然的。①

在存在的历史中,海德格尔特地提出形而上学:形而上学是存在历史中的一种突出阶段,也是至今唯一可以一目了然的阶段。

形而上学一开始就把研究存在者的存在定为自己的任务。然而,希腊词 on 也是从一开始就把"存在"和"存在者"两重意思结合一身且从而造成了存在与存在者的混淆。这二者的差别却恰恰是思的首要差别。海德格尔称之为"存在论差别"(der ontologische Unterschied)。后来有时则干脆称之为"差别"。形而上学由于存在的遗忘而无视这一差别。遗忘存在即是遗忘存在与存在者的差别。存在论差别具有如此的根本性,乃至于形而上学虽遗忘这一差别而仍然受益于它。因为没有这一差别就谈不到超越。形而上学要谈存在者,就不能不谈到存在,虽然它始终不曾深究"存在本身"或"存在之为存在"。

在一切存在者的抽象即一般存在的意义上,在作为存在者的根据的意义上,形而上学是在理解存在。在这一限度内,可以说形而上学确是存在论。不过,由于 on 的暧昧两可,由于存在论差别始终未被明确提出,形而上学一直依据于存在者来理解存在,在这个意义上,形而上学其实仍停留在形而下的水平上,而必然把存在本身也理解为某种存在者——尽管是最优越的存在者。这种最优越的存在者作为万有的终极根据而成为某种具有神性的事物(theion)。以这种神性事物为归宿,形而上学又是神学。从狭义的存在论和神学的内

---

① 《时间与存在》,第 9 页。

在联系来看，应把它们合称为存在论神学(Onto-theo-logie)。

海德格尔最初是把自己的哲学思考标为存在论的。他自称在广义上使用这个术语，用以指存在者与存在的关系讨论。然而，Ontologie 这个词自 17 世纪出现以来，始终是在形而上学的狭窄理解上使用的，虽然它在不同哲学体系中有不同的取向。实际上，这个词的出现本身就标志着关于存在者的传统学说发展成哲学中的一个专门学科。这与海德格尔对"存在论"一词所欲赋予的意义大相径庭。到 1935 年，海德格尔建议自己放弃这个名字，因为致力于传统存在论的学术界反对他的广义用法，同时因为他自己也觉得他的研究与传统存在论相去太远。到 1949 年，在他明确主张形而上学的奠基工程不可能在形而上学内部完成的同时，他再一次而且更坚决地主张完全废用"存在论"这个词。"基础存在论"也连带废用了，虽然这个词从 1929 年以后他其实就不再使用。自 1949 年起，"存在论"在他笔下便成了应加疑问和批判的对象。

虽然在对"存在论"这个词的使用意味上有转变，虽然有些其他提法也有更动，但海德格尔对传统哲学的基本态度却是从一开始就拿稳了的。《存在与时间》已经明确提出"解构存在论历史"的任务。他解释说，解构就是要把传统哲学在历史上建设起来的结构一层层拆除，从而使被掩盖在这些结构之下的原始存在重见天日。《存在与时间》第二部就设计以解构为目标依次讨论康德的模型论和时间观，笛卡尔的"我思"的存在论基础和亚里士多德的时间论。这一部未完成。但是他为自己提出的任务则从《康德与形而上学问题》起就在不断进行。关于康德、笛卡尔和亚里士多德的讨论在海德格尔著述中比比皆是。此后几十年，其他哲学家如柏拉图、谢林、黑格尔、尼采吸引了他同样的甚至更多的注意力。

20 世纪 20 年代的解构任务原计划以现象学方式进行。按海德格尔当时对现象学的理解,这一工作应形成超越的解释学。现象学、解释学、超越哲学,这三者他当时把它们紧紧联在一起,而后来则均宣布为属于传统存在论而不再借重。显然,解构工作就要有新的提法。

关于形而上学的提法也有更动。形而上学究竟超出没超出存在者或物理呢?如果把形而上学理解为物理学,他自己所从事的就是超物理学或形而上学(meta-physik);如果把形而上学这个名称保留给传统形而上学,他就要超过或克服(Überwindung)形而上学,即超出存在者而进入存在。

我们知道,笛卡尔把一切学问统称为哲学。他把哲学比作树,把形而上学比作树根。但什么是形而上学这一根系本身植根于其中的土壤或根据呢?存在。形而上学寻找作为一切存在者的根据的存在者却遗忘了其本身不属于存在者谱系的存在本身。这么说来,海德格尔又自称其任务是为形而上学奠基。

早先,海德格尔主张为形而上学奠基的工作要在形而上学内部进行。在《康德与形而上学问题》里,他告诉我们不能从外部寻找形而上学的基础,没有康德所称的那种"形而上学的形而上学。"后来,他又倾向于主张这一奠基任务不可能在传统形而上学框架内完成,因而,为形而上学奠基不啻于超出或克服形而上学①。这一提法转变自然为主张海德格尔哲学思想发生过"基本转折"的那种意见提供了基本论据之一。不过,无论早期还是晚期,他所谓的"解构"和"克服"始终是超出而不是摧毁的意思。不消说,"形而上学不会像某种一时的观点那样可以打消掉的。"实际上,他在使用 Überwindung 这一词时已注意到它可以具有的"包含"的含义:"克服只有作为席卷

---

① 参阅《形而上学是什么》的导言,写于 1949 年。

(Verwindung)来思才值得思。"看来,Überwindung 的辩证法与黑格尔所讲的 Aufgebung(扬弃)的辩证法不分轩轾了。不过,海德格尔的"克服"又不是螺旋上升而最后归收到一个绝对体系之中。靠比形而上学升得更高,靠超出形而上学之上,是克服不了形而上学的。要克服形而上学,思须下降,直降到"最近者的近旁。"在人迷入主观性的今天,这种下降要比上升来得更艰巨更危险。本书真理篇解释学一节所讲的"回步"也是同一个意思。回探到形而上学据以兴生之处,这就意味着离开形而上学而回归它的本源存在,亦即,思存在。海德格尔再三强调,克服形而上学这一任务的唯一意义是"呈现形而上学的本质并从而把它带回它自己的界限之中。……要去摧毁或哪怕否认形而上学,那就成了孩子气的自大和历史的降格了。"[①]第五节将见到,克服形而上学这话本身他最后也不愿再用。

解构存在论历史或克服形而上学,说是海德格尔哲学的一个本质组成部分还不够。可以说,他的所有正面见解都是在解构过程中生长出来的。在结论里我甚至愿猜断,他的历史角色就是克服形而上学。他的大部分著述以哲学史论的形式出现。他的博士论文就是中世纪哲学史论。简直想不出几个重要的西方哲学家他不曾系统讨论过。要介绍他对数十名哲学家的讨论,本书的篇幅不能容许。而且,以前各章节已涉及不少西方哲学史论,特别是关于希腊哲学的讨论。下一节我将只提供海德格尔西方哲学史论的一个梗概。

第二节　形而上学史纲

海德格尔申明,他研究哲学史的唯一目的是使已僵化的思想重

[①] 《来自一次关于语言的对话》,第 103-104 页。

获生气：

> 谁去打探搜索那些伟大思想家的各种看法与观点，那就保得住，在他还没有搞出名堂来之前，也就是在他还没有为一种哲学搞出公式或招牌之前，他就抓错了东西走错了路了。①

因为，"其实哲学在开头的时候并没有钉死在几条命题上。倒是历史上后来对哲学的叙述造成了那种假象。"（第 123 页）因此要解构，要松解一层层构架以图回到思的源头。

> 只有到源头处才能克服西方精神的根本态势（Grundstellung），这就是说：把它源始的真理指引到它本己的界限中从而使它重新得以树立。（第 125 页）

海德格尔崇拜本源。

> 源头并不比由它发源的东西更细弱，……一切后于源头的都是降格。②

今天的通俗历史学告诉说历史的开头都是原始落后愚昧软弱的。

> 其实刚刚相反。开端至为威猛。自此以后的，不是发展，而

---

① 《形而上学导论》，第 123 页。下面两段引文也出自该书，随正文标出页码，不另立脚注。

② 《存在与时间》，第 334 页。

是耖平了以求普及，是保不住开端的那种无能，是把开端的伟大弄得不关痛痒，结果倒炫耀自己之大，这个大只是数量大，散开的面积大，大得畸形。①

显而易见，海德格尔把西方哲学史概观为从希腊源头的降格，脱落，坠落。西方思想史不但不是进步史，它简直就是一部退化史。

西方哲学最早在希腊展开。希腊思想始终是西方哲学的关键。希腊人对存在的看法不仅统治着西方哲学，而且"在日常生活的最日常处"也是占统治地位的看法。海德格尔确实经常提醒说希腊哲学从一开头就有所欠缺，虽思存在而不知思兹予，虽把存在理解为在场而不思在场之为在场，虽已把真理叫作 aletheia 却不思 aletheia 的本质。但总体上他对希腊无限敬仰。他尤其盛赞早期希腊思想对存在的领会，这种领会在柏拉图和亚里士多德那里仍多见遗痕。这两位哲人仍继承着虽也同时开始遮蔽这种本真的领会。后世则是一连串加深的误解，加剧的坠落。

希腊思想从存在之思开端。巴门尼德说：esti gar einai：因为存在存在。赫拉克利特说："存在是拢集——logos。一切存在者均在存在之中。"

天下万物莫不存在这话，在我们听来，实在是句不足道的傻实话。然而，存在者竟存在，竟有存在者存在，这一事却令希腊人震惊。

当然，即使在希腊，也有一班巧智之人，在市场上为任何事情都准备好了人皆可得而晓之的答案。在这巧智声中救护存在，救护那最令人震惊之事，是由那些取向于最可震惊之事即智慧的人来进行的。爱智慧，在赫拉克利特和巴门尼德那里是指与智慧合一，现在指

---

① 《形而上学导论》，第 164 页。

的则是朝向智慧的努力。爱智慧不是书蠹之事,"这一努力是由情(Eros)规定的。"

渐渐地,对智慧的爱(philein to sophon)变成爱智之学(philosophia)。通向哲学之路是由智术师学派准备的,以后由苏格拉底和柏拉图完成。在爱智慧的原本意义上,赫拉克利特和巴门尼德不应算是哲学家。他们在另一度运思,在与"一即万有"的和谐中运思。

海德格尔一提到希腊就赞不绝口。而在希腊思想家中,他又格外推崇先于苏格拉底的思想家们。苏格拉底则已有坠入形而上学之嫌。不过他仍称苏格拉底为"西方最纯正的思想家。"他还把这一评价与苏格拉底没有任何著述这一事实联系在一起。"任何人,一旦着手写出其所思,就难免和那些寻找避风处以躲避不胜之风的人一样了。"[①]至于为什么苏格拉底而后的思想家,无论多么伟大,都变成了这样避风头的家伙,这是尚掩蔽着的历史所保存的秘密。无论怎么回事,反正"思进入了文献,文献决定了西方的知的命运。"

在柏拉图和亚里士多德手里,思凝结为哲学。存在问题也凝结在哲学里,亚里士多德明确提出 ti to on(存在之为存在)的问题将被永远追问下去。据海德格尔解释,希腊人用 ti 所问的是事物的本质。譬如有人问:"那是什么?"答曰:"那是树。"还可以接着问:"什么是树?"这就是问树的本质(quid est quidditas, Washeit, 所是)了。这就是苏格拉底、柏拉图、亚里士多德所要问的:什么是美?什么是知识?什么是自然?等等。依此线索,亚里士多德把 ti to on 的问题转化为 ti he ousia。依海德格尔的讲法来译就是:什么是存在者的存在性(Seiendheit)?后世对此的回答纷纭不一。理念、单子、绝对精神,权力意志等等被先后树立为存在者的存在性。

---

① 《什么唤叫思?》,第 52 页。

那么,是否可以靠把这种种存在性观念排比一番抽象出共性来了解哲学的本性呢?当然不行。站在哲学之外永不会了解哲学是什么。我们必须进入哲学,要在哲学之内,运哲学之思(philosophieren)。"把定和叙述哲学家们的意见是一回事。与他们一道彻谈他们之所言是完全不同的又一回事。"①两千多年来,哲学家们所说的各自不同。但尽管如此,或正因为如此,哲学始终是同样的,因为演变是亲缘的证书。

"哲学就是形而上学。"哲学属于被克服之列。哲学始于苏格拉底、柏拉图和亚里士多德。对这些无比伟大的人物及其开创的事业,谁敢轻言克服?我们简直可以说海德格尔的态度是极其矛盾的。一方面,哲学即是存在的应和,这也是海德格尔为思所下的最高定义。另一方面他又断称哲学遗忘了存在,因而把先于苏格拉底的思都单独挑出来,说他们在另一度中运思,即思存在。

关于柏拉图,海德格尔是这样说的:"纵观整个哲学史,在种种变化的形式中,柏拉图的思想始终是决定性的。形而上学即柏拉图主义。"②希腊哲学不是从其开端处赢得对西方的统治,而是从这一开端的终结处。希腊委实是独一无二的经典时代。"希腊如此伟大,乃至一切古典主义之所以可能都有赖于希腊从形而上学方面所提供的条件。"③后世一切有价值的概念都在希腊草描出来了。柏拉图虽已从希腊思想的开端处脱落。"这一脱落却无论如何还留在高处,而非降到低下处。"④

通过柏拉图的理念论,"存在被区分作为本质的存在和实际的

---

① 《什么是那——哲学?》,第64页。
② 《哲学的终结与思的任务》,第63页。
③ 《形而上学导论》,第194页。
④ 同上书,第193—194页。

存在。"① 这一区分对亚里士多德也是有效的。亚里士多德并非把理念移植于个体。他先就把个体本身看作在场。在场（存在）属于 to de ti，属于活动中的 energeia（动能）。在这个意义上，"亚里士多德比柏拉图思得更富希腊精神，即，更合乎在开端处决定了的存在本质。"（第 409 页）不过，这却不是一般地说亚里士多德更接近于开端处的存在之思，因为他仍只能与理念相针对来思 energeia。"在 energeia 和开端的存在本质（aletheia-physis）之间横着 idea"。（第 409 页）

对亚里士多德，海德格尔的态度更其矛盾。海德格尔受益于亚里士多德至深。不仅在他开始认识哲学的时候，而且他的哲学思想的每一步发展都离不开亚里士多德的影响。例如他对作品的理解直接来自亚里士多德的 ergon 这一概念：作品并不在于它是行为的结果，是制成品，作品的本质在于起作用。于是他在批判形而上学观念的时候，经常把亚里士多德作为"唯一的例外"加以赦免。但出于形而上学一根藤上诸苦瓜的观念，他又不得不把亚里士多德排到自源头脱落的较下一级上去。

思在柏拉图手中变为哲学＝形而上学，已经从源头脱落了。但西方思想的恶变，没有甚过从希腊到罗马的过渡了。用拉丁文译希腊词，往往看似直译，实则却把希腊的原始经验翻译成了一种不同的、无根基的思维方式。西方思想的无根状态始于这种翻译。关于几乎每一个重要哲学概念，海德格尔都考证过希腊词到拉丁词的转变。我们只举几例。

在希腊思想中，physis 指在绽放中自持，因而既包含生成变易，又包含持久即狭义的存在。今罗马人把它译为 natura（自然）并予以

---

① 《尼采》，第 401 页。下面两段引文也出自该书，随正文标出页码，不另立脚注。

狭窄的理解。"Physis, ousia, 那原始的威行者, 而今沦落为供人临摹仿制的样本。自然而今变成了一个特殊的领域, 与艺术和一切可制造的合乎计划的东西截然有别。"①

希腊人把在其中体会到存在的意义的事物称作 parousia, 或 paraousia, 其意义也是在场 (An-wesen), 例如指一个自足的庄园。而拉丁文则以其惯常的无思想性把这个词译作 substantia (实体), 从而全失其义理。

希腊人把物的原质称为 to hupokeimenon, 把物的表征称为 ta sumbebekos。这两个词所表达的是把存在者的存在理解为在场、临场这样的一种基本经验。拉丁文则把它们相应地译为 sub-iectum (主体) 和 accidens (偶性), 把相关的 hupo-stanisis 像 ousia 一样译为 substantia。于是物及一般存在者就被理解为暗藏在下永不露面的实质与浮在表面上的可感性质的结合了。②

Aletheia 变成了 adäquatio (符合), logos 变成了 ratio (理性), 理念变成了表象观念, 能动变成了实在。存在不再是在场, 而成了生产实在的作用因。因果链锁的实在性统治了一切。把上帝称为至善并不是一个道德上的说法: 上帝是一切实在的原因, 从而是最实在的。至善所说的就是这种作用因意义上的最高实在。到此, "存在者的优先地位和存在的不言自明这两点标明了形而上学的特征。"③

近代的文化复兴, 往往以希腊为名, 实则都是罗马文化的承传。人道主义、文化等提法无不来自罗马。

> 整个西方史在多重意义上是罗马式的而不是希腊式的。后

---

① 《形而上学导论》, 第 67 页。
② 《时间与存在》, 第 19 页。
③ 《尼采》, 第 411 页。下面两段引文也出自该书, 随正文标出页码, 不另立脚注。

来对希腊古典的醒觉也始终是对已经由罗马人转释过的希腊世界的罗马式革新。(第413页)

通过笛卡尔,形而上学进入了近代时期。"笛卡尔的《沉思录》是承担着近代形而上学的真正开端。"(第443—444页)在笛卡尔那里,人变成了主体,真理变成了自我意识的确定性。莱布尼茨也是在同一框架内运思的。单子学说并没有把主体性还给存在者之为存在者;相反,这一学说把自我确定的认识主体扩展到一切事物之上。在莱布尼茨那里,每一物体都是一思执,并在这一意义上即为主体。像在笛卡尔那里一样,主体之为主体全在于它对客体处于表象关系之中。"表象活动把客体作为表象呈现给主体,而在这一表象呈现中主体本身即把自己作为主体呈现给自己。呈现(Prasentation)是主体的自我意识这一意义上的知的根本特征。呈现是现场(parousia)的一种本质存在方式。使呈现,作为现场(Praenz)亦即作为在场,是主体这类存在者的存在方式。"[1]

先验哲学则是存在论的近代形态。真理变为确定性,存在者的存在变为感觉;于是,意识和认识的客观性、认知和知识就踏上前台。这样,康德就使近代形而上学得到了保障。近代形而上学就是认识论。"认识的形而上学"这种提法只表现了一个误解。

德国哲学家中,先是康德,后来是尼采,海德格尔研究得格外仔细。然而最高的评价则贡献给黑格尔:"形而上学首次系统地通过黑格尔将自己的绝对地被思的本质形诸语言。"[2]黑格尔的玄思辩证法被称为"近代最强有力的思想。"黑格尔逻辑中的诸范畴是由存在的

---

[1] 《黑格尔的经验概念》,第133页。
[2] 《关于人道主义的信》,第332页。

自身演变发展出来的,这大致相应于海德格尔所称的存在的诸变形。但他仍不满于黑格尔在逻辑学之初把存在当作一切概念中最空洞的概念,因为这样的存在概念只是一个极端抽象概念。虽然存在最终被吸取到极端具体的绝对精神之中,存在概念本身的抽象性质却始终没有改变。黑格尔又被说成是"深思着经验了思想史的唯一一位西方思想家"。① 他的哲学史则既非哲学历史学亦非教条体系的归纳;哲学史是理念的自我外在化。思的过程性质始终是由存在的辩证法决定的。

1942—1943 年间,海德格尔指导学生研究《精神现象学》一书,讲稿后来整理为《黑格尔的经验概念》。海德格尔首先提请学生注意一个事实:《精神现象学》在 1807 年初版时的书名是《意识经验的科学》。"经验"一词在书名里居中,并由粗体印出。"'经验'道出什么是'现象学'"。② 接下去,海德格尔逐节分析《精神现象学》的导论。这里只讲一讲绝对和知识的关系。

哲学的对象是绝对。如果知识是中介,那么知识就无法帮助我们达到绝对,因为一切中介在绝对面前都是相对的;如果中介被理解为工具,那么认识就要听凭我们的主观操纵。如果中介被理解为媒介(mediun,介质),那么我们就只好被动地接受经媒介滤过的绝对者的形象。再说,如果我们的问题是我们的知识是否足以认识绝对,那么我们就必须按照绝对来检查知识;这样一来,我们就已经对绝对有所知了。海德格尔为黑格尔作结说:一方面,知识本身不只是一种中介;另一方面,绝对者自在自为地近在我们身旁。

海德格尔接着提请学生注意,从《导论》等二节起,黑格尔不再使

---

① 《阿那克西曼德语论》,第 323 页。
② 《黑格尔的经验概念》,第 106 页。下面两段引文也出自该文,随正文标出页码,不另立脚注。

用"哲学"这个词,而代之以"科学"。在黑格尔那里,哲学是高标卓立的科学,因为哲学已通过自我意识的自身确定性充分占有了科学的本质:无条件的知识。一方面,黑格尔仍然继承着笛卡尔的表象真理方式,在对客体有所表象之际,"主体的主观性,作为绝对的自身确定性,就是'科学'。"(第133页)哲学由于把主体本身表象为存在者而是科学。另一方面,黑格尔深化表象思维,求其与绝对的内在同一。"哲学作为绝对知识存在;唯这样,它才归属于绝对者的绝对性。"(第133页)并非我们在此岸绝对者在彼岸而我们通过知识达到彼岸。只在彼岸的不会是绝对者。绝对者无所不在,哲学已经活动在绝对者中。

哲学在黑格尔的绝对者处终结。希腊哲学在希腊的终结处统治着西方。而希腊哲学传统的终结则由黑格尔极其伟大地完成了。哲学是伟大之业;伟大之业必始于伟大,并终于伟大。

"黑格尔死后至今,一切都不过是逆他而动罢了。不仅在德国,在整个欧洲都是这样。"[①]不过,在黑格尔后的哲学家中,海德格尔对有几位还是颇有敬意的,尤其是对马克思和尼采。这两位也是终结哲学的人物:在他们那里,绝对形而上学以其倒转的形式归属于存在之真理的历史。碰巧,马克思曾自称倒转了黑格尔,尼采则自称要倒转柏拉图。

海德格尔曾评论说:"因为马克思对异化的经验深入到了历史的本质性一度,所以马克思的历史观比其余的历史学优越。"[②]他关于马克思这里那里作过些评论,但远不像对尼采那样作过长久深入的研究。

[①] 《克服形而上学》,第68页。
[②] 《关于人道主义的信》,第337页。

在《论尼采之语：上帝死了》一文中，海德格尔断定尼采所称的上帝代表着一切传统的观念和价值，代表着整个超越性世界。所以，"上帝死了"这句名言说的实是形而上学已丧失了它的真理和意义，这句话只是道出了一件事实。由于形而上学之不再具有树立价值产生的力量，对形而上学的信仰就等于虚无主义。尼采要人们对之警惕的虚无主义即是形而上学。基于不同的理由，海德格尔也宣称"就其本质而言，形而上学就是虚无主义。"因为形而上学忘却了存在，把存在当作无意义的——虚无的。

然而，在形而上学的虚无主义中，尼采本人也被包括进去了。固然，尼采要倒转柏拉图主义。他把感性世界宣布为真实而超感性世界为不真，这作法却完完全全陷在形而上学本身之中。要克服的是形而上学，即克服超感性事物的超越。尼采哲学的结论却一任超感性的权力意志肆虐，直到发展为求意志的意志。"求意志的意志把一切都硬结为没有天命的东西，"即不是由存在遗赠的东西。① 其结果是到处充满历史学却见不到历史性。尼采要依靠 19 世纪实证主义的精神来克服形而上学，这一努力成为形而上学的最后一阶。"在尼采的形而上学那里，哲学完成了。这将是说，哲学把先行标明的种种可能性都行遍了。"②尼采的名言"给变易刻上存在的性质，——这就是最高的权力意志"被称作"西方哲学完成的顶峰。"关于马克思，海德格尔说过差不多完全一样的话。

马克思和尼采之后，就提不出什么像样的东西了。若说竟还有些哲学努力的话，也不过是些半像不像的复兴罢了。在自传性的著述中，海德格尔少不了要提到胡塞尔并示相当的敬意。但在专论哲

---

① 《克服形而上学》，第 72 页。
② 同上书，第 75 页。

学史时,只字不提。想来胡塞尔的功绩,在他心目中,只在于对他有所启发,而胡塞尔哲学本身则无何地位。

我们恐怕不能追随流行的进步观念,把思想的历史刻画成从低级到高级的进步,而海德格尔简直是把进步观颠倒过来,整个思的历史演变成一部堕落史,在他笔下,希腊始终是更原始更高级的,到了 20 世纪,我们目睹着思想的堕落。而"思想的堕落由逻辑主义被抬升到真逻辑的地位上这回事标明了。"①

西方哲学史上的诸主要观念被海德格尔看作"存在的形形色色的形变"。② 这些形变中他常提到的有:hen,即统一万有独一无二的整全;logos,即保存万有的采集;idea,理念;ousia,主体;energeia,能;substantia,实体;actulitus,现实,实在;因果性;感知;单子;客观性;绝对概念;权力意志等。"所有这些都不是即兴抛出来的教条;这些是存在之言,用以应答一种要求——这一要求在掩蔽自身的遗赠中,在'兹予存在'中有所言述。"③

哲学必应答存在之天命而成言。哲学的根本情性,震惊,就是对存在的应和。到近代哲学,理性被领会为推理和计算,仿佛与情性(Stimmung)全不相干。"但即使在冷冰冰的计算里,在散文式的清醒计划里,仍然有着情性(Gestimmtheit)的标记。"④近代理性的情性由对逻辑数理的原理规则所怀的信心调定。哲学的新纪元就是在笛卡尔那里由这种信心调定的情性开始的。笛卡尔叩问 certitudo。Certitudo 在中世纪原指某一事物在其所是的本质中所具的界限,亦即指 essentia,所是。对笛卡尔来说,certitudo 则成了确定性:怀疑

---

① 《尼采》,第 487 页。
② 《时间与存在》,第 8 页。
③ 同上书,第 9 页。
④ 《什么是那——哲学》,第 90 页。

平息于清楚与鲜明。确定性成了真理的准绳,也即为近代所理解的存在者的存在。"对知识的随时可能达到的绝对确定性深具信心,这一情形始终是近代哲学的 pathos,并因而是其 arche(开端与准则)"。①

看来,近代哲学无论怎样远离源头,终还与天命相合。天命还在展开,思却跟不上了:"欧洲思想曾是欧洲的伟大处,今却已落后于世界天命新辟的本质进程,虽然世界天命就其本质来源的诸基本规定特征而言仍然由欧洲规定着。"②今天的各式各样的形而上学绝非多加努力就可以赶上这一天命的。我们必须转向一种新型的思。海德格尔申明,他对哲学史的考察不只出于历史兴趣。他是在"思考哲学的未来本质"。而思考哲学的未来本质也就是"倾听存在的声音"。先须倾听,始能调准思的音调,调定思的情性。想来必是有一种基本音调正在盛行,但我们还没有听到。所听到的还只是多种音调的交错,怀疑和绝望与迷沉于未经证明的原理的交错,怕和畏与希望和信心交错。今日之思,看来尚未找到明确的道路。

第三节　近代:人道主义的兴起和诸神的隐退

人们通常认为近代的本质特征在于人把自己从中世纪的束缚中解放出来而回到自己。但这种认识是华而不实的。近代固成全主观主义和个体主义;但另一方面,近代的客观主义和集体主义、非个体性的滥觞却也是人类从未见到过的。正是从主观主义和客观主义的相反相成才能接近近代的本质。关键不在于人把某种他自己的原有

---

① 《什么是那——哲学》,第 88 页。
② 《关于人道主义的信》,第 341 页。

现成存在解放出来,而在于:当人变为主体,人恰恰改变了他的本质存在。

主体,subjectum,来自希腊词 hypokeimenon。这个希腊词意指驻在下面作为根据将一切拢集于自身者。最初 hypokeimenon 与人无特殊关联,更不要说与"我"了。把人称为 subjectum 实意味着:人成为一切存在者的中心根据。而这又来自对存在者整体的领会发生了变化。这就是:世界被表现为图象(Bild)。并非希腊的或中世纪的世界图象转变成了近代的世界图象。世界图象(Weltbild)是独独属于近代的。

须得注意,从本质上说,世界图象指的并非有一个实在的世界,有一幅世界的图象,而是指世界本身就是图象。"存在者整体是由表象着的、生产着的人设置起来的,从而存在者整体才始存在着。"中世纪把存在者理解为受造物,它们的存在指向它们的创造者上帝。在那时,存在者之存在不在于它们作为对象与人相对,供人认识和利用;世界也不是图象。希腊离世界图象就更远了,因为对存在者的领会是基于存在的,是由存在本身要求与决定的。不是由于人观照事物从而事物进入存在;相反,倒是随着存在者的敞开,人才被牵引到公开场中,与存在者共浮沉相映照;所以人倒是从存在者那里被观照的。当然,柏拉图的理念说及亚里士多德的相应见解已遥遥预示着世界将变成图象。也因此他们二人的哲学不仅高蠹于中世纪,且一直传到今天。而先于柏拉图的思想则被今人认作是柏拉图主义的准备。

在世界图象里,被表象者作为对象与表象者相对而立。事物因其与表象者发生关系而成其为图象,即:进入存在。人这一表象者从而就成为存在者借以表象自己的舞台。存在者通过人表现自己,人则成为适足表现存在者的东西,成为存在者的代表。

但决定性的还不在于人取得了这种地位或立场,而在于他明确着意地强调这一立场是由他自己设置自己取得的。"人的位置"这话只有在近代才是可能的。人明确地要求从他自己所获取的根基上发展人性。人从自己的立场出发去衡量、利用和统治存在者,人取得了这一位置并从而来领会存在者整体,这是近代与希腊及中古相比之下的新异之处。而人把这一新位置明确地意愿为新的基地,这才真正是把近代标明为"新时代"的内在之新。①

在笛卡尔的时代,人从基督教的启示真理解放出来而要以他自己为基础,为他自己立法。自由的本质在于联系于某种具有束缚力的东西;是尔,解放而获自由的人必束系于某种在新的基础上具有束缚力的东西。它可以是人类理性,或听从理性摆布好的存在者,或尚待通过对象化加以摆布和统治的混沌。然而,更重要的是,人从启示所宣告的确定的拯救解放出来,所以人必须保障他的知识所真知者的确定性。确定性不是附加在知识上的。"确定性是给出标准的知识样式,即真理本身"。② 仅仅在意识里还并不就是知识。意识必须意识到它本身,意识到意识中的东西。但对象是与人相对而树立起来的,对象的确定性有赖于其基础即主体的确定性。这就是笛卡尔为什么一定要"证明"主体的绝对确定性。人,作为表象着对象的代表,必须与对象同在以保障后者的确定性。我思故我在,故万物在。思在这里始终被理解为表象。表象之思不再意味着向公开场敞开,而意味着抓牢、确立、统治。Cogitans,表象之思,确定了主体与客体的这一近代的基本关系。难怪笛卡尔可以用 cogitans 来概称一切思、意、情、行。

---

① 德文表"近代"的是 Neuzeit,即新时代。
② 《世界图象的时代》,第 109 页。下面三段引文也出自该文,随正文标出页码,不另立脚注。

在我思与存在的等式中出现了"我",并非要把人定义为我。这个"我"所说的无非是:思着的表象着的存在者今成为为一切奠基的主体,sub-jectum。"人的'我'被安排来为主体服务。在这个主体下奠基的确定性的确是主观性的……但并非自我中心主义。对每一个我本身,……确定性都具有束缚力。"(第 109 页)

正因为此,主体是我个人或是我们大家或是一个集体或国家,是改变不了近代的实质的。把我变成我们,徒令主观性增其威势。民族主义、国际主义、人类主义,都是扩张了的系统化了的主观主义。由技术组织起来的人群恰恰把人的主观性推向顶峰。

世界变为图象,人变为主体,无独有偶。这一联合说明了近代的似乎极可怪的特质:世界愈发为人所征服所利用,客体愈发客观地显现,主体却也就愈发主观地上升,世界考察和世界学说也就愈发转变为人的学说,转变为人类学。"在世界变为图象之处,人道主义便出台了。"(第 93 页)

海德格尔把人道主义理解为"道德上的美学上的人类学",而他所讲的人类学并非研究人的自然科学,而是"以从人出发并归结到人的方式来阐释和评价存在者整体的那种对人的哲学解释"。(第 93 页)这种人类学自 18 世纪末兴起时就开始把人对存在者整体的基本取向称为"世界观"。世界成为图象而为人观照。

人文、人本、人道(Humanismus)是在罗马共和国时期第一次被思考被追求的。罗马人用 humanitas 来译希腊词 paideia(教育、教化)。罗马人从晚期希腊人那里接受教化,从而把受到教化的人、人道的人与野蛮人区别开来。可以说,最初的人道主义是在罗马出现的。14、15 世纪的文化复兴实则就是罗马文化的复兴,其人道观念也就是从晚期希腊和罗马共和国时期汲取来的。人道仍与野蛮相对,只不过这时候把中世纪经院哲学视作不人道的、野蛮的。直到德国古典时期,人道仍是这样的意思。再往后一些,如马克思的人道主义和萨特的人道主义,则有所不同。它们直接从人的自然本性出发,主张人为自己的自然人性解放自己并在这里找到人的尊严。当然,各种人道主义,其目标、根据、手段,就随着对人的本性的不同理解而有所不同。

> 各种人道主义在这一点上却取得了一致:人道之人的人性总是着眼于一种已经确立的对自然、对历史、对世界、对世界根据、也就是说对存在者整体的解释得到规定的。所有人道主义要么奠基于一种形而上学,要么就把自己弄成一种形而上学的根据。……所有人道主义都是形而上学的。[①]

自罗马以来,一切人道主义都把人的最一般的本质设为不言自明的前提。这个本质始终被规定为"理性的生物"。人始终被划在生物的范围之内。无论人们怎样把精神、思想、人格追加到人身上,人的本质存在依旧是生物人。人们或许会说,人确实是从生物演变来的。但是,人之为人,在于人是有历史性的;而历史地看来,人始终都从其将来(Zukunft)方面接受其来源(Herkunft)。人道主义的形而上学本质使它只从生物性方面来思考人,而不是向着人性来思考人。

形而上学始终从存在者方面而不是从存在方面来思考人。从存在着眼,人就是此在。"人是存在的'此',这就是说,人是存在的疏明。"(第325页)

对人道主义作此贬评之后,海德格尔表示他并不是要宣称人道

[①] 《关于人道主义的信》,第321页。下面六段引文也出自该文,随正文标出页码,不另立脚注。

主义对人的讲法全是错的。他"唯一的想法"是：种种人道主义对人的定义都没有经验到"真正属于人的尊严"，还没有"把人的人性提得足够高"。（第330页）在这个意义上，此在的提法是反人道主义的。这当然不是主张不人道，主张贬低人的尊严，或干脆主张野蛮残酷。无论如何，人的尊严不在于他作为主体来控制世界，统治自然。人是被存在抛入无蔽境界的。人以这种绽出而得生存的方式看护着存在的真理，"以使存在者能够在存在的光明中作为它所是的存在者现象。"（第330页）

> 至于存在者是否现象以及如何现象，上帝与诸神、历史与自然是否进入以及如何进入存在的疏明之地，是否以及如何在场与不在场，这些都不是由人决定的。存在者的来临基于存在的天命（由存在遗赠）。（第330—331页）

人的唯一任务就是本真地现身于他被抛掷进去的被遗赠的公开场之中，就是说，学会应和存在的遗赠。人为看护存在的遗赠而烦。"人是存在的看护者。"

只有从存在着眼，才能真正把握住人的本质。人的本质就在于生存。既然这是对人性最高最深的理解，既然"思存在的真理同时就意味着思人道的人的人性"，那么，海德格尔哲学也该是人道主义了。他自问自答："难道这不是最极端意义上的人道主义吗？当然"。（第342页）

但这种人道主义绝不是萨特所讲的那样"站在其上只有人的平面上"，倒是站在其上主要有存在的平面上。在这种人道主义中，演主角的不是人，而是来自存在之真理的人之历史本质。这样讲来，归根到底所要强调的始终是存在的真理，所以把这样对人的本质的理解称为"人道主义"终归有点儿文不对题。海德格尔最终建议说:"人道主义"这个词已经丧失一切意义了,还是不要掺进去胡搅而与形而上学的主观主义共溺为好。

人道主义作为主观主义属于近代形而上学的本质。形而上学思考存在者的本质并制定真理的本质。从而,形而上学提供出一个时代的本质性形态的根据。我们可以从这个支配性的根据去摸索该时代的特征。反过来,若对表明一个时代特征的众现象作充分思考,就一定能见出其形而上学的根据。

在《世界图象的时代》一文中,海德格尔提出近代的五种基本现象。一是科学,二是机器技术。这两项我们下节专论。三是近代艺术。艺术进入美学的眼界:艺术品成了体验的对象,艺术活动成了人生的表达。四是文化论。人的行为被看作文化,同时人确实把自己的行为当作文化来施行。科学艺术似乎也可归于这一项,因为人们常把二者都当作文化并称。但文化这种讲法全不能触及科学的本质或艺术的本质。它们都是"存在者整体向我们表现的方式"。文化论中突出的一项是价值学说。价值学说把事物作为对象来处理,而不是让存在者作为存在者去存在。它把事物变成了被估价的对象,从而剥夺其尊严。所以"一切估价,即使是正面的估价,都是一种主观化。"(第348页)人们固然可以设立学说去证明价值的客观性,但客观的价值仍然是进行估价的主体的对象。把上帝或任何什么标为"最高价值",仍然是剥夺其尊严的亵渎之举。反对价值学说,不消说,绝不是要把值得推崇的事物说成是无价值的,它倒恰恰是要恢复事物自身的尊严。

近代的第五种基本现象是非神化(Entgötterung)。对这一项,我们必须联系海德格尔对上帝、对诸神的一般理解来讲解。

从海德格尔小传我们已经知道,他在大学是主修神学的。克尔凯郭尔、帕斯卡、神秘主义大师埃卡特(Eckhart)在他的阅读书单上都排在前头。在《来自一次关于语言的对话》里，海德格尔告诉我们他的解释学功底来自神学研究。在 1923 年，他的主要兴趣集中在圣经之言和思辨神学的思考方式方面。在马堡时期，海德格尔先后结识了当代颇具影响的神学家勃特曼(Bultman)和梯里希(Tillich)。这两位指导他当时的神学研究，特别是对基尔凯郭尔和路德的研究。而他们后期的神学著作又反过来受到海德格尔哲学的深刻影响。

　　海德格尔虽然自始至终对神学有浓厚的兴趣，他的态度却从一开始就是批判的，甚至是反叛的。在《存在与时间》里他更是明确指出要把基督教神学的残余从哲学中清除出去。但这却又不是说神学本身是无意义的。1927 年他以"现象学与神学"为题在图宾根大学讲演，在其中他明确反对把基督教信仰还原为宗教哲学的一般性原理。对信仰者来说，上帝通过基督显现及类似的启示是历史性的设定，不是人可以制造或避免的。海德格尔的双面辩证的要点即在于把哲学与宗教和神学划分清楚。

　　在《根据的本质》里有一个注说："从存在论上把此在解释为在世，借此还既不能正面地也不能反面地决定上帝的可能的存在。"①在《关于人道主义的信》里，他解释说：他的哲学既不是要否认上帝的存在，也不是对这样关键的问题一无所谓。他所要强调的是无论如何先须充分弄清此在概念才有可能弄清此在对上帝的关系。他的存在哲学因而既非有神论的也非无神论的，却要比这二者更基础。从海德格尔当时所持的现象学存在论立场来想，他的这种取向是很自然的。他的主要关切是存在者的存在，而不是任何一个特定的存在者，甚至上帝那样的至高存在者也不是。而通往存在的适当存在者，

---

　　① 《根据的本质》，第 159 页。

他已确定为此在。何况,也许在我们这个时代上帝根本不现象呢。所以现象学者最好对上帝存在的问题保持缄默。

中期的《论尼采之语:上帝死了》一文重又涉及到上帝的问题。在《快乐的知识》一书里尼采喊出"上帝死了"这话。通常人们认为,在尼采的时代,科学理性的发展已经取代了基督教信仰;由于信仰破碎,一切道德和价值标准失去了根基,我们的时代于是变成了虚无主义的时代;尼采本人则致力于在人的基础上重新设立价值标准,从而他就必须号召人上升到从前上帝所据的地位上。海德格尔则不以为尼采所说的虚无主义和基督教的否定是一回事。无论如何,虚无主义盛行之处,不一定就是基督教信仰薄弱之处。何况真实的基督教信仰和教会统治也不是一回事。抨击教会和教义并不必然是否定基督信仰,就像批判传统神学不一定非取无神论立场不可。对教会教义的反叛不是虚无主义的开始,倒是虚无主义的结果。这里所说的虚无主义,正是形而上学式的传统教会神学。传统神学把上帝当作最高的存在者和价值,当作因果锁链上的第一环,所有这些都贬抑着上帝的尊严。认为上帝的存在不可证明,认为上帝是不可知的奥秘,这并不一定是对上帝的否认。否认真正的上帝恰恰是把上帝当作一物当作动力因的信仰者及其神学家们。恰恰是这些信仰者们不再寻求上帝。不再寻求,因为他们不再能思。尼采之语"上帝死了"并非简简单单声称没有上帝,它让我们深思我们的世界为何变成了一个没有上帝的世界,生存为何变成了没有神性的生存。

这时,海德格尔已经把神学与形而上学联系在一起了。二者都须被克服。"存在论神学"的提出使这一点更其明确。传统所识的上帝就是形而上学的上帝。

> 自因(causa sui)是哲学的上帝的正当名称。面对这样的上

帝，人既不能祈祷也不能奉献牺牲。而对这自因者上帝，人既不能敬畏而跪，也不能奉以礼乐舞蹈。无上帝的（gott-lose）思必须舍弃作为自因的上帝，舍弃哲学的上帝，这样或更邻近神性的（gottlich）上帝。这在这里只是说，这种思比存在论神学所能容许的要更为自由地面对上帝。①

究竟怎样更自由地思上帝？不消说，必须从存在出发。"只有从存在的真理出发才可得而思神圣者的本质。只有从神圣者的本质出发才能得而思神性的本质。只有在神性的本质光照中才能思才能说'上帝'这个词称的会是什么。"②看来，从存在出发，也要绕一段路才能思到上帝。从波格勒（Poeggler）的介绍看，海德格尔在1936年和1939年所写的但未出版过的《哲学论文》中对存在与上帝的关系谈得比较直接。在那里海德格尔认为神圣者是隐藏着的，就像存在本身一样。若要揭开神圣者，存在的时代先须令诸神和有死的凡人分野，以期双方能发生关联。凡人在这种分野和关联中应和神音，从而在一切事物中，人特别邻近诸神。所以是存在在其遗赠（天命）中使上帝感召人，并使人亲近上帝。

可见在对上帝的思想中，存在仍是首要的，思者不得妄下断语。但至少，海德格尔自始至终否认存在即是上帝，虽然他关于存在的多种提法实在让人回忆起传统哲学对上帝的讲法，特别是他关于存在言说而一切思皆归属于存在的提法。不过，海德格尔的否认是必然的，因为一旦存在与上帝同一，存在就又像在形而上学中那样被理解为（最高的）存在者了。奇怪的是，上帝既不是存在，却也不是存在

---

① 《同一与差异》，第70-71页。
② 《关于人道主义的信》，第351页。

者,而且也不是非存在者。我们无能把存在加给上帝,存在根本不"属于"上帝。但是,上帝却需要存在以向人公开自身。上帝还有待公开自身,所以真正经验上帝的人是未来者(der Zükunftiger)。这样经验到的上帝也被称为"最终的上帝"(der letzte Gott),他拢集以往的诸神而使它们升入最终和最高的本质。以此而论,存在不在上帝之上,上帝当然也不在存在之上。

所有这些提法均欠成熟。在发表的著述中,海德格尔的讲法则较为审慎。虽然他同样也否认存在与上帝的同一,但我们可以找到大量文本表明存在、上帝、真理、神圣等都是用同样方式描述的。诸神则被说成是上帝的使者,并作为四大之一属于世界。由于他越来越不愿用概念语言来讨论问题,而多半讨论都从诗文中摘取进行,仿佛只是解释诗人们想法,所以很难确定海德格尔的诸神谱系。有一点是确定的,海德格尔用单数的 Gott(神、上帝)所指的从不是基督教的上帝。基督教的上帝像希腊神明一样属于过去的众神。单数的 Gott 一般只用来称谓未来的神明。

以上的介绍该能使我们对"非神化"的含义有个较清楚的了解。非神化作为近代的特征之一,是放在存在的历史这一总框架内来对待的。非神化不是虚无主义的开始,而是虚无主义的形而上学发展到近代的明确结果。与其说非神化是取缔众神的那种粗浅的无神论,不如说它属于基督教本身。基督教通过非神化继续统治着世界。"即使信仰丧失了,近代文化仍是基督教性质的。"[①]一方面,世界的根据被设定为无限的、绝对的,于是"世界图象本身与转变成了基督教式的";[②]另一方面,基督教把自己的教义转释为一种世界观,从而

---

① 《尼采》,第 422 页。
② 《世界图象的时代》,第 76 页。

顺适了并参与到近代历史来。

"非神化是上帝和众神的未决状态。非神化绝不等于摈弃宗教信仰；相反，正是通过非神化，与诸神的关联才蜕化为宗教体验。"（《世界图象的时代》，第76页。）到了宗教体验这步田地，诸神遁去，而剩下的空虚则只好由神话研究和心理研究来填充了。但是，这一切并不表明上帝已经一去不复返了，虽然我们凡人不能决定上帝是否再临现或何时临现。我们要为上帝的到来作准备。海德格尔提请我们注意尼采的疯人在喊出"上帝死了"的同时呼叫着"我在寻求上帝！我在寻求上帝！"①不过我们所寻求的再不是形而上学认作自因、认作最高存在物的上帝。是什么样的上帝，我们不知道。

只还有一个上帝能救渡我们。我们所有的唯一可能是：依靠思和诗为上帝的出现作准备，或者在没落中为上帝的缺席作准备——从上帝的缺席着眼，我们是在没落。②

第四节 当代技术社会

当代即是形而上学完成（Vollendung）的时代，这一完成的后果"就是本世纪世界史上的种种事件（Begebenheiten）"。

海德格尔把当代称为"技术时代。""技术"与"完成的形而上学"是互相涵蕴的。近代和当代没有明确的分界线。上节讲到近代的五种基本现象。它们都传到当代来。从"技术时代"的命名看，其中技术一项在当代尤为突出。技术标明了当代的本质。这一时代是基于

---

① 《尼采》，第266页。
② 《只还有一个上帝能救渡我们》，第1306页。

西欧思想的世界文明开始的时代。这一文明是科学—技术—工业文明。这一文明的开始也是精神世界的萎弱。

精神萎弱是世界现状的突出征候,特特表现为对当前历史的曲解。海德格尔以四点来说明这种曲解:

1. 把精神曲解为智能,计算的能力。

2. 作为计算式的智能,精神沦为为其他事情服务的工具。无论作为人的或社会的上层建筑,精神总附属于无精神的"现实"。其实,肉体的力量和美丽,斗士的信心和勇敢,理智的真切和敏锐,无不基于精神,随精神的起落而消长。精神不仅仅是个必要的第三者,"精神是承载者和统治者,是首先的也是最终的。"①

3. 把精神工具化以后就可以把精神的创造力量转移到各式各样有意识地加以培植和规划的范围之内。于是,"精神世界变成文化,而个体的人就企求在创造和保持文化的活动中实现其自我。"(第51页)各个文化部门设置自身的标准,这些标准被称为价值。每个文化部门自限于本部门并以此构成文化整体。于是人们为艺术而艺术,为科学而科学。精神的工具性和精神的文化性互相联系。以科学为例,有人强调其实用技术的方面,有人强调其文化方面的作用。一回事的两个方面而已。

4. 文化与工具相结合又把精神弄成了文化摆设。人们借文化摆设显示他们不想消灭文化以逞野蛮。人们用人道主义标识其精神面貌。苏俄最初否定一切文化,但很快进入了文化摆设阶段。

这些对精神的曲解徒然掩盖时代精神的贫瘠。

---

① 《形而上学导论》,第51页。下面七段引文也出自该书,随正文标出页码,不另立脚注。

> 我们这个世界的精神沉沦已进步到如此之远,乃至各民族就要丧失最后的一点点精神力量,丧失使我们还能看到这一沉沦的精神力量。……世界黯淡下去,众神逃遁,大地解体,人变成群众,一切创造性和自由遭受憎恨和怀疑。(第41页)

在种种萎弱中,最令海德格尔气愤的就是创造性的丧失。在他的作品中,充满了对创造性的敬慕和颂扬,对平庸的蔑视与憎厌。诸神隐遁了,创造者伏匿了。创造者,如诗人、思想家,还只被当作不懂人生的怪僻人物保留着。即使当一个时代努力保持历史传下来的高水平,这个时代的水平已经下降了。因为真正的高水平只有在创造性的超越中才能保存。

精神的萎弱早有苗头,而在19世纪上半叶则有了决定性的逆转。

> 人们喜欢把19世纪上半叶在我们这里发生的情况简捷地称作"德国唯心主义的破产"。这个讲法就像一个防护罩,在它后面,那已经开始的精神沦失、精神力量的消解、对一切原始地寻问根据并约束于根据之举的抗拒都被挡起来了。因为,并非德国唯心主义破产,而是时代不再有力量来承受这一精神世界的伟大、宽广和原始。……此在开始滑入一个没有深度的世界,而一切本质性的东西原都从那深邃处来就于人并返归于人并从而把人迫向其优越超绝处以按一定的品级行事。所有的事物于是都陷于同一层面,陷于表层,像一面无光泽的镜子,不再镜映,不再反抛光辉……多能有为不再意味着由于崇高的洋溢由于力量的宰制而起的能力的挥洒,却去指人人可得而习知的事务处理,其中还总有几分汗水几分炫耀。……于是乎,麻木不仁的群

众在美国和俄国取得统治。把一切都敉平……变成一种冲动，着手来摧毁一切品极一切建设世界的精神性并宣布这一切乃是谎言。……而欧洲面临这一灭顶之灾却愈发手足无措。（第49—50页）

在海德格尔眼里，美国苏联是两只乌鸦一般黑。"形而上学地看来，俄国和美国是一回事：同样都是脱了缰的技术狂热，同样都是放肆的平民政制。"（第49页）

这些话写在第二次世界大战前夕。当时，他觉得，欧洲正受到美俄双方的夹击。不过他在同一时期也曾明白指出，造成精神世界萎弱的始作俑者却是欧洲："美国主义其实是某种欧洲的东西"。也正因此，精神的复兴还是要从欧洲、特别是从德国开始。"地球的命运由欧洲的命运决定，而我们（德国人）的历史此在则表明即为欧洲本身的中心"。德国由于地处中心，因而受美俄夹击最剧，面临的危机最大。然而，德意志民族是形而上学的民族，是历史性的民族。德意志的命运就是通过对传统的创造性继承把自己同时也就把整个西方引入"存在之威权的原始领域。"如果欧洲并非注定要毁灭，靠的只有从德意志中心"发展出各种新的历史精神力量来。"（第45页）

要战胜苏美，单靠希特勒的军队是不够的。大家还必须弄清存在的问题。"精神统治之处，存在者本身就一定当下变得更富存在。……要唤醒精神，要从而建立历史此在的本源世界，要从而防止世界黯淡下去的危险，要从而承担起西方中心的德意志民族的历史使命，对存在问题的寻问始终是本质性的基本条件之一。"（第53页）

不巧，德意志要摧毁美苏劣等精神的努力终告失败。世界状况的恶化有增无减。现代技术不断膨胀，经济至上发展到了各大洲最偏僻的角落，技术统治了整个地球。人类成功地把卫星射上天空。

但绕行我们这颗行星的并不先是人造卫星,而是"存在的临场"。它作为可计算的物质要求地球上的所有居民一式服从,尽管欧洲以外的居民往往对存在如何迈到这一步茫然无知,而在那些忙着发展的所谓不发达国家,人们忙不迭地服从技术世界的指令,当然也绝不企望对存在如何迈到这一步作任何了解。在当代的精神没落中,"拳击手被奉作民族伟人,千百万人的集会成了凯旋。"这时怎会有人觅求神明,追问存在?"倒还一直有存在者。它们到处熙熙攘攘地倒比从前任何时候都来得热闹。但存在已经从这里抽身遁去。"(第67页)

在没有存在的存在者的熙攘中,时间和空间都在不断缩小。从前经年旅行难到之处,而今飞机一夜就到了;从前数年后才听得到的消息,收音机转瞬就告诉了我们。远古的文化放映在银幕上,由我们坐在现代化的影院里观看。新兴的电视更大有垄断一切信息传播之势。但隔距的缩小并不带来亲近,"因为邻近丝毫不在于隔距远近"。[①] 缩小距离的结果也许只是把所有事物都挤成一堆。在原子弹和氢弹里,能量被聚集了。一旦爆炸开来,可以把地球上的生命收拾干净。

但可怕的还不是原子弹,而是那要求把原子弹制造出来的技术本身。即使我们把现存的原子武器统统销毁,它们还是可以随时被制造出来。技术已经把思转变为计算,把全部兴趣和能量投入于人怎样能脱离地体进入"无世界性的宇宙空间。"人若要作为人守护在存在近旁,就必须居留行道在土地上。我们现在必须返回,回到我们一向已经延留之地。回步比匆匆扑向我们尚不在的所在要无比地艰难。何况,我们永不会到达我们尚不在的所在,除非我们都变成技术机器,"从狂妄转变为疯痴。"

---

① 《物》,第37页。

"无家可归成为一种世界命运"。① 看到从月球拍回来的地球照片以后,海德格尔大吃一惊。他说道:"我们根本用不着原子弹了,人现在已被连根拔起。我们只还有纯粹的技术活动和联系。人今天生活在其上的,已不再是土地了。"但干吗非要住在地球上呢? 我们可以迁到别的行星上去嘛。海德格尔回答说:"从我们人类的经验和历史来看,只有当人有个家,当人扎根在传统中,才有本质性的和伟大的东西产生出来。"②

土地被遗弃,天上了无奥秘,有死的凡人否认自己有终的生存。在当今的技术统治下四大尽毁,世界简直不再成其为世界。海德格尔问:为什么? 往何处去? 会是怎样?

无论为什么,无论愿否,我们已经被拴到技术的驾驭下。所有存在者的表象和表达都由技术控制着。在这个意义上,技术可谓"原子时代的形而上学"。克服形而上学也就意味着从技术性以及对这一时代的技术式表达和解释回转,步回到现代技术的本质。技术时代的本质不是技术性的。这一本质正有待于我们去思考。

但最糟糕的是,我们今仍把技术当作某种中性的东西,当作某种人类用以达成其目的的手段和工具。这种态度恰表明我们对技术的本质还一无所知。

什么是手段、工具? 手段和目的共属因果范围。目的单独是产生不出什么来的,目的和手段共同作为原因产生出结果。还不仅为此。近代以来,工具单独被视为标准的原因。在亚里士多德所列的四因中,今人不再把物质因、形式因与终极因(目的因)称为原因。我们所讲的因果特指作用因和效果。效果有赖于原因。目的作为达成

---

① 《关于人道主义的信》,第 336 页。
② 《只还有一个上帝能救渡我们》,第 1305 页。

的效果系在手段上。

不过，今人讲的作用因与亚里士多德所讲的又不同。在"作用因"一项下，亚里士多德举匠人为例：匠人按一定的形式把质料带入外形，使其显现。今人所讲的，却是物质之间、力之间的作用。连上帝都被理解为这种意义上的"作用因"了。这样的"作用因"根本不包括在亚里士多德的四因内，也根本不是古希腊人想得出的。把技术放在这样的因果关系中来想，完完全全是近代的想法。在希腊思想中，techne 绝不可以归结为作用因、工具或手段。

以希腊的眼光来看，以一定的形式使质料显现就是 poiesis，制作、产出、显出、以诗性铸成。技术作为这样的 poiesis 把一物从其掩蔽状态带入无蔽，即带入真理。"一切产出都植根于去蔽。"可见，"技术是去蔽的一种方式"，是真理的一种演历方式，"因而，技术并不单单是手段。"例如在亚里士多德那里，techne 就在去蔽的意义上而非在制造的意义上指向产出。①

人们或许会争辩说，古希腊对 techne 的理解已经过时而不再适用于今天了，例如当今的技术是在精确科学的指导下发挥作用的。然而，众所周知，近代的物理科学，自豪地称为实验科学，十分地依赖于其实验仪器和实验技术。今天的科学真理的产生发展离不开今天的技术，而"近代技术依然是一种去蔽。"（第 14 页）只不过，近代技术不再作为 poiesis 去蔽；它苛求自然提供能量，加以榨取和贮藏。农民从前耕种和养护的土地今开发为矿区。河流被水坝截断以建造水电厂，河流于是要由技术来规定：水电来源。请回想一下往昔诗歌中的河川。今则至多作为旅游者观赏的对象。技术发号施令。自然到

---

① 《追问技术问题》，第 13 页。下面三段引文也出自该文，随正文标出页码，不另立脚注。

处成为听命者,成为被架构起来的东西(das Gestellte)。物简直连对象也不是了。物变成了贮备(Bestand),而人是其征用者(Besteller)。不久前,科学的表象思维以观照方式单单面对对象。但今已愈来愈远离观照。科学上的可计算性成了实在的首要标准,存在者能否作为对象向观照显现则无关宏旨。

挑头用技术来架构自然的似乎是人自己。"然而,控制无蔽本身却非人力所及。"人本身先须受命才能命令自然。那么,人必在更原始的意义上属于这一技术架构。人一方面是自然的立法者,一方面却又自身陷入贮备物的处境。人今不是被叫作劳动力,叫作人力资源吗?固然,人一面受命于技术架构却也一面促进之。但无蔽,包括以技术方式演历的无蔽,却非人的作品。人起卧饮食,无不在如此这般去蔽了的世界之中进行。当今的首要危险就在于人们已经无法避免通过技术架构这一无蔽来看待事物了。"情况却可能是这样:当自然把它的一面转过来由人的技术掌握之际,这一面恰恰掩蔽起了自然的本质存在。"技术这种去蔽方式"驱逐着其他一切可能的去蔽,"尤其是诗性的去蔽。它甚至不让自己作为根本性的去蔽而只作为"工具"呈现。技术于是"阻塞着真理的显耀与威行。"(第31—32页)

命人把自我去蔽者架构为贮备物的这一种命令,海德格尔冠之以 Ge-stell。这个词用来概括近代技术的本质:以向自然强索的方式来揭示自然。从培根的"拷问自然"到康德的"理性为自然立法"统统包括在其中。

Ge-stell 是从动词 stellen 来的。Stellen 指与放置有关的极广泛的动作。海德格尔则强调索求(Herausfordern)、摆布(Bestellen)、表现(Darstellen)等诸义。概括起来是说技术以刻意摆布自然的办法使自然表现(去蔽)并随之堵塞真理的其它演历途径。Gestell 则指装置或骨架。译为"构架"、"座架"在词义上不错。不过,海德格尔明称也是在一种很生僻的意义上使用这个词并且想用这个词来提醒技术本质的威胁性：

> 危险的不是技术。……技术的本质存在才是唯一的危险，如果我们在命定和危险的意义上来思考 Ge-stell，那么这个词也许会稍微亲熟些。（第27—28页）

据此，本书译之为"阱架"，虽然这个译名远远不足包容海德格尔所想传达的一切含义。

以上的分析应已表明技术本质显然不再能被理解为人所操纵的工具。相反，它作为存在遗赠天命意义上的时代笼罩着人，作为阱架拘囚着人，控制着人。技术的本质还有待深思。而深思技术的本质，就不能不同时深思科学的本质。我们记得，科学和技术一道同属近代的基本现象。

科学也始于希腊。希腊人生活得有声有色，同时又爱好深思。在那里，深思与生机相映成辉。现今的大多数学科在古希腊已有相当明晰的线条。当时，各门学科的技术细节还不很复杂，一个个人可能对所有学科都深有造诣。亚里士多德集前人学问，分门别类，建造起一整幢勾心斗角的科学大厦。如果可以把哲学当作一个单独的学科，那么它在各门科学中享有至高无上的地位。后世近两千年，亚里士多德的成果一直被视为各门科学的基础。直到当今，他的某些论断仍深有影响。

中世纪，宗教一元化了各个生活领域。相应地，神学变成了至尊的学科。但神学之能成为一门学问，主要得力于哲学，因为只靠综述教条是不构成其为学问的。基督教大神学家奥古斯丁、阿奎那诸人皆深受希腊哲学影响，同时也是中世纪最突出的哲学家。哲学虽不敢与神学争位,却高居于一切其他学科之上。

到了近代,各门科学相继崛起。来由何在呢?"当在场者的在场自投于现实事物的对象性,这一刻,科学的本质存在就由于这种方式的在场而不可免了。"[①]换句话说,是存在通过近代形而上学的特定形变(客体的对象化)迫使人不得不以科学方法来认识存在者。或会问:存在为什么偏偏就在这时这样变形了呢?海德格尔回答说:近代科学的兴起是历史的一次转折,而这类转折的时刻总是奥秘莫测的。

近代史是近代科学推动的。而近代科学的进军道路是由近代哲学扫清的。开始,哲学家对实验方法的态度是不明朗的。笛卡尔的见解与培根相左,而他自己也常常游移于相反的见解。但古希腊的科学,与哲学特别是与其通过中世纪流传下来的形式编织在一起,引起近代哲学家的普遍不满足。一千年来,中古哲学家只管诠释古籍,而近代哲学家则各个要新建哲学,从笛卡尔的怀疑一切到康德的哥白尼式革命。恰好这两人以及他们之间的大哲学家多数也是卓有建树的科学家。科学在兴起,神学已冷落,哲学又成了科学之王。

然而,科学的学科如雨后春笋,而每一学科又变得愈来愈复杂。一个人要掌握一个学科已是难事,更不必提综合所有主要科学了。哲学家渐渐放弃了综合所有科学的努力,而欲以为一切科学奠造基础或阐明原理的方式保持哲学的王者地位。康德的《纯粹理性批判》是一个突出的努力。

即使在近代之初,科学仍通常被认作哲学的分支。牛顿的划时代著作冠以"自然哲学"。随着实验方法和统计方法的增重,各门科学先后脱离母体。先是数学、物理学,随之以其他自然科学。接下去是人文科学:历史学、心理学。最后是社会科学:社会学、政治学。科

---

① 《科学与思考》,第49页。

学一门门取得了独立。所谓独立,就是自己奠定原理和制定方法。黑格尔自然哲学的指教没有科学家认真领教。伯恩斯坦把《自然辩证法》交给爱因斯坦评价,爱因斯坦读过以后回答说,他没有能力评价这本书的哲学意义,但就科学而论它毫无意义。从此以后,科学哲学也好,非科学哲学也好,哲学对科学的指导不过是自说自话。

哲学,即爱智慧,是科学之母。哲学就某一事质领域深思而得的学理和结论,构成了一门科学的雏形。但早在希腊时期,科学就在哲学开辟的原野上发展起来。而发展就意味着建立独立性。18、19世纪之后,德国学术文化首屈一指。德文词 Wissenschaft 包括哲学及其它一切科学。其后,英语世界处处居领导地位,英文词 science 不包括哲学。哲学与科学成了两回事。有一段,哲学本身转变为关于人的经验科学。就在这残局下,心理学、社会学、文化人类学、逻辑学和语义学又相继独立。当今科学繁盛在所有存在者领域。哲学不仅仅与科学成了两回事,哲学终结了。海德格尔判定,无需多少预见就可以看出正在新建中的科学学科很快就要由控制论这门新兴基础科学来规定和引导。控制论代替了哲学。"地球的秩序不再需要哲学。因为哲学已经是根基。"①

黑格尔,尼采,恩格斯……断称哲学终结的不止一人。到海德格尔,哲学的终结又一次被提了出来。在什么意义上终结了呢?不是单纯的停止或衰亡。哲学的终结倒是指形而上学的完成。却又不是黑格尔所会主张的那种完善。"柏拉图思想并不比巴门尼德思想更完善。黑格尔哲学也并不比康德哲学更完善。哲学的每个时代都有它自己的必然性。我们干脆得承认每一哲学就是它所是的那个样

---

① 《克服形而上学》,第 75 页。

子。"①说起种种不同的世界观,我们或可偏好某一种。但偏好某种哲学却不是我们的事。从正面说,终结指的是处所。"哲学的终端是这样一个处所,在这里,哲学史的整体就是其最极端的可能性集结在一起。终结之为完成指的就是这样一种集结。"(第63页)

哲学在历史上曾要做的,现由科学接了过去。"科学的发展定型看似哲学的单纯消解,实是哲学的完成。"(第63页)科学是从哲学发展出来的。科学态度本身就是科学出身于哲学的印记。从而,哲学的终结表明为科学技术世界以及适应于这一世界的社会秩序的胜利。"哲学的终结意指:基于西欧思想的世界文明的开始。"(第65页)这就是当代技术社会。

科学的发展基于西方的天命,而不是一些聪明人的求知欲造成的,虽然求知欲确乎属于科学理性思维。"渴求知识和说明从不引向思的寻问。求知欲永远是自我意识的掩盖着的骄狂,这一骄狂所依栖之所就是自己发明出来的理性。求知意志无志于居留于对值得思考之事的希望之中。"②科学不思。科学不是由事物唯有的真理所迫而产生的。这却不排除这样的事实:靠科学发展出来的力量是人类从来不曾见过的。工业、商业、教育、政治、战争、新闻,今日的各行事业无不为科学浸染。科学的全球性发展将决定地球上所有人的命运。科学的发展由技术的本质指引。科学的胜利是技术社会的胜利。

固然,是近代数学物理报出了技术阱架的先声。但我们切不可以为技术只是科学的应用。技术时代似乎在近代科学兴盛之后到来,其实技术的本质已规定着科学的发展。"不仅近代技术的本质、

---

① 《哲学的终结与思的任务》,第62页。下面三段引文也出自该文,随正文标出页码,不另立脚注。
② 《来自一次关于语言的对话》,第95页。

而且一切本质到处都是最长久地掩蔽着……开端最后才对人显现"。① 正因如此,努力去思最初之事,解构和克服形而上学,其目的并非要复活往昔,而是为新开端的来临作好准备。

但是准备做什么呢?对人的威胁首先不来自庞大的机器和毁灭性的武器,而来自技术的本质存在即阱架本身。这种威胁是这样地具有本质性:

> 阱架的统治威胁人,乃至人竟再无路转入更原始的去蔽并从而得以经验更原始的真理指令。因而,阱架统治之处,有至高的危险。(第 28 页)

看来,人已无路可供环转。但荷尔德林曾歌:"哪里有危险,哪里就有拯救者生长。"这是海德格尔最喜欢的一句诗,在他的著述中反复引用。因为,如果诗人的话当真,那么在至高的危险处,就有至高的拯救,那么,阱架就不可能"尽塞真理的一切显耀。"(第 28 页)

"人的天命还没有决定。"我们不知道世界文明是否马上会被突然毁灭抑或它会在不断变化中持续一个长时期。所思的是这样一种可能性:眼下正在开始的这一世界文明或许有一天会克服其单纯的技术—科学—工业性质。"我们也许已经处在转折来临之际所投下的影罩之中了。这里所说的转折(die Kehre)指的是:"从存在的遗忘转向对存在的本质的葆真(Wahrnis)"。②

我们无法预知转折是否到来。但若到来,必从危险盛凌处到来。拯救者必定从阱架本身中生长出来。但我们不能指望一把抓到拯救

---

① 《追问技术问题》,第 22 页。下面两段引文也出自该文,随正文标出页码,不另立脚注。

② 《转折》,第 40 页。

者。转折不会自行到来。我们必须先为拯救者的成长和来临作准备。既然拯救者植根生长于阱架本身之中,准备者就必须不懈地深思技术的本质所在。固然,这并不能就使我们得到拯救,但我们却因此赢得了希望。我们已经处在阱架之中;问题在于我们是否以及如何本己地任身于其中,是否以及如何就技术的本质存在来经验它。技术阱架是当今人类的命运。不过,存在的天命并不强迫,因为只有当人倾听其自身的命运时才有自由。倾听者(Hörender)并非就是顺从者(Höriger)。

待我们本己地经验技术阱架,我们就既不会盲目地为技术所裹挟,也不只是无望地诅咒顽抗。"当我们本己地向技术的本质存在敞开,就发现自己不期而然地被摄入一种具有解放力量的要求之中。"①

上一段的前一半,似乎不超出最顺口的常识。后一半,似乎又过于空洞:海德格尔总是一下子跳进"天命的自由"、"公开场的自由",究竟怎么跳,那自由是什么样子,以及天命的自由究竟与人能做的有什么干系,都不大清楚。然而,他也确实没有打算给我们任何现在的答案:"哲学将不能引起世界现状的直接变化。不仅哲学不能,而且任何纯粹人类的反思和努力都不能。"②接着这话的就是那句名言:"只还有一个上帝能救渡我们"。

技术阱架不是人独独造成的,也不是人独独能去除的。一切都有赖于存在的天命。存在的天命是否带来转折,不是我们说了算的。我们甚至不知道,即使转折来临,是否需要人的参与。我们对技术的本质还很陌生。将来也许会较富经验。故而天命或许会要求人来保

---

① 《追问技术问题》,第 25 页。
② 《只还有一个上帝能救渡我们》,第 1306 页。

护真理的本质从而使拯救者出升。技术阱架的危险和拯救者"擦身而过,有如两颗星星在天上行经。但这擦身而过恰恰是它们相邻相近的隐蔽处。"①

为了转折来临的希望,我们作着准备。

> 我们也许已经处在这转折来临之际所投下的影罩之中了。至于这一转折何时以及如何从天命生成,无人知晓,也不必知。这样的知甚至对人是有害的,因为人的本质就在于等候存在的本质临现,深思着加以保护。②

或许,俄国或中国的古老传统哪一天会帮助人建立对技术世界的一种自由关系。不过,单靠接受东方世界观是不行的。"思想的这一转变须求助于欧洲传统及其革新。思想只会通过具有同一渊源同一规定的思想才能转型。"③许,诗和艺术将提供出路。因为曾有一度,技术没有垄断 techne,倒是艺术高居 techne 的王位。但艺术实际上是不是拯救的最高可能性,人莫能知。"我们愈发询问着沉思技术的本质,艺术的本质就愈发奥秘莫测。"④反正现代艺术看不出具有建设性。总的说来,没有哪个个人可能看透世界现状的整体从而能从实践上加以指导。思与提供权威指示是截然不同的两码事。思的任务不是指导实践,而是应和思的事质。虽然,指导实践者从思中领取指示;但如何领取,则非思者可以断言。

海德格尔的中心思想,很近于我们中国的一句话:尽人事而听天

---

① 《追问技术问题》,第 33 页。
② 《转折》,第 40-41 页。
③ 《只还有一个上帝能救渡我们》,第 1313 页。
④ 《追问技术问题》,第 36 页。

命。泰然处之,却不是无为,而是依天命的指归而为。这样的为,就是晚期海德格尔立为中心的那个思。思是行动。但有别于权力意志。不仅有别于胡作非为,也有别于人定胜天的那种敢作敢为。然而,思不仅不与行动作对,反而把行动提到前所未有的触目地位上来了。因为行动不再用行动之外或之后的目的或权能来评价。行动以自己包含的慎思为裁判。在提高行动的同时,行动的有限性也得到强调。有限性是人的生存的基本特征,当然也是人的行为的基本特征。一个行动,一组行动,一群行动,精细和宏大的,究竟左右不了天命。天命不一定施我们以恩宠,却也不一定与我们作对——这不在我们的判断之内。以恩宠的不定作懒惰的借口,这样的人就还不配行动。我们自能在有限的范围内作有限的判断,且我们实际上也这样作着判断,这样有所行动。我们一定做得成什么,或一定做不成什么,这两种讲法貌似两极,其实都起着安慰作用。把人放回到不定局面中,实有几分狠心。承担这种局面,诚如海德格尔所言,乐观主义悲观主义这些提法都不着边际。却反正是需要勇气的。不定局面就是现实。面对现实,就是面对不定局面。乐观和悲观都无伤大雅,倒要看其中托出的是勇气还是懦怯。勇于行动的人说:我做了。

> 就从这里,就从现在,就在一点一滴之中,我们养护拯救者的生长。这包括:我们要时时注视极度的危险。……虽然仅靠人的行动绝不能直接抵挡这危险。[1]

海德格尔对当代社会的描写经常是生动有力的。虽然人们也可以指出:人们过去也开矿,也崇拜无聊的人;从前也有群众的统治,精

---

[1] 《追问技术问题》,第 33-34 页。

神也常常萎弱；海德格尔对今人特征的总结至少应算作一切时代共有的"人类的弱点"；以往的作家也发过同样的抱怨。现象上的同异可以无休止地比较下去。焦点确实只能集中在我们怎样把握当代的本质。

海德格尔对技术时代的反思提出了很多新颖的、有冲击力的论旨。技术就其本质而言不是一种工具，而是存在者整体去蔽的一种方式，是存在历史上的一个时代。这个时代不只是人造就的，但也不是没有人便造就的。不是人控制技术，而是技术控制人。技术不是科学的应用而已，是技术作为原则指导着近代科学的发展。虽然这一开端或原则最终才向人显现。

任何去蔽都有遮蔽作用。但技术阱架的遮蔽作用如此之甚，它可能会尽掩真理的一切显耀，堵住一切转向更原始的去蔽的道路。但若诗人的话当真，那就还有希望。虽然思不确知转折是否来临如何来临。一个时代中是否其去蔽方式绝对统治着抑或将有转折的可能性，这是存在之真理本身的奥秘。人力不足以带来这转折，但存在也许需要辅助以完成转折。所以我们怀抱希望，悉心准备。准备工作在于深思技术的本质，尤其是注视阱架的威胁。

这些论旨也抛给我们不少疑点。技术本身即为去蔽（真理），何言尽掩真理的"一切"显耀？科学虽非"为唯一的真理所迫"，总还来自存在本身在当代的整体去蔽，何以"科学不思"？固然可称科学技术的去蔽还不够原始，但形而上学不也不够原始吗？

这样问下去，所问还不是专对技术社会而发。各时代一方面被当作存在者整体去蔽的不同方式，一方面又被当作同一去蔽过程的从原始到堕落的演变，这是海德格尔历史观的主要矛盾。这一矛盾与他对存在与真理的基本理解联在一起。

海德格尔对技术社会的剖析在西方极有影响，直接激起了对当代社会的大量研究讨论。在尚未进入现代化的中国,海德格尔的关切显得稍远,但也令人感觉得到。在技术化过程中能否洞悉其本质以求较为健康地建设更是个极富现实意义的问题。无论海德格尔的分析是否正确,他的建议是否恰当,技术的本质亟待思索,盖无疑问。

第五节　哲学的终结:Ereignis

海德格尔晚期的主张,多可以在早期找到萌芽。早期的主张经一番解释,也都可以和晚期的相容。既然所有思想家所思都是一事,就更别说一个思想家的前期后期了。尽管如此,至少我们可以说,在此在和存在二者间,早期和中晚期的强调颇显得出区别。

对流行的理论和提法,海德格尔统统看不上眼。人道主义也难逃此列。不过,《存在与时间》把人提到那样中心的地位来,很可以想象它是人道主义的友军。反对人道主义毕竟是较晚才明确提出的。那时候,一切都系于存在之道,人之道全由存在之道汲收。"本质性的并不是人,而是存在,是存在作为绽出而生存的迷狂绽出那一度。"①

在《存在与时间》里,存在的一切特征都由此在的活动表现出来。人是有历史性的。人的历史发展由存在指引。但存在本身却仿佛是静态的。这就更容易使人把存在与神等同起来,因为神是不具历史性的。当强调转到存在这一方面,这种误解就更加突出。而且静态的存在如何引起此在的历史性也始终是一个问题。存在绝不能被理解为一个物。如果存在在真理的遗赠中昭示自身,那么存在本身就必须具有历史性。

---

① 《关于人道主义的信》,第 333-334 页。

克服形而上学的任务也要求存在的历史性。《哲学的终结与思的任务》一开始就说:"哲学即形而上学。形而上学着眼于存在,着眼于芸芸存在者在存在中的联属而把存在者——世界、人、上帝——作为一个整体来思考。这一思考所据的方式是提供理由和根据的表象思维,而存在从而就显示为一切存在者的根据。作为根据,存在把存在者带入它们的实际到场。根据则显现自身为在场。"①存在是存在者的根据,这种讲法海德格尔早期也是常用的。但作为根据,存在仍被设想为某种最高的存在者,最高的原因。存在者则并不直接就其在场(存在)得到领会,不是直接的显现,而是要被当作设立在某种根据之上的、有一定理由的、有一定原因的东西。形而上学所思的存在即是作为存在者所需的根据的存在。存在者却不需要根据,存在者就存在着。存在并不作为根据与存在者一道也在场。"存在在去蔽而赠存在者存在之际抽身而去。"所以,思存在必是思存在的遗赠、天命,而不是思任何东西。要克服形而上学的存在=根据,就要求提出存在的天命,存在的历史。

存在的历史不是人类史。"存在的历史在诸本质思想家的言中形于语言。"②看起来,存在的历史是思想史。如果我们作这种理解的话,至少须注意,存在的天命并不是首先由群众演历而后反映到思想家的著作中去的。那么一般所说的历史与存在的历史有什么关系呢?思想和实践的分野本身就属于形而上学。也罢。但我们仍可争辩说这一分野像形而上学本身一样已经作为历史演历了。如果我们坚持从这个角度提出问题,那么,答案只能是:是思想决定着人类历史。"存在之言由诗人吟唱,由思者解释,而那些有耳能闻存在之思

---

① 《哲学的终结与思的任务》,第 61－62 页。
② 《关于人道主义的信》,第 335 页。

的,无论多寡,决定着人在历史上的位置。"①

我们当代人,无论多深多浅地理解思,难免会觉得海德格尔把思的意义看得太重了。至少得把立法建邦的圣贤和君王都算作运存在之思者,思才会有近似的重要性。然而,他说的却主要不是思在因果锁链上对人类历史的作用。思沟通存在与人,思使人的存在显耀。人只有在领悟存在的意义,在使存在显耀之处才存在。谈不上是否把思的意义看得太重太轻。思就是意义。蝇营狗苟地弄出一万种事件来,并不就在造就历史。

于是我们就比较容易理解,为什么海德格尔虽然不明论思之历史和人类历史的关系,二者的分期却是"平行"的。把他的多种讲法整理一下,大致可以得出这样一个轮廓:

第一期,前苏格拉底的思想家们;

第二期,苏格拉底、柏拉图、亚里士多德,思在他们手中变成哲学、形而上学;

这两期,又可以合称为希腊时期。

第三期,中世纪;

第四期,从笛卡尔开始的近代,到黑格尔、马克思、尼采,他们结束了哲学;

第五期,哲学终结后的当代技术时代;

近代和当代的人类历史分界是很不明确的。

这个分期表至少可以引出如下几点议论。

海德格尔主张思想史乃至历史一般都既不是必然的,也不是偶然的。究竟是怎样的,我们不太清楚。但他确实把历史当作一个统一的过程来处理。的确,很难想象一个德国思想家会放弃历史的统

---

① 《根据的本质》,第 199 页。

一性。

历史统一的观念,是由黑格尔首次明确提出的。但历史的发展观,却是近代思想的共有特征。只不过,发展通常被看作是向高级向完善的进步,而海德格尔则恰恰相反:历史的发展是从源头的脱落和堕落。随着启蒙时代的结束,进步的观念在不断褪色。但把历史作为系统的蜕化史来研究,基督教中世纪以后还是新兴的。

理论家总不愿被人说成感情用事,即使明确以情入理的海德格尔也不例外。但我曾指出:道德评价是免不了的,无论多么隐晦。没有中性的堕落。Abfall, Verfall, Verunstaltung 这一类表示蜕化变质堕落的词汇有它们自己的评价。《存在与时间》对众人的描述,被说成是不分时代的。而后来,愤世骂俗的话多用了现在完成时。人类是变得愈来愈不成样子的。

但这堕落史至少引出两点疑问:(一)虽然存在是通过诗人和思者决定人的历史地位的,但骂世的话主要指向被形而上学决定了的芸芸众生,说起哲人们本身,海德格尔还是多怀敬意的。诗人则几乎不受指责。(二)中世纪之为希腊的堕落,讲得明确,也好理解。但近代之为中世纪的堕落就难讲了。黑格尔则几乎说不成是笛卡尔的堕落。亚里士多德之对柏拉图也有同样的难讲处。例如,讲到柏拉图的理念开近代世界图象的先河,却不得不把亚里士多德拉上陪绑。

其实,把历史确定到一个单一方向上,这项工作总会遇到很多克服不了的困难。例如,海德格尔以柏拉图的理念说和近代世界图象的联系说明柏拉图和亚里士多德高耸于中世纪时期。可是,他又说世界图象在中世纪是绝不可能的。类似的问题,即各个哲学家的思想如何顺当地契入这部堕落史,所在多有,却不能一一论到。

在这部堕落史上,倒也有过几次起伏的。最伟大的原始性当然归于最早的希腊思者。柏拉图和亚里士多德的缔造哲学,却只被说成是脱落而不是原始创造。相反,笛卡尔被称作一次真正的创新。德国唯心主义也具有原始性。实际上,当代从德国唯心主义的堕落很像罗马从希腊的堕落。

从近代流行起历史发展观以来,很少有思想家不把时代的交界点划在自己附近。这也难免,谁都会觉得自己所处的时期有几分特别。然而,把这种感觉用到历史分期上,结果有时显得太不平衡。例如,人类有记录的历史以来,一直是阶级社会,偏巧到这时候阶级社会就结束了。海德格尔的分期也类似:思想开始了没几天就变成了哲学,哲学涵盖了西方史的几乎全程,就偏巧从今以后就不再哲学了。当然,我承认这种计量历史长度的办法委实外在。

要彻底改造哲学的人有一个算一个,断言哲学终结的人也为数不少。倒没有人主张从此以后就无事可作。有的要把哲学改造为一门科学,有的要改造成科学方法论,有的主张哲学应变为对生活的直接反省,或变为另一种诗。海德格尔则认为"并非随着哲学的终结思也已一道终结。思正向另一个开端过渡。"①

黑格尔是提出哲学终结的第一个人。哲学的终结其实可以认为是黑格尔体系的内部要求。我们在一百多年以后来看,很可能同意黑格尔的专断。在他之后改造哲学者,不知有谁建立起新哲学来。海德格尔的意见是一致的。哲学不是终结在海德格尔自己这里,而是在黑格尔那里。那么,在海德格尔自己的眼光里,他不是一个时代的完成者,而该是一个新时代的开创者。然而海德格尔再三否认。对《明镜》记者讲的最后一段话是这样的:

> 思的最大的困境在于今天还没有一个足够伟大的思想家说

---

① 《克服形而上学》,第75页。

话,直接地、以清楚成形方式把思带到思之质的核心从而也就把思引上正途。对于我们今天的人,有待思想之事的伟大处是太伟大了。我们也许最多只能努力沿着所行不远的狭窄小路为过渡到有待思想之事稍事修建。①

这么说来,海德格尔就是处在哲学终结与新思想生成之间的过渡人物。从这一角度来看,他对传统哲学虽常严厉,却并非倨傲。他指出:哲学固有所未思,但这正是一切思的特点。指出哲学所未思者(存在本身,兹予本身),并不是要挖掘某种缺陷。如果竟对哲学作批判,那全是为了寻问在哲学终结之际思还能有什么任务。哲学发展为科学,实现了哲学之思处于其中的一切可能性。在这种最终的可能性以外,思或有一种最初的可能性。哲学之思必得从这种可能性出发,然而思作为哲学却不能经验它顺适它。如果实际上确有这种可能性,那它必然从始至终隐藏在哲学史里而未显露。这种可能性既非哲学所能通达,更非科学所能问津。重温哲学史而直至于早期希腊思想家,无非是在摸索未来之思的可能性。"人人随时都在与前人对话,但也许以一种更隐蔽的方式更多地在与后人对话。"②

引向一种既超越哲学又超越科学的思,是一项谦虚而又狂妄的事业。所设想的思必然不及哲学家的伟大。"这种思小于哲学。"③之所于小于,一个原因在于技术－科学－工业时代的公众意见之顽拒思的影响更甚于往日。但更根本的原因在于"这一任务只是准备性的而不具建树性质。它满足于唤醒人为一种可能性作好准备,而

---

① 《只还有一个上帝能救渡我们》,第 1317 页。
② 《走向语言之途》,第 117 页。
③ 《哲学的终结与思的任务》,第 66 页。

这种可能性的轮廓却仍晦暗不明,它的来临仍悬而未决。"①

关于思的新的可能性是否来临,海德格尔有时说得肯定,有时说得犹豫。至于只是眼下正在作准备的思不可能取成形而有所建树的方式抑或未来之思将永远如此,也不清楚。不过,既然在谈未来之事,我们不必苛求明确吧。

但海德格尔并不是站在思外面对思的过去与将来作一番观察。他在思的努力之中为未来的思作准备。那么未来之思已经被思着。海德格尔晚期的主导词 Ereignis 就标识着正在被思的未来之思。Ereignis 是个极难解的概念,笔者在这里将通过海德格尔晚期的两篇重要文章,《同一律》和《时间与存在》,引向这个概念。

1957 年海德格尔以"同一律"为题讲课,讲稿同年与"形而上学的存在论神学建构"一道发表在题为《同一与差异》的小册子里。海氏自评此文为《存在与时间》之后最重要的文章。

在这篇文章里,他先就同一律的通常形式 A = A 发表议论。同一律讲的是相同(Gleicheit)。两样东西可以相等。一样东西也可以与自身相同,这种相同被称"自一"。"自一"可以是说每一 A 即是它自己,也可以是说每一 A 与它自己相同。这后一种是德国古典哲学对同一的理解。海德格尔感叹说:西方哲学经过了两千年才达到这种理解。而一旦达到这种理解,思想就不可能再回到前一种抽象空洞的理解上去了。同一必须被理解为统一、联系或合题。所以,A = A,若仔细听来,是:A 是 A。每一存在者都和它自身相统一。"同一的统一成了存在者的存在的一种基本特征。"②据海德格尔,这话概括了全部西欧思想。任何存在者都包含同一。同一律因而也成为科

---

① 《哲学的终结与思的任务》,第 66 页。
② 《同一律》,第 17 页。下面八段引文也出自该文,随正文标出页码,不另立脚注。

学的基础：如果不事先肯定其对象在任何情况下都是同一对象，那就不可能有科学了。这番议论之后，他回到同一律之源巴门尼德。巴门尼德的名言"思维与存在相同一"是他百讲不厌的课题。但若依他的解释，这句名言应译作："自一也就一样是感知（思）和在。""自一"在这里被进一步解释为共属，于是全句相当于说："思和在共属于自一并由于这自一而相属 。"（第 18 页）

思是人的卓异之质。思和在的共属也就提示着人和在的共属。人由于思而对在敞开、始终与在关联并应和在。人真正地就是这一应和。人转让（übereignen）自身予存在。另一方面，存在则只有通过人才在场。"因为只有人对存在敞开着，让存在作为在场来临。"（第 23 页）在场需要公开场，而由于这一需要，存在转让自身予人。在这里，海德格尔立刻加上说："这绝不等于说存在首先地唯一地由人构设（gesetzt）。"（第 23 页）

把人和存在当作两项来思，那就还是在表象思维方式中兜圈子。首先要深思"属于"这一度。撇开两造而思纯关系，这讲法有几分玄。这海德格尔知道。他立刻说这一步必借跳跃才能完成。不仅要从流行的表象跳开，而且要从存在跳开。但若存在即是根据，跳离存在岂不是跳进无据深渊？是的，如果我们只以表象方式理解跳跃。我们跳离存在，却是要跳入人和存在的相互归属。对我们当代人来说，技术世界就是人和存在的相互归属。如果共属确实规定着相属的东西，那么不仅人，而且存在本身也由技术阱架规定着。在这一阱架中，人和存在相互索求。存在要求人把一切都弄成计划和计算，人则要求存在把一切存在者都弄成服从于计划计算的贮备。

在技术社会中，这种相互索求合为一体。纯朴地经验这种相互索求，就是要把人和在的相互占有转入 Ereignis。

据海德格尔考证，er-eignen 来自 er-äugen，即"收入眼底"。

Ereignen 在现代德文中的通常含意是"发生",其名词 Ereignis 则是"事情、事件"。但海德格尔则在更深广的意义上使用这个词。作为服务于思的主导词,其内容如此基本如此丰富,像希腊词 logos 和中文词"道"一样,Ereignis 是无法翻译的。那么我们暂且不管翻译,先看看 Ereignis 的内容。

Ereignis 是自在悠动的领域,人和存在多在其本质中通过这一领域相互达赠(erreichen)。"(第 30 页)所以,Ereignis 是最切近的,是我们已经居留于其中的处所。Ereignis 把我们带近我们所归属的东西。但是,人和在并不在 Ereignis 中消失于同一。相反,人和在各得以归于自身。归于自身是同时发生的。同时的意义海德格尔没有讲出,他只告诉说同时并非指两种事情碰巧一齐发生也不指一造由另一造产生的那种因果必然性。

看来,海德格尔这里讨论的"相属"就是德国古典哲学所理解的统一。"自一不是等同。差别消失在等同中而现象在自一中。"(第 40 页)但海德格尔马上强调他与黑格尔不同。二人虽都意在自一的存在,但他自己是"从存在对存在者的差别着眼。……对黑格尔来说,思之事质是作为绝对概念的思想。对我们来说,思之事质是……差别之为差别。"(第 43 页)

这里讲的仍是存在论差别。但提出的角度已有不同。(一)形而上学是从存在出发的,但仍然从存在与存在者的同一处着眼,即从存在之为存在者的根据着眼。所以,形而上学用共来规定属。而当今的技术社会已使我们看到,"属比共具有优先地位。"(第 31 页)(二)对存在论差别的遗忘,不是在差别发生以后的健忘。这一遗忘属于差别本身:差别作为原始的本质存在,最后才向人显现出来。

在阱架中,我们经见到 Ereignis 的最初的咄咄逼人的闪光……经见到人和在的共属；在这共属中，"让归属"首次规定着共的方式及其统一。……形而上学学说把同一表象为存在中的一个基本特征。现在显明：在与思一道属于一种同一，这种同一的本质来自我们称为 Ereignis 的那种"让共属"。同一的本质是 Ereignis 的本有之性。（第32页）

我们在阱架中经验到的，可以说是 Ereignis 的前奏。但 Ereignis 却不必拘泥于前奏的成式。因为在 Ereignis 中道出了一种可能性：克服阱架的单纯辖制作用而把它转变为一种更其肇始的 Ereignen。Ereignis 深入于阱架从而瓦解技术世界的统治，把它转变为一种服务。这是一种以各归本是的方式（ereignishaft）进行的、因而绝非单靠人力谋成的回收、收归各自所有（Ereignen）。我们也许正经见到一种可能性：阱架在剥夺人和在各自所属的同时，却作为 Ereignis 使它们双双落回各自的本真之中。于是，人就可能以更其肇始的方式开始经验现代技术世界、自然和历史的整体，尤其是开始经验它们的存在。从而，使人与在相外而相互索求的技术世界将转而为人伸达 Ereignis 起服务作用。

看得出，Ereignis 所标识的存在论差别完完全全是从存在之为历史的方面来思考的。形而上学最终结局于其中的人与存在的相异为人与存在的一种崭新的共属提供了可能性，形而上学为自身的克服准备了条件。"存在之历史的本质即是 Ereignis，在其中存在本身也被克服。"[①]这听来好像马克思的口气，除了一点：作为经济发展的物质力量今由存在的历史的天命代替了。

正是从这一基本理解出发，海德格尔得以断言如果对原子时代

---

① 《克服形而上学》，第63页。

的思考只能安于原子能的和平利用，思就还停留在半道。技术世界将因这样半途而废之思更巩固其统治。何处曾决断下来自然将永远保持为现代物理学所设的那个自然？眼下的东西从不是唯一现实的东西。诚然不能把整个技术世界当成魔障踢到一边了事，或硬行摧毁它而同归于尽。但我们绝不要相信技术世界的本性能防止任何人从它跳开，跳入正向我们来临的人在同一。这种由 Ereignis 规定的同一性是独特的（莱布尼茨），不是抽象同一而是一物与其自身的具体统一（黑格尔）。跳离形而上学理解为根据的存在，仿佛是跳入无据深渊。但这一无据并非空洞无物或昏暗混乱，而是：Ereignis。唯在这一人与在互相让渡（übereignen）的有限存在中，思的经验始获定调。

1962 年海德格尔以"时间与存在"为题讲课。时间篇第二节已交待过其中部分内容。此讲演的稿本 1968 年发表在题为《思之质》的文集里。仅因其为海氏最晚的文著之一，此文也就值得格外引起注意了。

进入正题之前，海德格尔先提出三点作为引子。一、看一幅画，读一首诗，听一课理论物理，我们都须往复专心。而哲学之思，深于上述，更不可枉求速晓。二、此文将尝试不借道存在者而专注于存在。此论虽玄，但恐怕非如此则无法入见当今遍布地球之上者的存在。三、此文不在于一条命题，而在于一条道路的显示。

西方思想伊始，即把存在理解为在场。在场，作为当前，由时间规定。每一事物均有其时间——来了，停留（存在）一段，又去了。

事物随时间流逝。时间在这流逝中保持为时间。保持即为：不消失，在场。于是时间又由存在规定。

西方思想始终用存在和时间互相规定，尽管存在和时间都不是存在者，不在时间之中。西方思想始终不究在场本身如何落实时间和存在的关系。

要跳出这一形式上的循环,首须看到在场这种当前与现在这种当前不是一回事。在场规定现在而非相反。因此,从本源来说,在场这种当前可称为本真的时间。时间首先不是一个现在系列。

海德格尔今不再从人的生存来解释在场。相反,是在场来临近人。人把在场当作赠品来接受。在场不是一个孤立的时间点,而是从将来和曾在方面伸达于人。如果人不接受在场的奉赠,如果在在场中伸延的东西不达乎人,那么存在仍将掩蔽着,人将不成其为人。在这伸延之中,不仅有在场的东西达赠于人,不在场者也伸达于人。将来和曾在作为不在场者在场。

时-间(Zeitraum)就是随着这样的在场敞开的。时而有间,指的却不是两点之间的距离,而是一种开放境界。这一开放境界是在过去、将来和当前三维的相互伸达(本源的时间)中开敞的。这一开敞带来了空间性而非相反。

时间存在否?如果在,在什么地方?在钟表里寻不到时间。相反,计时仪器和技术愈发达、愈精确,就愈少有机会去思时间的本性。时间的开敞带来空间,使存在者能在某个地方。时却不是存在者。时本身不在。但又不是乌有。只能说:有时间,兹予时间。

时不在。却"有"。若既不在又不有,从何谈起时间?而这一有,这一兹予,与人分不开。但并非人造成时间的有。"究竟这一'予'在于它伸达我们抑或它伸达我们是因为它本身即是达赠?后者。"[①]这就是说:时是否到时而敞开自身为时间,是时的本性使然;但时总是以把人带进公开场的方式到时的,所以,时间需要人。历来都有人见

---

① 《时间与存在》,第14页。下面两段引文也出自该文,随正文标出页码,不另立脚注。

识到,若没有心灵、意识和精神,就没有时间。海德格尔肯定此点:"无人则兹不予时间。"(第17页)但他立刻问道:"人是时间的给予者抑或是其接受者?"这才是关键所在。

兹予时间。兹予存在。这个谜一般的"兹"。但我们切勿随意把这个"兹"认作冥茫之中的威权。或许可以从上面的论述引出结论认为,恰恰是时给予存在。但时本身也是被给赠的赠品。或许这个"兹"只是德文文法要求的一个玩艺儿而没有真实意义。希腊短语 chre 和拉丁短语 pluit(下雨呢)中都没有这个"兹"。但这并不等于说这些短语中没有"兹"的意味和思想。海德格尔看来没想到别的语言或许恰恰提供出思考"有"的新途径。他早认定了德文是当今最具有思想性的语言。不过,看得出这里的讨论倒全是试探性的。

如果这个"兹"是希腊意义上的主体(hypokeimenon),那么它就应是存在。在予在。这把我们带回到"在在"的困境。或许我们最好从不在场的在场来思兹。在的遗赠、时的达赠,是把它们本身赠予,即存在之为在场、时间之为公开场。而规定着二者各赠其本身者,我们称为 Ereignis。我们现在只能从给赠方面来思 Ereignis。在与时则为事质(Sachen),虽然二者的关系还不确定。但从二者的同时给予方面看,为二者的共属提供保障的就是 Ereignis。那么似乎可以说:"Ereignis 予在与时。"但这徒然使我们退回到表象方式。

那么究竟什么是 Ereignis? 这一问是问 Ereignis 的本质(存在)。但若存在本身就属于 Ereignis 并由 Ereignis 保障,那这一问岂不倒行逆施?或许我们不仅不能答,而且问也不能问。"还有什么可以说呢?无非:Das Ereignis ereignet。"(第24页)

这个 Ereignis 就这么玄奥不可言说吗?别忘了,关于其他主导概念,海德格尔也有一式的讲法:Die Welt weltet, das Ding dingt, die Sprache spricht, die Zeit zeitigt sich。"Was ist das Sein? Es 'ist' es selbst."① 以身观身,以家观家,以天下观天下。凡事均是其本己所是,行其本己所为。但又不是与自身抽象等同,凡事均在其所是中成其本己所是。这个"本己",我们用来译 eigen, das Eignes 。那么, das Ereignis ereignet 就是说:"本(来的)事(质)成其本来所是。" Ereignis格外玄奥,在于它道出了上面所列诸短句共有的奥秘。且让我们试以"本是"这一翻译来体会 Ereignis 这团奥秘。

存在归属于本是。……(但)本是并非某个无所不包的高层概念而统括存在与时间等低层概念。……存在消失在本是中。……时间与存在在本是中成其本己所是。……今因存在的天命息栖在时间的伸达中而时间又与存在一道息栖在本是中,本是中于是有一种本有之处宣告出来:本是从无限制的去蔽中抽回它最本己的东西。从本是方面来想,这唤作:它在上述意义下对它自己本身异其本。异本(Enteignis)属于本是。……于是,我们永不能把本是摆到面前来表象,既不能作为相对者也不能作为无所不包者。因此,基于表象的思维以及命题方式的言说均无能应和本是。……本是不是什么,兹不予本是;……(因为我们不能)从流导出源。……本是成其本是。我们这样说,是从自一之事向着自一之事说到自一之事上。……这自一之事并不是什么新东西,而是西方古老思想中最古老的:莫非就是掩蔽在aletheia(去蔽)名下的元古者?……不借存在者来思存在唤作:不着眼于形而上学来思存在。但即使意在克服形而上学,也仍是特别着眼于形而上学。所以应得丢开克服而把形而上学留给

---

① 《关于人道主义的信》,第331页。

它自己。①

为什么要把形而上学留给它自己？因为形而上学本是形而上学。接下去,海德格尔用下面的话结束了《时间与存在》这篇讲演：

> 要言说本是,面临种种障碍,讲演方式即其一。讲演都是用命题句子讲的。②

第六节　海德格尔的思想发展与思的任务

名词 Ereignis 和动词 ereignen 是德语的常用词汇。海德格尔早期也使用它们。到 1930 年代,它们受到特殊的注意,渐渐发展成海德格尔晚期思想的主导词。它们在海德格尔那里的含义始终不是明晰畅晓的。大概讲来,他尝试用 Ereignis 标识存在与人的共属,某种甚至比存在和此在更本原的统一本身。同时,Ereignis 也从存在与真理、存在天命的遗赠和存在与时间提出来。为了进一步澄清这个词的意义,有必要简要回顾海德格尔的整个思想进程。

从一开始,海德格尔就相信整个西方思想史是从源头的退化。到近代遂有主观主义兴起。近代主观主义的根子深深埋在往昔；所以并非反对一阵主观主义可以了事的。追根溯源,海德格尔提出"存在的遗忘"。

基本的发现是这样的："存在者"这个词有两重意义。一是指这个那个确定的东西。二是指这件东西存在着而非不存在,也就是就

---

① 《时间与存在》,第 22-25 页。
② 《时间与存在》,第 25 页。

其存在来领会一件事物。希腊词 to on 兼指二者而偏于后者。"存在"也有两重意义。一是存在者的存在,存在性(die Seiendheit),这层意义与"存在者"的第二种意义相近。二是存在本身。

存在的两重意义是较晚提出的。第一层意义上海德格尔又特别强调存在作为存在者整体的根据,即最高的存在者。而第二层意义上则特别强调存在的真理,公开场的开敞,即:让存在者的存在呈现。所以,存在的第二层意义又被规定为存在和存在者的双重本质,但这双重本质必须从它们共属的朴一来了解。这就是所谓存在论差别:存在让存在者在场,存在者在公开场中现象,它单单就存在着,而不依立于某种根据上,因为存在本身不作为存在者在场,它在放存在者存在之际已消隐了。

存在的遗忘指的就是后一种存在的遗忘,即存在论差别的遗忘。形而上学所思的存在一直是存在性,是存在者整体的根据。

这一切和主观主义的兴起有什么关系呢?由于存在论差别被遗忘,连存在本身都理解为存在者。于是,存在者便不就其在存在中的显现得到理解,而是从其根据存在者方面得到理解。存在者被缚在有根有据有因有果的链锁上。存在者不再显现、显耀,而是被(上帝)制造出来的。与这种根据相适应的理性和理知依靠对这种制作机制的理解可以控制、重新制造和生产存在者。存在从存在本身剥离而交给存在者,交给上帝,交给理性。理性决定对象,计算决定存在。到当代,当存在者被人的计算统治的同时,人本身也被计算统治了。主观主义流行之今日,也是客观化滥觞之时。克服主观主义,不是要转向客观主义,而是要深入到比主客观分野更原始的境界。

用"此在"这一提法来代替"人",是这一努力的第一步。无论客体还是主体,无论对象还是对象的代表(表象者),都恰恰是存在的原始性不再显耀之处。而此在,顾名思义,则是存在显现之所。然而,此在这一用语却是有些花样在里头的。如果人与此在等同，那么人就是存在原始去蔽的唯一之所。如果此在不等同于人，就有人与此在的关系问题。两种解释都有海德格尔文本的支持，但通常此在与人是等同的，否则此在怎会烦忙？所以，"唯当此在在，始有在，兹始予在。"①这话突出的是人对存在的优先地位。正由于此在一般等同于而人即为存在的唯一显现之所，一切其他存在者就都由人照亮并围着人打圈子。海德格尔意在克服主观主义，却似抬出一种更极端的主观主义。在思的领域里，一如在实践中，意图说明不了多少。

然而，从海德格尔自己的角度看，他的第一步唯因为只是第一步所以才没有把整个真相澄清。方向是对头的，而且是明确的。所有批评都出于误解，或假象。接着而来的转折，不是海德格尔改变了主意和态度，而是第一步已经准备好的并必然带来的转折。思是存在之思，不是由我们凡人所能左右的。

艺术作品被提出来作为真理演历的处所。就此而论，艺术作品应就是此在。诗性的筹划开启历史民族被抛入其中的处所，艺术作品不在于带来个别化的体验，而相反把历史的人民聚集起来。人似乎附属于作品这一真理的公开场。海德格尔确实用 Dastehen 来讲艺术作品。②但他从来不用 Dasein 来讲人以外的任何东西。按说，存在在哪里显现，哪里就是存在的此。那么，人不应再是唯一的此在。尤其当我们注意到，人和物的关系也扭转了。物不再只作为工具供人使用，相反，物成为人的条件。物拢集四大，而人是四大之一。此在固然一开始就以其有死作标志，但现在不谈公开场合的死而特

---

① 《存在与时间》，第212页。
② 《艺术作品的本源》，第59页。

别把人标识为 der Sterbliche：有死的凡人。这样看，人不可能与公开场等同。

"唯当此在在，兹始予在"这句话，20 年后得到的解释是："正是这样。这意味着：唯当存在的疏明成其本是，存在才移其本于人。但这个此、这个疏明作为存在的真理成其本是，这却是存在本身的宗旨。"①不说它强为之辞也罢，反正一切都由存在决定，人无所事之。

但人毕竟还是与众不同，否则存在为什么偏偏移其本于人呢？从一开始人就不是随意选来填充此在的。只有人领会在；而在的开展、现象、去蔽、起作用，相应地甚至还有在的掩蔽和隐退，似总与领会有关。否则何所谓在，否则一物如何"是"一物呢？冥茫混沌之中，谁"是"谁？"是"，同一，标识着一种自一。一物必须成其为一物而非尽埋于万化中才谈得上自一。必须有一片公开场，物乃可在其中成其物，而"是"它本身。这个"是"联系着该物的曾在与将来而把无论多久远的都带到当前。命名把物从混沌无名中带入其为自一之物，言是采集。

在海德格尔中晚期的思想框架中，言必首先作存在之言。本质存在的语言自己说话。人应和。语言借诗人之应和而形诸音声而达于凡人。于是，刚刚由语言这一线索为人提供的特别位置又动摇了。固然，因为只有人会说话，所以，人特别应和存在。但问题只在于：何以人特别会说话呢？从海德格尔自己的角度来问：人因其会说话而能应和存在抑或人因应和存在而会说话？

从人的领会（开展）存在到存在自己开辟其疏明。但人放在哪里？存在需要人，语言需要人，公开场需要人，时间需要人。怎样需要？一切提法和疑难都指向一个类似 Ereignis 的讲法。

---

① 《关于人道主义的信》，第 336 页。

到1950年代,海德格尔在使用"存在"这个词的时候不得不有点儿犹豫。他指出,这个词毕竟属于传统形而上学,所以必然携带着概念天生的二元性质。但为什么不干脆放弃这个词以避免它造成的混乱而为他所寻找的东西立一个新名,例如"时间的本质存在"?海德格尔回答说:正在寻找的东西是无法命名的。然而他同时承认"发现有赖于起命名作用的词的指令。"换言之,找到了这个词就找到了一向所寻求的东西。

固然,"存在"这个词至终仍是海德格尔思想的主导词。但它时时指向新方向。

存在不再作为根据。实际上,根据这一提法本身多受质疑。"存在是什么?存在就是存在。经验这一点,言说这一点,都是未来之思不能不学的。存在——既不是上帝也不是世界根据……"①

所以,在开辟公开场的同时,存在必须抽身而去。功成身退,天之道也。

不仅如此,公开场(疏明)必须被理解为存在的基本特征,而不是存在的后果。

所以,必须从遗赠来思存在,存在即是存在的历史,只在其遗赠(天命)中演历。

所以,必须弃存在而思兹予。

而存在的天命在思中形成历史。存在的确是需要人的。

人和存在的相属,存在在天命的遗赠中隐退,天命在语言中成思,这一切都以 Ereignis 提示出来。"存在之历史的本质即是 Ereignis,在其中存在本身也被克服。"②海德格尔在早中期著作的边

---

① 《关于人道主义的信》,第331页。
② 《克服形而上学》,第63页。

注上，几乎把他曾用过的一切概念都换为：Ereignis。

从 Dasein 到 Ereignis 的道路，说长也长，说短也短。很多基本概念都被放弃了。连存在本身也要被克服。海德格尔解释说，这并不意味着简单地放弃早期的立场，而是标识着离开途中的一站以到达下一站。这些词所提示的立场都是同一途中的不同靠站，而"思中持久的因素是道路。"他不想否认中途立场的意义，但他不断放弃诸名而向无名运思。一边是形而上学，另一边是无名者。这努力难以成功，因为面对公众总免不了要用个名号。

这么说来，Ereignis 竟是无名之名了。难怪说它是不可翻译的。实际上，它简直不是可以解释的。本是、本真、自在，一切之源，复是一切的呈现。Ereignis 是遗赠者，是遗赠本身，是一个特定的时代，是成思的方式，是思的行动，是存在，公开场，人的思与行动的具体统一。Ereignis 的根本性几乎取代了存在的根本性。

1970 年，应 G. 格留和 J. 斯坦布之问，海德格尔书面回答他们的问题，对 Ereignis 又作了一番解释。① 在这篇答卷上，我们看到，Ereignis 是没有天命的，因为是它本身遗赠在场。但它却又不是没有时间性的。它不在时间中，也不是人的时间性。Ereignis 的时间性在于它的邻近。从上面所讲的，我们或可以说 Ereignis 取代了存在。只不过，它不可被作为在场这一意义上的存在来思。实则，不借存在者而得思的存在同时就意味着：不再被思为存在（在场）。所以，存在论差别也因思之回步消失于 Ereignis。"存在论差别失去了它对于思的关键意义从而以某种方式被思放弃。"②

形而上学一直遗忘存在论差别，而形而上学之所以可能，恰恰是

---

① 这篇回答的英译文见英译本《哲学的终结》，Harper and Row, 1973, XI – XIV。
② 英译本《哲学的终结》，XIII。

由于这一差别在起作用。当我们明见到这一差别,它便失去了对于思的关键意义。这再一次表明了,思正处于一个关键的转型期:一面是存在诸变形的诸时代,一面是 Ereignis,中间横着技术阱架。在技术时代,思的本质即 Ereignis,几千年来虽作源头却被掩蔽,终于显明了。那就是:把一切"各自带回到其本己所是。"夫物芸芸,各复归其根。

并不是说,思在这里已经找到了答案。海德格尔再三回答:没有答案。何况给出答案也无所裨益,因为关键只在于就现象的本己来源方面看到现象。走到头来还是道路,问到头来还是追问,思的努力提出思的任务。

海德格尔晚期从多方面提出思的任务。本章诸节也从不同角度给以转达。在《哲学的终结和思的任务》一文里,他把思的任务集中在公开场问题上。基本立论是很简明的:事物要能被看见,就必须已显现,显现固然要有光,但光又必须要一片公开场地才能透进来。所以,公开场处于事物的掩蔽和人们视见之中,是存在与真理的中心点。

公开场,aletheia,海德格尔始终把它理解为真理,虽然它不是人们通常所说的理念或符合。它是原始的真理。可是,连希腊人,包括荷马在内,已经在通常的真理意义上来理解 aletheia。所以,他终于决定,aletheia 与真理不是一回事,"aletheia……还不是真理。"①

于是,基本问题也就同样简明:为什么 aletheia 总被理解为而且被经验为真理?

或许,人在其绽出的居留中只与在场者相向,因而"无蔽对于人

---

① 《哲学的终结和思的任务》,第76页。下面两段引文也出自该文,随正文标出页码,不另立脚注。

的全部自然经验自然言说只显现为正确性和可信性。"(第78页)那么,被经验的被思索的就总是公开场所遗赠的而从来不是公开场本身了。但这竟是人的疏忽造成或者只是偶然发生的吗?或许,掩蔽、遗忘、lethe必然属于无蔽,而且不像影之属于光,而恰恰就是aletheia的心脏。那么,掩蔽竟就是一种庇护,从而才保障在场者安然显现。从而疏明就不仅是在场的疏明而且也就是掩庇的疏明了。

海德格尔的这段简短的沉思十分让人吃惊。惊异之一就是:这些想法不是早在《真理的本质》中就已表达出来了吗?那么,中间40年他在做什么呢?

他在克服形而上学。但若aletheia从一开始而且始终由于人的本性只能被经验和理解为真理,那么,认定aletheia从其原始性退化到理念,退化到表象符合的这一套历史观就成了虚构。令人吃惊处就是他坦然承认:"于是,关于真理从无蔽到正确性的本质演变的主张是站不住的。"(第78页)

海德格尔在这里提出思的任务。这一任务不是哲学所能完成的。但在如此深沉的反省中,我们就不得不问:思是否能不作哲学而运思。

这些惊异和疑问或许可以归结到一个很简单的考虑。海德格尔在这里摆出的是两条道路:一、克服形而上学而进入一种新型的思,思存在本身,思疏明本身;二、只经验可经验的,思考可思考的:它不是公开场本身而是公开场中显现之物。这样的思不管形而上学,不言克服;但因而就不能保证它将不仍然是形而上学之思。

海德格尔所选的并一直在走的显然是第一条路。但解构形而上学的整条路线都可能站不住脚。他仍然走下去。于是,尽管足够奇怪,他所行的全程,或许恰恰是对另一条道路的提示。

或许他自己的话可以使我们稍释惊奇：

"运伟大之思者，行伟大之迷途。"

附录一　我如何走向现象学

海德格尔

1909—1910年那个冬季我开始在弗莱堡大学学习神学。主要课业是神学，却也余下足够的时间让我攻读哲学。当时的神学专业本来也包含哲学课程。反正从第一个学期起，在我神学研究班的课堂上，胡塞尔的两卷《逻辑研究》一直摆在那里。书是从大学图书馆借来的。一次又一次地续借倒也不难，看来这部著作没什么学生对它感兴趣。也不知它怎么被弄到这么个不相干的环境里来的。

我从前就从一些哲学期刊中了解到胡塞尔的思想是由弗朗茨·布伦塔诺决定的。早自1907年起，布伦塔诺的论文《论"存在者"在亚里士多德那里的多重意义》就是我哲学思考的主要帮助和引导。当然，我在哲学方面的那些最初努力是够笨拙的。当时我最关切的问题还相当模糊。它大概是这样的：如果说人们是在多种含义上言及存在者的，那么哪种含义是起主导作用的根本含义呢？什么叫存在？在文科学校的最后一年，我偶然见到当时在弗莱堡大学讲神学教义的卡尔·勃莱格教授所写的《论存在。存在论提纲》。这书是1896年他还在弗莱堡大学神学系当讲师时出版的。这本书每一大节末都有亚里士多德、托马斯·阿奎那和苏阿列兹的大段引文，同时还附着存在论基本概念的词源解说。

我当时期望胡塞尔的《逻辑研究》能为布伦塔诺那篇论文激引起的问题提供决定性的助益。然而我却在白费力，因为我的路子走得不对头，而这一点是我很久以后才明白的。不过胡塞尔那本书还是让我着迷;在那几年里,我把它读了又读,虽然仍不很清楚到底是什么让我着迷。这本书的魔力甚至延伸到句子结构和扉页这些外表的东西上。在扉页上我见到出版者马克斯·尼埃梅尔(Max Niemeyer)的名字。我现在还能生动地回忆起那扉页当时看上去是什么样子的。尼埃梅尔的名字和"现象学"的名字联在一起。"现象学"这个名词印在第二卷的副题上,不过当时对我还是陌生的。我那几年对"现象学"这个术语的理解和我对出版者尼埃梅尔及其工作的了解差不多一样又少又不确定。不过尼埃梅尔出版社和现象学这两个名字怎么会连到一处的,这不久就变得比较清楚了。

四个学期以后我放弃了神学研习而专致于哲学,虽然我1911年以后几年仍然去听勃莱格所授的神学教义课。因为我对思辨神学很有兴趣,尤其因为这位教师每一堂课上都具体而微地展露出入木三分的思想力量。有时他允我与他一同散步,这时我才了解到谢林和黑格尔在思辨神学中的重要性,而思辨神学与经验派教义体系是不同的。从而,存在论与思辨神学在形而上学结构方面的离合进入了我从事探索的眼界。

不过这一领域时而退后而让位给李凯尔特(Rickert)的研究班。李凯尔特的一个学生爱弥尔·腊斯克1915年作为一个普通士兵战死在加里西亚前线。当时在研究班研讨的就是腊斯克的两篇文章。李凯尔特把自己大大修改过的第三版《认识的对象。先验哲学导论》题献"给我亲爱的友人"。这第三版也出版于1915年,人们认为这一版的题献证实了李凯尔特从他的这位学生那里受益匪浅。另一方面,腊斯克的两篇文章,《哲学逻辑与范畴学说》和《逻辑形式主要领域的研究》,都十分明白地表现出胡塞尔《逻辑研究》的影响。

这些情况迫使我再一次钻进胡塞尔的著作。不过,这一次开头仍不让人满意,因为有一个主要困难我克服不了。造成这困难的是个挺简单的问题:称为"现象学"的这种思想方式如何行进展开。这个问题使我不安之处来自胡塞尔的著作本身,因为初看上去这部著作有某种暧昧不明的东西。

这部著作1900年发表的第一卷表明思想和认识的学说不能奠基于心理学,从而对逻辑学中的心理主义提出反驳。翌年发表的第二卷有第一卷的三倍厚。这一卷里描述了对认识建构起本质作用的意识行为。那么说到底它自己也是一种心理学。第五篇涉及"布伦塔诺对'心灵现象'界说的意义";这一篇的第9节读上去不是心理学又是什么呢。于是胡塞尔对意识现象的现象学描述就落入了他自己刚反驳过的心理主义窠臼了。但若胡塞尔竟会弄出这样粗笨的错误来,那么意识行为的现象学描述本身还有什么意思? 如果现象学既非逻辑又非心理学,那么现象学的内核究竟何在? 莫非这里出现了哲学的一个新学科,甚至还是特别优越的一个?

我解不开这些疑问,不知何去何从。就连这些问题本身,我当时也无法像这里这样一清二楚地表达出来。

1913年带来了回答。胡塞尔主编的《哲学与现象学研究年鉴》由尼埃梅尔出版。第一卷始于胡塞尔的论文《纯粹现象学和现象学哲学诸观念》。

"纯粹现象学"是哲学的"基础科学",而哲学本身则打着现象学的印记,"纯粹"意指:先验现象学。而认识着的、行动着的、估价着的主体的主体性则被设为"先验的"。"主体性"和"先验"两个术语表明"现象学"有意地、决然地移向传统近代哲学。不过,"先验主体性"通过现象学取得了更原始更普遍的规定性。现象学仍然把"意识体验"保留为自己的专题领域,不过现在以系统计划和具有保障的方式来研究体验行为的结构以及就对象性来研究在体验行为中所体验到的客体。

《逻辑研究》原本仿佛在哲学上是中性的,今在现象学哲学的整体规划中也就可以依体系找到其位置了。《逻辑研究》第二版在同一年(1913年)由同一出版者出版。大部分研究作了"深入改写"。据第二版前言说,第六篇"对现象学来说是最重要的"但这一篇却在第二版中被抽掉了。然而,胡塞尔交由新期刊《逻各斯》第一卷出版的《哲学之为精确科学》一文今也唯通过《纯粹现象学诸观念》才为其纲领性论题获得充足的根据。

仍是在1913年,尼埃梅尔还出版了马克斯·舍勒的重要研究:《同情、爱与恨的现象学。附:假设陌异之我的存在的根据》。

由于上述种种出版物,尼埃梅尔成为哲学作品出版者中的佼佼者。那时候,常听到事后诸葛亮说,一个新学派正在欧洲哲学中兴起,那就是现象学。那时谁会否认这种说法的正确性呢?

但是这样一种历史学上的讲法却没有抓住随着"现象学"、就是说早已随着《逻辑研究》到底发生了什么。所发生之事当时未被道出,甚至今天仍难说得对头。胡塞尔自己的纲领式的说明和方法论上的表达也加深了一种误解,好像"现象学"否认从前的一切思想而宣告着哲学的新开端。

甚至在《纯粹现象学诸观念》发表以后,《逻辑研究》所具有的无限的魔力仍牢牢抓着我。随着这种魔力而来就又是那种不安,不安而又不知为什么,虽然或可猜度,那原因大概在于仅仅靠阅读哲学文献还完成不了被称为"现象学"的那一思想方式。

一直到我在胡塞尔的工作地点亲识其人以后,我的惶惑才慢慢消失,迷乱才吃力地松解。

胡塞尔1916年到弗莱堡来继承李凯尔特的席位;李氏则到海德尔堡去继承文德尔班(Windelband)的席位了。胡塞尔教课的方式是一步一步地引导学生练习现象学地"看",而这种"看"同时又要求学生放弃不通过经验来利用哲学知识的习惯。但他还要求学生不得在对话中引用伟大思想家们来作权威。可是我越来越清楚地看到,不断熟悉于现象学的"看"越有助于对亚里士多德的著作解释,我就越不能把自己同亚里士多德和其他希腊思想家分开来。当然我一下子还看不到我重新研读亚里士多德会带来什么要紧的后果。

那时我守在胡塞尔近旁学习和任教,一方面练习用现象学方法去看,一方面在一个研究班尝试以变化了的形式理解亚里士多德。这时,我的兴趣又重新偏向《逻辑研究》,尤其是第一版中的第六篇。这一篇详解了感性直观和范畴直观的区别;在我看来,这一区别的深远意义恰可确定"存在者的多重意义。"

当时第六篇研究很不容易弄到,我们这些胡塞尔的朋友和弟子就再三央求大师重版这一篇。尼埃梅尔对现象学事业真是热心,1922年再版了《逻辑研究》的最后一章。胡塞尔在前言里讲:"情况如此,我只好依从喜爱这部著作的朋友们的愿望,决定让它的最后一章原封不动重新面世。"胡塞尔讲"喜爱这部著作的朋友们",也是想说他自己在《观念》发表以后就不再十分喜爱这部著作了。在他学术生涯的新所在,胡塞尔思想的热情和努力越发转向《观念》所设计的系统建设了。故而胡塞尔才会在那篇前言里写道:"我在弗莱堡的教学活动也促使我把兴趣转向普遍的问题和体系。"

在我的课程上和普通研究班上,此外也在高年级学生参加的研习工作班上,我都一周一周地研讨《逻辑研究》。胡塞尔宽宏大度,看着我这样做;但心底是不同意的。对我个人来说,为授课和研究班所作的准备工作格外有益,我从中学到了一点——这一点起初是种猜测而谈不上是有根有据的见地:意识行为的现象学所理解的现象的自身显现,在亚里士多德以及在整个希腊思想和希腊生存那里曾更原始地作为 aletheia 得到思考。Aletheia 说的是在场者的无蔽状态,在场者的去蔽,自我显现。现象学研究重新发现出来以支撑思想的东西表明为恰是希腊思想的甚至也就是哲学本身的基本特征。

这一见地越是从根本紧要处对我变得清朗,下述问题也就变得越加紧迫:何以规定按照现象学原则必得作为"事情本身"来经验的东西?它是意识及其对象性抑或是在无蔽和去蔽之中的存在者的存在?

我就这样被领上了追问存在之途。现象学立场为此途洒下光亮,但我却重又因布伦塔诺引出的问题而不安,虽然这次的不安又与从前不同。然而追问之途比我所始料来得漫长。它令人多次停顿,绕行和迷途。在弗莱堡以及后来在马堡讲课时所作的种种尝试只是间接地指示着这条道路。

1925—1926年冬季学期间,马堡大学哲学系主任有一天走进我的书房。"海德格尔先生,你非得发表点什么啦。你手头有稿子吗?""当然",我答道。于是主任说:"可得赶紧把它印出来。"系里曾申请让我继承尼可莱·哈特曼(Hartmann)的哲学主讲座,而柏林部里驳下来,理由是我十年来不曾发表过任何东西。

于是我不得不把保护已久的著作公之于众。胡塞尔居间安排,尼埃梅尔出版社很快印出了该著作的前十五个印张,准备发表在胡塞尔的《年鉴》上。系里马上把两份清样寄到部里。可是这两份清样不久就被退回到系里,批注说"不足"。第二年(1927)二月,《存在与时间》全稿印发于《年鉴》第八卷,同时单独成书出版。部机关在这之后半年收回了否定判断,授予了讲座。

《存在与时间》的出版情况难免有点奇怪。不过由于出版事宜我和尼埃梅尔出版社有了直接的联系。在我上大学的头一个学期我从胡塞尔那部令人着迷的著作的扉页上仅仅读到它的名字。这时以及此后它一直在其出版工作中表现出认真可靠,慷慨质朴。

1928 年夏季是我在马堡的最后一个学期，那时大家正在为胡塞尔七十诞辰准备祝贺文集。这个学期初舍勒突然去世。他曾协助胡塞尔编辑《年鉴》，并在《年鉴》的第一卷第二卷（1916 年）上发表了他的伟大著作《伦理学中的形式主义与物质的价值伦理学》。这部著作应被认作像胡塞尔的《观念》一样是《年鉴》发表过的重要的著作。由于其深远的影响，它使尼埃梅尔出版社的远见和成就进入了一种新的光照。

为胡塞尔所编的祝贺文集准时在他的生日那天作为增刊出现在《年鉴》上。1929 年 4 月 8 日，学生和友人环围着祝贺我们的老师，这时我受托向他奉上这部文集。

此后十年我没有发表过较大的作品。直到 1941 年，尼埃梅尔出版社冒险印出了我对荷尔德林赞美诗"当节日来临"的解释。出版日期则未印出。那年五月份我曾受邀到莱比锡大学以此题讲演。出版社的老板赫曼·尼埃梅尔先生从哈勒到那里听讲。课后我们讨论了出版事宜。

十二年后我决定发表早期的讲稿，这时我选定了在尼埃梅尔出版社出版。它已经不再标为"哈勒·扎勒"了。经济上的大亏损，多种多样的困难，个人的痛苦经历，这一切使当时的老板把公司移到图宾根去重新开业了。

"哈勒·扎勒"——就是在这座城里，19 世纪 90 年代，当时的无俸讲师胡塞尔曾在大学授课。后来在弗莱堡他常讲起《逻辑研究》成稿的情形。他从不忘充满感激和敬仰回忆起尼埃梅尔出版社。这家出版社在世纪之交勇于冒风险出版一个无名讲师的巨幅著作。而这位无名讲师踏上不寻常的思想道路，于是免不了离异了当时的哲学界。而当时的哲学也忽视这部著作，直到它出版十年以后为威廉·狄尔泰（Dilthey）器重。那家出版社当时无法预知这位作者的名字将要永远与现象学的名字结在一起,而现象学则很快就要在形形色色的领域中决定时代精神——大半以没有明说的方式。

今天呢?现象学哲学看似过去了。人们把它当作以往的东西。它和其它哲学流派一起成了历史的记录。然而现象学就其最内在的东西来说却不是一个流派。它是思的可能性,呼应着有待思索之事的吁请。作为可能性,它有时发生转变,却因转变而持久。若这样来经验和保持现象学,那么这个名称尽可以消隐,以奉思之质的公开。而思之质的公开,则始终保持其为奥秘。

附录二　此在素描[①]

陈嘉映

存在(Sein)同存在者(das Seiende)有别。在是最高的普遍性，一切在者都存在。但在不是族类上的普遍性，因为族类是用以区分在者的，所以，从族类上说，无所不包的普遍性没有意义。在又是不可定义的，无论我们用什么东西来定义在，都会把在弄成了在者，最后，在是不言自明的：存在就是存在，无法证明亦无须证明。但康德曾说：哲学家的事业正在追究所谓自明的东西。

但如何追究在呢：在不是一种特殊的在者，不是在者的抽象共性（族类上的普遍性），也不是在者的一部分或属性。所以定义法、归纳法、演绎法都不中用。我们简直不可能离开在者谈在，那就得找出这样一种在者来：对它来说，存在本身是首要的，至于作为什么东西（即作为何种在者）来存在则是次要的。人，就是这种在者。人不同于其他在者，因为人在他的存在中同存在本身打交道。只要人在着，他就对他的在有所作为，无论有意还是无意；他就对在有所领悟，无论明确还是含混。如果人同他的在不发生关系，人就不在了。唯因人对自己的在有所领悟，有所作为，人才在，人才"是"人。人的这种在称为生存(Existenz)。过问自己的在是人的特点，追究在就必须从人着手。

[①]　此文曾以《海德格尔的〈存在与时间〉》为题发表于《国内哲学动态》1982年第5期。

如何了解人？当然要就人的基本情况来了解人。人的基本情况就是——人生在世(In-der-Welt-Sein)。人同世界不能一刻分离,离开世界就谈不上人生。因此,人生在世指的就不是把一个独立于世界的人放进一个世界容器中去。人生在世指的是人同世界浑然一体的情状。在世就是烦忙着同形形色色的在者打交道。人消融到一团烦忙之中,寓于他所烦忙的在者,随所遇而安身,安身于"外"就是住在自己的家。人并不在他所烦忙的事情之外生存,人就是他所从事的事业。

传统认识论独独见不到这种浑然天成的生存状态,结果提出了"主体如何能认识客体"这样的蠢问题来。这个问题暗中仍然先行设定了一个可以脱离世界而独存的主体。然而,存在的天然境界无分主客。首先是活动。活动中就有所体察。待把所体察的东西当作静观认识的对象来作一番分析归纳,这才谈得上各有族类、界限分明的物体。人成了一个物体,人外面还有种种物体。于是,生存被击碎成主体、客体等残肢断片,而认识却无能把它们重组为生命。结果反来问"主体能否超越自身去认识客体","主客体是否能够沟通",甚至"外部世界是否存在。"先就把存在(认识活动只是存在的方式之一)局限在一部分物体即主体中,存在自然达不到客体了。但由生而在世的人来提这些问题,这些问题就毫无意义。我们在烦忙活动中与之亲交的世界才是真的世界,知识所描绘的世界则是智性化了的世界残骸。人不在"主体"中,而在世界中,在他所从事的事情中,人于何处对自己的在有所作为,有所领悟,他就于何处实际生存。为了避免把人误解为一个主体物,宜把人称作"存在于此",或"此在"(das Dasein)。

人作为此在不是孤立的主体,人溶浸于世界和他人此中。同样,他人也不是一个个孤立的主体。人都是此在。而就人溶浸于他人的情况来看,此在总是共同此在(Mitdasein)。在世总是共同在世。即使你避居林泉,总还是一种在世,你的在依旧由共同在世规定着。共同在世并非指很多孤立的主体物连陈并列,遗世独立也不是指无人在侧。共同在世提供了特立独行的背景和可能。大隐可隐金门;在很多人中独在说的是他人以冷漠的姿态共同在世。"在人群和喧嚣中随世沉浮,到处是不可共忧的、荣华的奴仆,这才是孤独!"(拜伦语)

实际上,人生所在的日常世界就是这种炎凉世态。在日常生活中,此在总得烦神与他人打交道。人们无情竞争,意欲制胜,结果都要被他人统制——被公众的好恶统制。"一般人"(das man)实施着他的真正独裁。"一般人"如何做,如何说,如何喜怒,此在就如何做,如何说,如何喜怒。每个人的责任都被卸除了,却没有哪个"一般人"出面负责,因为人人都是一般人,人人都要一般齐。

这个"一般齐"看守着任何挤上前来的例外。一切优越状态都被不声不响地压住,草创的思淹没在人云亦云之中,贪新骛奇取代了特立独行的首创精神,不知慎重决定自己的行止,只一味对事变的可能性模棱揣度——这些东西组成了此在的日常生存模式:沉沦。

沉沦并不是一种堕落。从没有一个纯洁的人格堕入尘寰那回事。人总沉沦着。人的日常存在寓于日常世界,从日常世界来领悟自己。但领悟自己并非是对一个固定空间中的现成事物的认识。人首先在现身于世之际领悟自己。人活着,虽然人们不知为什么。此在在,而且不得不在,这一现象首先在情绪中开展出来。

情绪是基本的生存状态之一。哲学却一向轻视情绪。虽然人生在世总带着情绪,甚至静观认识也带着情绪。虽然情绪比认识更早地领悟着存在。情绪是此在的现身:不知从何处来,往何处去,此在已经在此。至于对情绪的反省认识,则不过浮在存在物的表面上打转,达不到情绪的混沌处,达不到存在的深处。

情绪令此在现身,把此在已经在此这一实际情况突出出来。只要人存在着,就不得不把"已经在此"这一实际承担起来,无论他是怨天尤人,随波逐浪,抑或是肩负着命运,敢作敢为。存在哲学把这种无可逃避的生存实际称为被抛状态(die Geworfenheit)。人并不创造存在,人是被抛入存在的;人由于领悟其存在而得以存在,人看护着他的存在。

最根本的情绪是畏,因为畏从根本上公开了人的被抛状态。畏不同于怕,怕总是怕具体的坏事,而畏之所畏者却不是任何在者。其实,当畏来临,一切在者都变得无足轻重,只还剩下一片空无。无由而畏,无所为畏,去迷转悟,终悟"万有毕竟空寂"。一旦登达此无何有之乡,便聆取人生在世的真谛了。

懦怯的世人怕直面空无,唯大勇者能畏。此在日常沉沦着,他做工,谈情,聚闹,跑到天涯海角去游冶。他在逃避:逃避空无,逃到他所烦忙的事物中去,逃到使他烦神的一般人中去。这却说明,他逃避的东西还始终追迫着他。他到底逃不脱人生之大限——死。

死就是空,畏就是直面死亡。畏从根本处公开了被抛状态:人归根到底被抛入死亡。生向着死。躲避死,也依然是沉沦着向死而在。存在同死亡联在一起;生存之领悟始于懂得死亡。死亡张满了生命的帆,存在的领悟就是从这张力领悟到存在的。

人因他对自己的存在有所作为而得以存在。鲜明或含混地领悟着方生方死的背景,人来筹划他的存在。人永远在可能性中。人不是选择可能的事情,人所选择的是他本身。人是什么?那要由他自己去是。正因为人就是他所将是的或所将不是的,所以他才能说:成为你所是的!

存在的领悟,存在的筹划,即人的生存本身,永远领先于人的现成状态。人在成为状态之际已经超越于状态了。所以人只能说："我是"，而说不定"是什么"。浮士德不能喊出"请停留一下"；一旦停留，他的生存就完结了。

于此可以提出存在哲学的一个重要命题：存在先于本质（Der Vorrang der Existentia vor der Essentia）。若拘于字面的话，也可译成：是，先于所是。这意思是：如果竟谈得上人的既成状态，那么这一既成状态也必须从人的不断领先于自身的能够存在（Seinskönnen）得到了解。即使在日常生活的沉沦中，也是一样，即使只为保住现成状态，也总要从可能性方面来筹划了。而在由畏公开出来的抛向死的境况中，不断领先于自身的存在之筹划就突出醒目了。此在先行到死来筹划他的在此。而死亡是每个人自己的无可替代的可能性。所以，领悟着死来为存在作筹划，就是从根本处来筹划各种可能性了。进入畏之境界，万有消泯，人也就无在者可寄寓；唯悟到人无依无托，固有一死，才能洞明生存的真谛：立足于自己来在世。

人本身就是可能性。他可以选择自己：可以获得自己，也可以不获得自己，或者失去自己。唯因人天然可能是本真的人，才谈得上他正获得自己或失去自己。立足于自己来在世，这一决断令人返本归真。但本真的存在并非遁入方寸之间，或遗凡尘而轻飏。只要人存在着，他就总在世界中，总必须烦忙于事物，烦神于他人，总必对他的存在有所领悟，有所作为。决断反倒是要把人唤出，挺身来为他的作为负责，脱乎欺惘，而进入命运的单纯境界。唯畏乎天命的大勇者能先行到死而把被抛入状态承担起来，从而本真地行于世，有其命运。无宗旨的人只在偶然事故中打转，而且他碰到更多的机会，事故，但他不可能有命运。

综上所述，可见此的存在包括三个主要环节。1. 领悟着的筹划；2. 被抛入状态；3. 沉沦。

第一点是决定性的。如前所述,若对其存在无所作为,此在就丧失其存在了。而筹划总是先行于自身从可能性方面来筹划。此在从可能性、从"先行到死",来归自身。换言之,此在首先在将来中。"是,先于所是"。没有将来的能够存在,就谈不上存在的既成状态。

人对其存在有所筹划,但他不创造存在。人是被抛入存在的。人已经在了。筹划就是从可能性方面来把存在的被抛入状态承担起来。"已经存在"是从将来的可能方面出现的:此在在将来仍如其曾在;我将依然故我。所以,此在的曾在,共同此在的历史性,都是从将来方面展开的。

人从将来的筹划承担起他的历史而寓于当世。人只要存在,就必须繁忙种种在者,他正沉沦于在者之中,从而把筹划着的历史性现在化了。通俗观念沉沦于当前而不自知,于是它把此刻突出出来,把生动的时间性敉平为一连串前后相继的此刻。这种"一般齐"的时间之流对生存漠不关心,只不过在我们身外均匀流逝着。存在哲学则主张,时间中起主导作用的是将来,时间性对存在来说性命攸关。死生亦大矣,而死生的意义都要靠时间来说明。时间烛照着生存,照明了人的生死整体——烦。

人生在世,繁忙也罢,烦神也罢,总是个烦。沦落于大千世界,自不免操持百业,逐人高低;就算收心得道,忘却营营,也还要以本真的自我来作决断。说什么出世、无为,总还是在世,总还是无不为。

烦是生存结构的整体。这个生存整体是在时间的地平线上呈现出来的。若吾生也无涯,人如木石悠悠无尽,又何烦之有?在烦中,将来突出出来作为生存的首要意义。为现在烦,为历史烦,归根到底是为将来而烦。于是烦也就指明了生存整体的那种无功无就,死而后已的情形。

《存在与时间》立旨以人为本来阐释在。人就在而且就是人。没有一条神谕或自然法则指定我们应当怎样是一个人,天上地下并无一处把人性规定下来。人性尚未定向,它始终还在创造着。人性既非制成品,也不是尚待实现的蓝图,那我们何从察知人性呢?——我们已经在了,在种种努力之中;已经烦着,并领悟着烦。烦在设身处地的情绪中现身,在筹划中领悟,在语言中交流,在存在中展开着存在本身。但什么都无法把定烦。烦永不是定形的局面,烦之领悟也不是。人性问题或者存在问题的答案,不似方程的根,求出来便摆在那里。思领悟着在,并始终领悟。它不提供"结论",而只是把在保持在"在的疏明"之中。

附录三 本书所引海德格尔著作目录

体例:《文著的中文名》,撰写年代(最早出版年代),德文书名,本书所用的版本或文集名。

《逻辑新探》,1912(1912)
　　Neuere Forschungen über Logik,早期著作;
《心理主义的判断学说》,1914(1914)
　　Die Lehre vom Urteil im Psychologismus,早期著作;
《邓·司各脱的范畴与意义学说》,1915(1916)
　　Die Kategorien und Bedeutungslehre des Duns Scotus,早期著作;
《历史科学中的时间概念》,1915(1916)
　　Der Zeitbegriff in der Geschichtswissenschaft,早期著作,1978;
《早期著作》*Frühe Schriften*,全集版,Frankfurt:Klostermann,1978;
《时间概念的历史》,1925(1979)
　　(*Prolegomena zur*)*Geschichte des Zeitbegriff*
　　全集版,Frankfurt:Klostermann,1979;
《现象学的基本问题》,1923—1944(1975)
　　Die Grundprobleme der Phänomenologie
　　全集版,Frankfurt:Klostermann,1975;
《存在与时间》,1926—1927(1927)
　　Sein und Zeit,Tübingen:Niemeyer,1979;
《康德与形而上学问题》,1925—1926(1929)
　　Kant und das Problem der Metaphysik,Frankfurt:Klostermann,1973;
《现象学与神学》,1927(1969)
　　Phänomenologie und Theologie,路标集;
《根据的本质》,1928(1929)
　　Vom Wesen des Grundes,路标集;

《从莱布尼茨出发论逻辑的形而上学原理》,1928(1978)
 Metaphysische Anfangsgründe der Logik im Ausgang von Leibniz,全集版,26,Frankfurt:Klostermann,1978;

《形而上学是什么?》,1929(1929)
 Was ist Metaphysik? 路标集;

《真理的本质》,1930(1943)
 Vom Wesen der Wahrheit,路标集;

《德国大学的自我主张》,1933(1933)
 Selbstbehauptung der deutschen Universität,Frankfurt:Klostermann,1983;

《形而上学导论》,1935(1953)
 Einführung in die Metaphysik,Tübingen:Niemeyer,1953;

《艺术作品的本源》,1935(1950)
 Der Ursprung des Kunstwerks,林中路;

《追问物的问题》,1935—1936(1962)
 Die Frage nach dem Ding,Tübingen:Niemeyer,1962;

《谢林论人类自由的本质的论文》,1936(1971)
 Schellings Abhandlung über das Wesen der menschlichen Freiheit,Tübingen:Niemeyer,1971;

《荷尔德林诗释(扩展版)》,1936—1968(1971)
 Erläuterungen zu Hölderlins Dichtung,Frankfurt:Klostermann,1981;

《尼采》,1936—1946(1961),
 Nietzsche,Pfullingen:Neske,1961;

《克服形而上学》,1936—1946(1954)
 Überwindung der Metaphysik,讲演与论文集;

《世界图象的时代》,1938(1950)
 Die Zeit des Weltbildes,林中路;

《忆入形而上学》,1941(1961)
 Erinnerung in die Metaphysik;尼采,第二卷;

《黑格尔的经验概念》,1942—1943(1950)
 Hegels Begriff der Erfahrung,林中路;

《论尼采之语:上帝死了》,1943(1950)
 Nietzsches Wort "Gott ist tot",林中路;

《逻各斯》,1944(1954)

Logos（Heraclit，Fragment 50），演说与论文集；
《泰然任之论》，1944—1945（1958）
　　Gelassenheit，Pfullingen：Neske，1959；
《阿那克西曼德语论》，1946（1950）
　　Der Spruch des Anaximander，林中路；
《诗人何为？》，1946（1950）
　　Wozu Dichter? 林中路；
《关于人道主义的信》，1946（1947）
　　Brief über Humanismus，路标集；
《转折》，1949（1962）
　　Die Kehre，技术与转折；
《林中路》，1935—1946（1950）
　　Holzwege，全集版，Frankfurt：Klostermann，1950；
《来自思的经验》，1947（1954）
　　Aus der Erfahrung des Denkens，Pfullingen：Neske，1954；
《物》，1950（1951）
　　Das Ding，演说与论文集；
《语言》，1950（1959）
　　Die Sprache，走向语言之途；
《筑·居·思》，1951（1952）
　　Bauen Wohnen Denken，演说与论文集；
《人诗性地栖居……》，1951（1954）
　　"*Dichterisch wohnt der Mensch*"，演说与论文集；
《什么唤叫思？》，1951—1952（1954）
　　Was heißt Denken? 演说与论文集；
《诗中的语言》，1953（1953）
　　Sprache im Gedicht，走向语言之途；
《追问技术问题》，1953（1954）
　　Die Frage nach der Technik，技术与转折；
《技术与转折》
　　Die Technik und die Kehre，Pfullingen：Neske，1962；
《来自一次关于语言的对话》，1953—1954（1959）
　　Aus einem Gespräch von der Sprache，走向语言之途；

《科学与思考》,1954 (1954)
   Wissenschaft und Besinnung,演说与论文集;
《讲演与论文集》,1943—1954 (1954)
   Vorträge und Aufsätze, Pfullingen: Neske, 第四版,1954;
《什么是那——哲学?》,1955 (1956)
   Was ist das——die Philosophie? New York, 1958;
《面向存在问题》,1955 (1957)
   Zur Seinsfrage,路标集;
《充足理由律:论根据》,1955—1956 (1957)
   Der Satz vom Grund, Pfullingen: Neske, 1957;
《同一律》,1957 (1957)
   Identität,同一与差异;
《形而上学的存在论神学建构》,1957 (1957)
   Die onto-theo-logische Verfassung der Metaphysik, 同一与差异;
《同一与差异》,1957 (1957)
   Identität und Differenz, Pfullingen: Neske, 1957;
《语言的本质》,1957 (1958)
   Das Wesen der Sprache, 走向语言之途;
《Physis 的本质和概念》,1958 (1958)
   Vom Wesen und Begriff der Physis,路标集;
《走向语言之途》,1950—1959 (1959)
   Unterwegs zur Sprache, Pfullingen: Neske, 1959;
《路标集》,1914—1961 (1967)
   Wegmarken, Frankfurt: Klostermann, 1978;
《致理查森的信》,1962 (1963)
   Ein Vorwort. Brief an P. William J. Richardson, Philosophisches Jahrbuch (Fulda) vol. 72, 1965;
《时间与存在》,1962 (1968)
   Zeit und Sein,思之质;
《我如何走向现象学》,1963 (1963)
   Mein Weg in die Phänomenologie,思之质;
《哲学的终结与思的任务》,1966 (1966)
   Die Ende der Philosophie und die Aufgabe des Denkens,思之质;

《只还有一个上帝能救渡我们》,1966(1976)

    Nur noch kann ein Gott uns retten,孙周兴选编,《海德格尔选集》,上海三联书店,1996;

《思之质》,1962—1964(1969)

    Zur Sache des Denkens,Tübingen:Niemeyer,1969。